Friedrich Weinreb
Innenwelt des Wortes im Neuen Testament

Friedrich
Weinreb

Eine
Deutung
aus den
Quellen
des Judentums

Innenwelt des Wortes im Neuen Testament

Verlag der
Friedrich Weinreb Stiftung
Zürich

Inhaltlich unveränderte Ausgabe der 1988 im
Thauros Verlag, Weiler erschienenen Erstausgabe,
Herausgegeben von Christian Schneider.

Dritte Auflage

Zollikerstraße 193, 8008 Zürich
Gestaltung und Produktion durch Gorbach Büro
für Gestaltung und Realisierung, Utting am Ammersee
Satz aus der Walbaum-Antiqua
Druck und Bindung durch Kösel, Altusried
Printed in Germany
ISBN 978-3-905783-69-8

Inhalt

Vorwort des Herausgebers

Dieses Buch ist ein unerwartetes Geschenk zum zehnten Geburtstag des Verlages. Friedrich Weinreb nimmt DAS WORT beim Wort; und es öffnet sich. Die Innenseite fängt an zu sprechen. Das ist das Neue.

Das gewohnte Alte ist unser zähes Haften am Äußeren der Worte. Es hat eine unübersehbare Literatur zum Neuen Testament hervorgebracht, die den Text – begrub. So ist er uns fern geworden, sogar fragwürdig. Die wissenschaftliche Exegese hat ganze Arbeit geleistet.

Die Außenseite des Wortes ist durchforscht. Neue Theorien, theologische, archäologische oder historische können uns kaum mehr fesseln. Wir stehen erwartungsvoll an der Grenze.

Vielleicht wartet das Wort seit jeher nur darauf, daß wir sie überschreiten.

Wir treten also endlich ein, langerwartete, gerngesehene Gäste. Und ein kundiger Führer in die Innenwelt des Wortes ist auch zur rechten Zeit zur Stelle.

Wer nicht staunen kann, schließt sich selber aus. Auch die Reichtümer schwer erarbeiteten Wissens, sonst so geschätzter Scharfsinn und wohlsortiertes methodisches Rüstzeug scheinen nicht durchs Nadelöhr zu gehen.

Zutritt aber hat das Kind in uns, voller Glauben, vertrauensvoll, treu, das allerdings täglich neu im Sumpf unserer Skepsis, unseres Mißtrauens, unserer Trägheit zu versinken droht.

Die erste einer endlosen Reihe von Überraschungen: Wo wir, wie alle Welt, eine Lehre vermuten, finden wir uns in persönliche Begegnungen versetzt. Wir, unsere Welt, begegnet Jesus. Unsere Welt – die Welt des Naturgesetzes; Jesus aber ist der Christus, der Gesalbte, der Achte, der unsere Welt der sieben Tage durchbricht, das Mögliche hinter sich läßt. Jesus ist der Un-mögliche.

Und die Konsequenzen einer solchen Begegnung?

Dem Unmöglichen folgen.

Wer sich innerhalb des Möglichen, des Beherrschbaren, etabliert, kann nicht »Christ« heißen. Es geht, heute wie immer, darum, die alte Welt bloßer Möglichkeiten und ihre »Sicherheit« hinter sich zu lassen. Ein Auszug im Zeichen der Liebe.

Nur die Liebe hebt die Welt des Möglichen, der Gesetze, nicht auf, sondern erfüllt sie. Erst im Vertrauen auf das Unmögliche, Niedagewesene – hat man je gehört von einer Jungfrau, die, vom Heiligen Geist befruchtet, ein Kind bekommt? – erhält alles Mögliche, auf dessen Gesetzmäßigkeit unsere Existenz beruht, seinen Sinn und seinen Ort.

So ist die Beziehung zum Unmöglichen für unser konkretes Leben entscheidend. Sie relativiert das Weltleben, macht es durchsichtig für das GANZE Leben, in dem der Tod nicht nur Ende ist, sondern auch Anfang der Auferstehung.

Das ist die Herausforderung des Christentums: die Auferstehung in allem, was uns in der Welt begegnet, schon im Leben zu erleben und entsprechend zu handeln.

Das setzt ein unmögliches Verhalten voraus: Liebe. Von diesem unmöglichen Verhältnis zur Welt handelt das Neue Testament. Ist es ein Wunder, daß die Welt des Möglichen Anstoß nimmt und den, der sie entscheidend relativiert, erbittert bekämpft? Wo sie sich doch freuen könnte, um eine Ewigkeit bereichert zu sein ...

So wird Jesu Auseinandersetzung mit den Pharisäern und Schriftgelehrten zur schmerzhaften Selbstbegegnung im Leser. All die feinen theologischen Konstruktionen, auf der Außenseite der Worte basierend, die diese lästigen und erbitterten Gegner Jesu dingfest machen zu können glauben, erweisen sich als Ausweichmanöver.

Tatsächlich, alles mutet Friedrich Weinreb dem Leser zu, und nichts behält er für sich.

Ob es überhaupt Leser gibt, die das zu fassen, umzuwandeln vermögen? Ist das, was uns im Innersten angeht, als Buch veräußerbar?

Für Leser, die ohne Zögern in das Grenzgebiet solcher Fragen vordringen, irgendwie gewiß, daß nur noch schönere Überraschungen folgen können, ist dieses Buch geschrieben und verlegt worden. Das Unmögliche wird doch eintreten: Starke Grenzbefestigungen, während vieler Jahrhunderte von Juden wie Christen errichtet, fallen – in einzelnen Lesern. Diese Breschen sind entscheidend.

Dann beginnt das Staunen über die unfaßbare Einheit der Bibel in beiden Testamenten. Stoff genug für die nächsten Jahrzehnte des Verlages!

Benediktinerabtei Ottobeuren am 2. April 1988
Christian Schneider

I
Die Geburt

Ein Unrecht ist gutzumachen

Warum, wozu schreibe ich jetzt dieses Buch? Wer wird es lesen? Und wie wird man es auffassen? Es gibt doch eine große, umfangreiche, gelehrte Literatur; von den verschiedensten Seiten wird sie an einen herangetragen, auch wenn man sie gar nicht zur Kenntnis zu nehmen wünscht. Vielleicht aber fange ich deshalb hier nun an. Denn mich drückt das Gefühl, daß ich ein Unrecht gutzumachen habe, daß dies für mich sogar ein guter Grund meines Daseins sein könnte.

Ich will doch von der Bibel, dort wo sie das Neue Testament heißt, erzählen. Da sind wohl gleich Einwände zu erwarten: ›Was geht dich, als Jude, das alles an? Überlasse das den befugten Sachverständigen.‹ Das werden Christen wie Juden sagen.

Und ich bin mir auch bewußt, daß gewisse Christen sagen werden: ›Also endlich doch! Es war auch an der Zeit. Der Weinreb hat endlich eingesehen, daß wir immer schon recht hatten. Jetzt bekennt er es.‹

Darauf müßte ich still bei mir antworten: ›Die Rechthaber habe ich nie gemocht. Die sind mir zu grob in Sachen des Glaubens; sie beweisen im voraus, was man durch Glauben erst erwarten, erhoffen könnte; sie sehen klar, was so gar nicht erblickt werden kann.

Und genauso weiß ich, wie gewisse Juden auf dieses Buch reagieren werden: ›Da sieht man endlich klar, daß er ein Verräter ist. So etwas kann ein Jude doch nicht tun.‹ Ich weiß es, ich kenne ihre Argumente. Man kennt sie aus ihren »Gesprächen« doch auch zur Genüge.

Beiden Seiten möchte ich deshalb gleich hier sagen: Mir ist Treue heilig. Es ist das gleiche Wort wie Glaube, wie Vertrauen. Und ich glaube wirklich, mein Vertrauen in Gott ist unermeßlich. Es ist mir, das spüre ich, einfach unmöglich, untreu zu sein. Ich bin Jude, sogar ein orthodox lebender, und ich werde es bleiben. Ich würde Gott untreu werden, wenn ich meiner von ihm bestimmten Herkunft untreu würde.

Natürlich könnte ich auch leicht sagen: Nicht du trägst die Wurzel, sondern die Wurzel trägt dich. Die Welt, unser Leben, ist durch Gottes Wort geworden, und alles, was man sieht, ist aus dem Nichts entstanden.

Aber was soll das? Ich möchte hier nicht mit Argumenten auftreten, wie es leider der Brauch geworden ist. Ich möchte doch etwas Neues bringen. Nicht gerade für Christen oder Juden, sondern für alle, für die ganze Welt. Das Neue ist für mich eben, daß ich, wenn ich von der Bibel spreche, nur Menschen sehen möchte. Keine Religionen oder Kulturen, sondern alle Völker, alle Sprachen. Anders ist die Bibel nämlich jedesmal von einem anderen geraubt, der sie als sein ausschließliches Eigentum betrachtet und entsprechend aggressiv verwaltet. Mir steht aber immer mehr das messianische Bild aus Jesaja 11 vor Augen. Die Wölfe werden bei den Lämmern wohnen, die Parder bei den Böcken; ein kleiner Knabe wird Kälber, junge Löwen und Mastvieh miteinander hüten, Kühe und Bären werden auf der Weide gehen, und ihre Jungen beieinander liegen; und Löwen werden Stroh fressen wie Ochsen. Was mich an diesem Bild immer schon beeindruckte, ist die Tatsache, daß alle ihrer Art treu bleiben, daß die Wölfe also keine Lämmer werden, die Böcke keine Parder, die Bären keine Kühe.

Sie sind alle durch Gottes Wort aus dem Nichts entstanden, sie bleiben dem Wunder ihrer Schöpfung treu. So meine ich, ich könne aus meinem Glauben hoffen, daß Christen eben Christen und Juden dann Juden bleiben können und andere Menschen ebenfalls nach ihrer Art in Frieden, in Vollkommenheit leben werden. Denn Gott hat den Menschen erschaffen und ihn in der Vielfältigkeit der

Völker leben lassen. Nur war und ist es Brauch, daß sie einander zerfleischen. Man hält sich für berechtigt, seinen Gegner auf irgendeine Art zu vernichten, zu Nichts zu machen.

Denen möchte ich das Bild aus Jesaja entgegenhalten: Was bis jetzt recht war, muß es doch nicht bleiben. Recht ist nur der Frieden, die Vollkommenheit, wo alle sein können, wie Gott sie gedacht hat.

Vielleicht versteht man jetzt ein wenig besser, warum ich die Rechthaberei nicht mag. Meinetwegen nenne man mich einen gefährlichen Utopisten, einen verrückten Idealisten; jedenfalls bin ich dann kein Fanatiker.

Schreibe ich also jetzt über das Neue Testament, weil die Juden diesem Buch also doch Unrecht angetan haben? Nein, weder das meine ich, noch das Gegenteil, wenngleich auch das Zitat »Das Heil, die Rettung, ist aus den Juden« naheläge. Es geht mir ohne Frage auch um das Unrecht, das Nicht-zur-Kenntnis-nehmen-wollen des Neuen Testamentes von Seiten der Juden. Aber es geht mir auch um das Unrecht, das die Christen dem Neuen Testament zufügen, es geht mir um das Unrecht, das die ganze Menschheit fortwährend anrichtet.

Kann man dem Löwen vorwerfen, daß er kein Stroh frißt, sondern Fleisch von Lebewesen bevorzugt? Und ist das Lamm feige, weil es vom Wolf gerissen wird? Genauso, denke ich mir oft, geschah und geschieht der Bibel unrecht. Die Menschen scheinen oft nicht zu wissen, was sie tun. Was kann die Katze dafür, daß sie einen Vogel reißt? Es ist ihre Natur, sagen wir resigniert und schlagen gleichzeitig eine lästige Fliege tot.

Jesaja aber hat jene Worte *dem Menschen* gebracht. Der Mensch also trägt diese Erwartung, und der Mensch hat doch hie und da ein schlechtes Gewissen, wenn er an Kriege, Revolutionen, Verbrechen denkt. Sollte also nicht gerade der Mensch an eine neue Welt denken können?

Vielleicht nur wie im Wachtraum, der, auch wenn es zu schön wäre, um wahr zu sein, dann doch Wirklichkeit werden könnte. Aber davon redet man nicht, das wäre unwissenschaftlich, dessen schämt man sich, weil es zu peinlich wäre.

In jedem Menschen muß so etwas mal vorgehen, denn jeder Mensch muß auch das Neue, diesen neuen Himmel und diese neue Erde, in sich bohren fühlen. Eine Ankündung von Niegedachtem, vom Unmöglichen. Und ich wage es jetzt auch zu sagen: Jeder Mensch muß doch eigentlich die Tatsache des Sterbens und des Todes verabscheuen. Bei den Feinden, gut, da ist das etwas anderes, aber für sich und seine Nächsten muß er das entschieden ablehnen. Also, laßt uns diese Utopie, diesen Wahn zumindest.

Viele Leser werden hier aufhören und sich achselzukkend wieder wissenschaftlichen Werken zuwenden. Denn wenn man sich schon mit Büchern über die Bibel abgibt, erwartet man exegetische Analysen, historische Betrachtungen, illustriert mit orientalischen Landschaften, theologische Schlußfolgerungen, wobei man natürlich die der eigenen Schule oder Sekte bevorzugt.

Das geht hier aber nicht. Ich will doch auf neue Weise die Bibel erzählen, für neue Menschen in einer neuen Welt. Es geht doch um das der Bibel zugefügte Unrecht. Und ich möchte dieses Unrecht ja aufheben. Das Unrecht geschieht erst einmal der ganzen Bibel, sowohl dem Alten wie dem Neuen Testament. Durch dieses Unrecht wurde die Einheit der Bibel zersplittert. Und damit war auch die Einheit des Menschen zertrümmert.

So entstanden die verschiedenen Religionsarten, und innerhalb dieser Mannigfaltigkeit der Meinungen jener tödliche Streit, der den Menschen mit anderer Meinung oft auf dem Scheiterhaufen enden ließ oder ihn zur Unperson erniedrigte.

Woraus entstand dieses Unrecht? Eigentlich basiert es, wenn man will, auf einem tragischen Mißverständnis. Aber dieses Mißverständnis hat, wie ich glaube, seine Quelle in einer großen, prinzipiellen Sünde. Und Sünde ist eben ganz etwas anderes als ein Fehler, ein Denkfehler. Fehler sind korrigierbar; ihre Wiederholung läßt sich ausschließen. Für seine Sünde aber kann der Mensch etwas dafür.

Was ist diese Sünde, wodurch fast unausweichlich das Mißverständnis hervorkommt? Ich meine, daß man das Heilige entweiht, erniedrigt, tötet. ›Aber wir wollen das doch gar nicht‹, wird man entsetzt sagen, ›keiner hat uns je so etwas vorgeworfen! Wie sollen wir das verstehen?‹

Nicht einfach zu erklären. Denn es geht hier um Sünde und nicht um einen auszubessernden Fehler.

Äußerer Lebenslauf und innerer Lebensweg

Vielleicht hilft ein Gleichnis aus dem Alltag. Wenn man jemand anstellen möchte, dann wird man Zeugnisse seiner Leistungen an vorigen Arbeitsstellen verlangen, Beweise über seine Ausbildung erbitten. Und natürlich auch Näheres über seine Heimat und Familie wissen wollen, seine Religionszugehörigkeit eventuell. Auch der Freundeskreis könnte interessieren, seine Hobbies und seine sportliche Betätigung.

So erhält man schließlich, wenn man will, einen ziemlich vollständigen Lebenslauf. Sogar die eventuellen Vorstrafen gehören dazu. Noch weitergehend könnte man sich auch über geistige oder physische Krankheiten in der Familie informieren lassen, über andere Vorkommnisse in seiner Umgebung. Endlich fordert man dann ein Gesundheitszeugnis, das auch die Vergangenheit des Bewerbers auf diesem Gebiet durchleuchtet. So könnte man dann die Person einstellen oder einen Konkurrenten wählen, von dem man ebenfalls so manches schwarz auf weiß erfahren hat.

Wer wollte behaupten, man habe bei solch einer Fülle von Daten der Bewerber unrecht gehandelt? Die Gesellschaft hat heute, bis zur Einschaltung eines Computers, in den Bearbeitungsmöglichkeiten der Daten wirklich eine Art Perfektionismus erreicht, von dem man vor fünfzig Jahren kaum träumen konnte.

Und gerade da steckt das Unrecht, gerade da könnte man verstehen, welche Art Verbrechen man begeht. Ich will es an einem Selbstgespräch verdeutlichen, das der Betreffende führen könnte.

›Die haben nun wirklich mein Leben und Streben in der Gesellschaft durchleuchtet. Alle meine Diplome, manche auch mühsam erworbene, sind berücksichtigt. Ich bekomme die Stelle, ich kann dort leicht weiter kommen. – Aber was wissen diese Leute nun von meinen Wünschen, meinen Hoffnungen, meinen Träumen, vor allem von meinen Wachträumen? Was können sie von meinen Schwächen wissen? Selbst mein Arzt, mein Psychiater ahnt von ihnen nichts. Die wissen höchstens von dem, was mir mein Leben in der Gesellschaft erschweren könnte. Wenn die von meinen geheimen Lastern wüßten – ich selber darf daran nicht denken! Und was wissen sie von meinen eigentlichen Ängsten? Wie ich den Gedanken an den Tod verdränge? Kein Mensch kann darüber etwas aussagen. Keiner war je drüben, der einen authentischen Bericht erstatten könnte. Vom Sterben scheint man heute schon ein wenig zu kennen. Das waren aber alles Leute, die nur einen Herzstillstand erlebten, die waren nur am Rande; keiner aber kann berichten, wie es mit einem Hirntod ist. – Und ich gehe weiter. Ich weiß von meiner Ewigkeit. Davon redet man aber nicht; das ist das Gebiet der Pfarrer. Ein peinliches Thema. Und vor allem: Was geschieht »nach« dem Tod? Auch oder wieder Ewigkeit?

Mit niemandem kann man vertraut darüber sprechen. Ich bin da einsam, da bin ich vollkommen von allen guten Geistern verlassen. Und ich befürchte, auf diesem Gebiet sind alle Menschen, jeder auf seine Art, einsam und verlassen. Und dennoch ist *das* mein eigentliches Leben. Dort ist die Quelle meiner unausgesprochenen Träume, meiner Launen, vielleicht meines ganzen Verhaltens. Und das alles ist gar nicht so fest gefügt, so systematisch zu ordnen wie all das Äußere, das man so genau kennenlernen will. – Eigentlich hat man mir ein großes Unrecht zugefügt. Ich bin gar nicht der, für den man mich jetzt hält und den sie jetzt anstellen wollen. Man wollte nur meine gesellschaftliche Brauchbarkeit feststellen. Mein Inneres, mein eigentliches Leben kennt keiner, auch nicht die, welche sich meine »Nächsten« nennen. Wie ich von ihnen auch nur das weiß, was ich im Umgang mit ihnen zu wissen brauche. Ich glaube, wir veräußern alles. – Und ist veräußern nicht auch identisch mit verkaufen? Und hat solch ein Verkauf, solch ein Veräußern nicht auch den ominösen Namen des Verrates? Also: Unrecht!‹

Ich führe dieses Gleichnis hier an, weil man dadurch vielleicht darauf kommen könnte, daß man die Bibel zumindest auf gleiche Weise behandelt, ihr auf gleiche Weise also Unrecht tut.

Das Veräußern als prinzipielle Sünde

Denn man *kann* die Bibel lesen, wie man auch andere Bücher liest, wie man Briefe, sonstige Berichte aufnimmt. Das heißt, man nimmt dann die Worte »normal« als Worte, wie sie benutzt und verstanden werden im gesellschaftlichen Verkehr, bei historischen Untersuchungen, beim Studium von Akten und Dokumenten, bei der Beurteilung von Gesetzen, bei allen wissenschaftlichen Untersuchungen. Man denkt, wie im Beispiel der Bewerbung, dabei absolut gerecht zu handeln und würde empört protestieren, wenn man den Vorwurf hörte, man beginge gerade ein großes Unrecht, sei einer Sünde verfallen.

Ich will nun aus der Bibel im Neuen Testament eine Stelle anführen, die man als eine Mitteilung aus dem Innern, den verschwiegenen Gedanken jenes Bewerbers vergleichen könnte. Es ist das bekannte: »Im Anfang war das Wort, und das Wort war bei Gott, und Gott war das Wort. Dasselbe war im Anfang bei Gott. Alle Dinge sind durch dasselbe gemacht, und ohne dasselbe ist nichts gemacht, was gemacht ist. In ihm war das Leben, und das Leben war das Licht der Menschen. Und das Licht scheint in der Finsternis, und die Finsternis hat's nicht erfaßt.« So fängt doch der Bericht des Johannes an; es sind die ersten vier Verse.

Ist das nicht auch der lautlose, aus Verzweiflung kommende Schrei aus dem Inneren eines jeden Menschen, wenn er bemerkt, daß man ihn nicht kennen kann, solange er immer nur beurteilt wird nach seinem Verhalten in der Familie und in der Gesellschaft, in der Kirche, im Verein, in der Wissenschaft, kurz: in der Welt?

Aber was ist dann das Wort?, wird man fragen. Ich will gleich aus jenem Schrei heraus antworten: *Gott* ist das Wort. Durch dasselbe ist doch alles, sind doch alle Dinge gemacht, und ohne das Wort ist nichts gemacht, das geschaffen ist. Im Wort ist doch das Leben. Aber der Mensch scheint das alles nicht fassen zu können. Wie die Finsternis das Licht nicht fassen kann. Wie der Mensch also auch Gott nicht fassen kann.

Man könnte schon verstehen, daß hier nicht nur das Äußere des Wortes gemeint wird, wie man es in der Gesellschaft kennt und sich mit Worten unterhält. Wie jener Bewerber in meinem Gleichnis auch nicht nur so gekannt wird, obwohl man es doch normal und gut meinte. So ist also ein Wort nicht nur das, was man im Wörterbuch, selbst im größten und vollständigsten, darüber finden kann. Auch das beste psychiatrische, sogar astrologische Gutachten kann von der Fülle, der Vielfältigkeit, den Nuancierungen eines jeden Menschen nichts aussagen. Was also sagt das Wort eigentlich aus? Ich möchte zurückfragen: Was »weiß« man von Gott, was sagt Gott aus?

Dennoch spricht man vom Wort, von Worten. Aber dann bedenke ich, daß in manchen Kreisen von der Bibel als »Wort Gottes«, als »Gottes Worte« gesprochen wird. Man nennt sie auch »heilige Schrift«. Und viele sagen, jene Worte sind durch den »heiligen Geist« geschrieben, inspiriert. Denn ein »Geist« schreibt doch nicht, wie ich jetzt mit einem Kugelschreiber. Und doch heißt es, »er« habe das geschrieben.

Man könnte jetzt anfangen zu begreifen, was ich mit der Sünde meine. Man unterscheidet dann nämlich nicht zwischen dem Lebenslauf jener Person und ihrem ewigen Leben, ihrem sogar für sie selber größtenteils verborgenen Inneren. Und so liest man die Worte der Bibel, studiert sie sogar ernsthaft, und kann nichts wissen von ihrem Inneren, von ihrer Identität mit Gott.

Das ist wohl die Wurzel der Sünde: daß man das Erscheinende, das Äußere beurteilt und daraus schlußfolgert, ob es gut oder böse sei, ob man es für seine Zwecke, für sein Lebensziel in dieser Welt gebrauchen kann oder nicht, ob man es moralisch gerechtfertigt findet, ethisch, seiner Institution gemäß, oder eben nicht. Ich kann nichts dafür, ich muß jetzt unausweichlich an jene Frucht vom Baum der Erkenntnis von gut und böse denken, die von der Schlange so dringend zum Genuß empfohlen wird. Und dort ist doch der für viele unbegreifliche Anfang der Sünde.

Wenn wir also die Bibel nach unserer normalen Art beurteilen wollen, so wie wir alle Dinge ernsthaft analysieren: historisch, sozial, psychologisch, ästhetisch, philologisch –, dann haben wir eben nur die äußere Bedeutung der dort vorkommenden Geschichten und anderen Mitteilungen. Und wir haben dann ehrlich und gerecht beurteilt, was uns dort als gut und was uns als böse erschien. Wir urteilen dann, wie »man« urteilt. Man urteilt auch so über den Lebenslauf von Menschen und wird auch selber so nach Recht und Gesetz von anderen beurteilt.

Was sollen wir sonst mit dem Wort tun? Wer gibt uns da einen Rat?

Nun, wenn »Gott« das Wort ist, wenn der heilige Geist die Worte spricht und schreibt, wäre doch der erste Schritt, eine Antwort zu suchen auf die tiefste, jeden Menschen angehende Frage: »Was und wer ist Gott, wenn Gott das Wort ist, und der heilige Geist uns die Worte bringt, Worte, wie wir sie in der Bibel kennen?«

Ich spüre immer stärker: Ich muß auch bei den Worten ihr Inneres, ihre Verborgenheiten suchen wie bei mir, bei Menschen. Ich begehe ein Unrecht, eine Sünde, wenn ich auch die Worte nur nach ihrem Äußeren kennenlerne, wenn ich sie also verkaufe, ausliefere, verrate, sie eben veräußere.

Jetzt, glaube ich, brauche ich nicht weiter zu seufzen oder mich zu ärgern, wenn ich an den Streit denke, der durch das Veräußern entstanden ist, den Kampf eigentlich von jedem gegen jeden, den Kampf der ehrlich aufgebrachten Rechthaber. Man findet sie in jeder Institution, in jeder Erscheinung der Religionen. Mich aber drängt es wirklich, vom Wort zu sprechen. Und ich weiß, daß die Sünde, die doch von Anfang an die Einheit des Menschen wie Gottes Einheit zertrümmern möchte, sich diesen Worten widersetzen wird, und daß viele sie deshalb nicht verstehen können. Aber man soll dennoch anfangen, auch wenn man vom Erfolg oder Mißerfolg noch gar nichts weiß.

Also fangen wir an.

Gott in uns, und wir in Gott

Wir wollen nun von der Identität Gottes mit dem Wort sprechen. Und wir werden, schon aus Ehrfurcht vor dem Leben, schon aus Ehrfurcht vor unserem persönlichen Leben, unserem Leben im Bild und Gleichnis Gottes, nicht nach seinem äußeren Lebenslauf fragen, wo er eventuell wohnt und seit wann, sondern uns gleich mit Erzittern fragen, ob und wie man seinem Inneren, seinem Wesen näher kommen könnte.

Dann kommen mir Gedanken wie »Gott in uns, und wir in Gott«, die schon bei der Erschaffung des Menschen in der Bibel ihr Prinzip erhalten. Heißt es doch im 1. Mose 2,7, der Herr Gott habe dem Menschen lebendigen Odem in seine Nase geblasen. Also eben Gott im Menschen.

Wer denkt da an physischen Atem? Im Hebräischen stammt der Begriff der göttlichen Seele, »neschaṃa«, vom Wort Atem, »neschem«. Das Wunder des Wortes ist uns eingeblasen. Mit seinem Atem hat Gott sein Inneres uns eingegeben: das Wort. Der Mensch hat es zur Bewahrung erhalten wie seinen von Gott ihm eingeblasenen Atem, sein Leben.

Was ist dann unser Inneres, unsere Verborgenheit, unser Geheimnis? Wenn wir von unserem Inneren sprechen, meinen wir dann Gott?

Was aber meinen wir, wenn wir von Gott sprechen? Ist dieses Wort nicht zur Formel geworden, unter der man sich alles oder nichts vorstellen kann?

Vielleicht beginnen wir deshalb am besten damit, das Wort der Bibel, das wir mit Gott übersetzen, für sich sprechen zu lassen. Nehmen wir also erst einmal das Wort der Bibel ernst und lassen wir uns nicht von der Übersetzung des Äußeren dieses Wortes verführen. Wir wollen Gott eben nicht verkaufen, nicht veräußern; ja, nicht einmal veräußerlichen.

Für Gott steht im Hebräischen der Bibel »Elohim«. Das ist die männliche Mehrzahlform vom Wort »eleh«, das »diese« bedeutet. Welche »Diese«? Nun, alles, von dem man »dieses« sagen kann. Nicht nur »diese« Gegenstände, sondern auch diese Zeiten, diese Gedanken, diese Träume, diese Utopien, diese Phantasien, diese Menschen, diese Tiere, diese Kristalle, Sterne, Wolken, Kranke, Erwartungen, Hoffnungen, Schöpfung. Also eine *Einheit* aller »Diese«. Eine Einheit einer unermeßlichen, unausdenkbaren, undefinierbaren Vielheit. Die Einheit Gottes, die von der anderen Seite sich als Vielheit Gottes zu erkennen gibt. Resultiert die innere Einheit des Menschen nicht gerade aus der Mannigfaltigkeit seiner Stimmungen während einer Sekunde?

Elohim ist dann auch Gott als Vater, als Ursprung allen Lebens, als Erschaffer der Welt. Gott in einer Formel zu beschreiben, wäre nur eine Annäherung des Äußeren. Es brauchte dann erst recht die Berücksichtigung des Inneren, des in der Hülle des Äußeren verborgenen Geheimnisses.

Wie aber kommen wir zum Inneren Gottes? Nun, es ist doch nahe verwandt mit unserem menschlichen Inneren, es ist doch unser Lebensodem. Bin ich dann nicht auch, wenn ich ausatme, in Gott? Ich bin doch im Bild und Gleichnis Gottes. Und das nicht nur körperlich, anatomisch, sondern auch vor allem durch das Wort, durch mein Leben, durch meinen Leib.

Mein Inneres. Wie kennt das Wort dieses Innere? Ich denke jetzt daran, daß der Name Elohim die *männliche* Mehrzahlform von »eleh« ist. Was aber ist »männlich«? Das hebräische Wort dafür ist »sachar«, das zugleich »Erinnerung«, »erinnern« bedeutet. Erinnerung hat etwas mit dem Inneren zu tun; das Sich-erinnern ist eine verborgene Angelegenheit. Am Äußeren eines Menschen ist schwer zu sehen, was seine inneren Gedanken und Gefühle sind. Daher nennen wir sie auch nicht-bewußt, denn wir sind uns dieser Erinnerungen nicht oder nur am Rande bewußt; wir kennen sie eigentlich nicht.

So ist auch das Wort »sechuth«, »Verdienst«, meist im Sinne von »das Verdienst der Väter«, mit dem Erinnern, mit diesem Männlichen nahe verwandt. Das Verdienst bedeutet, daß Gott »sich erinnert«, vom Inneren weiß, weiß, daß diese »Väter« wie auch er selbst im Innern der »Kinder« leben. So meldet sich Ewigkeit im Menschen in dem, was wir das Verdienst, die Erinnerung der Väter nennen. Das Innere ist also des Menschen Männlichkeit, des Menschen männliche Seite.

Unser Inneres enthält wohl mehr als nur die bewußte Erinnerung, das bewußte Gedächtnis. Es enthält eben auch all das, wovon der Bewerber in meinem eingangs erzählten Gleichnis spürte: ›Wer kennt mich, wie ich wirklich bin? Ich weiß es selber kaum. Ich bin ein fortwährend lebendiger, sehr lebhafter Komplex unzähliger sich ändernder, sich bewegender, wachsender Aspekte. Ich bin vielleicht eine Summe vieler Persönlichkeiten, jedenfalls vieler, unabsehbarer Nuancen.‹

Die Sehnsucht bestimmt den Weg

So ist, wie ich glaube, unser Leben eine Art Suche nach Gott im Sinne der ständigen Fragen: Wer bin ich wirklich? Was stelle ich mir unter meinem Leben vor? Wie erlebe ich dieses Leben, diese Welt? Denn die Welt, wie sie ist, und wie man sagt, daß sie war, ist uns ein großes, unlösbares Rätsel. Einerseits sind wir voller Kritik an der Welt, andererseits aber sehnen wir uns im stillen nach einer Welt, die wir ganz anders, für uns und für die ganze Kreatur ideal einrichten würden, zugleich wissend, daß das hier unmöglich ist.

Wenn ich hier »wir« sage, meine ich jede Person, die

hier seit Urzeiten lebte und die gegenwärtig lebt mit ihrem äußeren Lebenslauf und mit ihrem vielfach nuancierten Inneren. Wie ich hat jeder Mensch seine Sehnsucht nach einem idealen eigenen Leben, nach einer ewig glücklichen Kreatur. Und jeder hat dabei in seinem Inneren seine einmalige persönliche Vorstellung von Glück, von Gerechtigkeit und Liebe.

Wenn ich an diese Vorstellungen und Sehnsüchte der Menschen in allen Zeiten denke, spüre ich: durch ihr Inneres haben alle Menschen ihre persönliche Beziehung zu Gott. Gott gibt seinen Atem, seinen »neschem« in sie hinein. Wo alles andere der Schöpfung einer festen Gesetzmäßigkeit unterworfen ist – dies ist doch auch der Sinn, das Geschenk der Schöpfung –, kommt mit der »neschama« etwas vollkommen Neues: die Freiheit des Menschen. Deshalb heißt es im Judentum, die »reine neschama habe vor Gottes Thron Rechnung und Verantwortung« abzulegen. Die »nefesch«, die Seele, die Gott der ganzen Kreatur schenkt, fällt, weil sie dem Gesetz unterworfen ist, nicht unter jenes Gericht; die »neschama«, Gottes Odem im Menschen, sein Leben in der ihm von Gott gegebenen Freiheit, ist für das Schicksal hier verantwortlich.

Die persönliche Beziehung zu Gott, das, was den Menschen zu Gott hinzieht, was sich bei ihm wie seine Sehnen sehnt, ist der Weg des Menschen. Für diesen Weg gilt auch das Wort: »Ich bin der Weg, die Wahrheit und das Leben«; dieser Weg allein kann uns innerlich be-weg-en.

Und wie verschieden ist unsere Beziehung zu Gott! Von Mensch zu Mensch ist sie verschieden, im Laufe der Zeiten kann sie sehr verschieden sein, im Laufe eines Lebens sogar hat sie viele Aspekte. Wie verschieden denken wir von der Welt! Der eine empfindet sie als scheußlich, grauenhaft; beim anderen herrscht die Hoffnung, daß alles sich zum Besseren hin entwickelt. Der eine wünscht der Welt

Untergang, der andere gönnt ihr und der Kreatur das Beste, das sogar unmöglich Vorstellbare. Für den einen ist Gott so etwas wie der Teufel, eine tote, ausgelöschte Kraft, für den anderen ist Gott derjenige, der der Welt das Beste und Schönste schenken möchte.

So heißt es denn auch: Wenn schon du als Mensch der Welt das Herrlichste bis in alle Ewigkeiten gönnst, um wieviel mehr intensiver und wirklicher will dann Gott, unser aller Vater im Himmel, dies schenken! Und so, wie du nicht imstande bist, deine guten Wünsche zu realisieren, so ist er als Schöpfer von allem aus dem Nichts imstande, es zu verwirklichen, ihm auch ewigen Bestand zu verleihen.

Aus dieser Art der Gedanken ergibt sich der Weg eines jeden zu Gott, zeigt sich, wie weit und wo auf dem Weg sich der einzelne befindet. Und nur Gott, der uns durch und durch kennt, weiß, wo jeder seiner Menschen, in seinem Bild und Gleichnis erschaffen, wo jedes seiner Kinder, wie verlorene Söhne im Leben auf der Suche, oft in Verzweiflung, manchmal mit dem Gefühl auf dem Heimweg zu sein, herumirrt. Aus diesen Tiefen hört er die Schreie, die Rufe, und er sieht, wie die Menschen die Verborgenheiten, das Innere suchen, so wie auch Gott die Menschen, seine Kinder, in ihren Verborgenheiten sucht und sie herbeisehnt. Sind wir doch ganz in seinem Bild, in seinem Gleichnis.

So also könnte etwas von diesem Inneren, von der männlichen Seite Gottes und des Menschen empfunden werden.

Der unaussprechliche Name

Nun kennt das Wort der Bibel Gott auch unter dem Namen »Herr«. Was ist gemeint, wenn verkündet wird, daß »der Herr unser Gott, der Herr Einer ist«? Oder wollen wir uns etwa mit der Feststellung begnügen, daß es nun einmal diese beiden Namen gäbe? Das wäre eine Oberflächlichkeit, ein Veräußern.

Ich bedenke, daß wir hier fortwährend von einer Zweiheit sprechen. Schon im Gleichnis vom Mann, der sich bewirbt und nach dessen Innenleben nicht gefragt wird. Wie viele Menschen kennen und schätzen deshalb auch bei sich nur, was sie in der Gesellschaft tun und was man von ihnen sagt! Nur sehr wenige wissen von einem selbständigen, vielleicht sogar alles andere beherrschenden Innenleben. Man erzählt doch von Ödipus, daß er seinen Vater tötet, um mit der Mutter ungestört leben zu können. So bringt man das innerliche Leben zum Schweigen, um dann in der Welt für das mächtige »Man sagt« alles zu tun.

Wozu sonst der große Nachdruck auf Politik, auf Status und Karriere? Wozu sonst heißt es, wenn man hier stirbt, sei *alles* aus?

Das Bild von Ödipus bringt uns schon darauf, daß der andere Name für Gott, der Name »Herr« weiblich sein könnte. Ein bedrohliches Bild; denn das könnte auch heißen, daß der Name Herr dann als der wichtigere käme und daß man den Namen Gott, den Vater damit verdrängen könnte, ihn sogar töten, ver-nicht-en.

Wie lautet nun dieser Name in der Bibel? Der Name Herr, muß man zuerst einmal wissen, wird im Hebräischen überhaupt nicht genannt; man *sagt* nur Adonai, Herr, weil man das Wort, das dort eigentlich steht, nicht sprechen will. Es steht dort nämlich das Tetragramm, und das könnte man eventuell als Jehova oder auch als Jahwe aussprechen. Das Hebräische aber kennt eigentlich keine Vokal-Zeichen, und die Aussprache wird im Prinzip jedem frei überlassen.

Der Stamm des Tetragramms ist das Wort »howe«, das einfach »Gegenwart« bedeutet. Also immerwährende Gegenwart. Gegenwart in der Vergangenheit wie im Heute und wie in der Zukunft. Gegenwart also im Laufe der Zeit, nie aufhörende Gegenwart, ewige Gegenwart. Und mit dem hebräischen Begriff für »ewig«, »le-olam«, hat man dann auch die Vokale gedacht. So entsteht mit den Vokalen e-o-a das Tetragramm als *Jehova*. So wird es dann auch geschrieben, aber, wie gesagt, nicht ausgesprochen.

Auch das hat einen Sinn. Denn gerade weil es um den Namen des allgegenwärtigen Gottes geht, nimmt man an, daß bei jedem der vier Zeichen des Tetragramms *alle* Vokale stehen sollten. Das aber ist unaussprechbar; in der Welt der Zeitlichkeit findet der Name von Gott als Herr keine Ausdrucksmöglichkeit.

Das Wort »howe«, »Gegenwart« an sich, enthält dann auch die Wurzel zum Begriff des Seins. Wo Gott dem Mose diesen seinen Namen beim brennenden, aber nicht verbrennenden Dornbusch nennt, sagt er auch das entscheidende »Ich bin, der ich bin«, also die Ich-Form vom Sein. Das Tetragramm ist dann die dritte Person, die Er-Form, und könnte übersetzt werden als »Er ist (immer Gegenwart)«. Daher übersetzte man das Tetragramm in gewissen jüdischen Kreisen einfach als »Er«; häufiger noch als »der Ewige«.

Mit dem Namen »Herr« kommt auch die Zeit als ständige Gegenwart in die Welt. Zu Anfang des 2. Kapitels der Genesis heißt es: »Es konnte nicht wachsen«, mit anderen Worten: Was wir Zeit nennen, zeigt uns eben ein Wachstum. Das *Erscheinende* »wächst« in der Zeit; das *Wesen*, der Vater führt dort das Tetragramm ein und heißt dann auch oft der Herr-Gott; und man spürt dann auch die Bedeutung des Ausdrucks »Der Herr unser Gott, der Herr ist Einer«.

Denn so wie Wesen und Erscheinung in der Zeit eine Einheit formen, so ist der Mensch mit seiner Innerlichkeit und der Mensch im Erscheinenden derselbe Mensch. Der Lebenslauf des Menschen betrifft keinen anderen als sein unaussprechbares, als sein unsagbares Inneres, das eben die Fülle von allem enthält.

Wir sahen schon, daß der Name Herr nur ein Ausweichen vor dem unartikulierbaren Tetragramm bedeutet, bei dem es sich um das immerwährende Sein handelt, um eine ständige Gegenwart, wie auch die Zeit fließen mag. So wird vielleicht klarer, daß dem Vater, dem Männlichen, etwas zum Vater-sein fehlte; daß er aus seiner Fülle etwas für seine Schöpfung, für diese Welt benannte. Ohne dieses könnte hier nichts »wachsen«.

So kam zum Inneren, zum Männlichen das, was man in der Welt als das Weibliche erkennt. Das Wort für weiblich ist im Hebräischen »nekewa«, und das bedeutet auch »hohl«, also eine Hülle. Die Frau umringt den Mann, heißt es bei Jeremia. Das in der Zeit Erscheinende hat sein Inneres; die Erscheinung umhüllt nicht nur das Wesentliche, sondern schützt es damit auch. Und dazu kommt noch das Phänomen, daß das Tetragramm ein weibliches Wort, der Name Herr also sehr irreführend ist, wenn man dabei an Männlichkeit in der Gesellschaft denkt.

Die Zeitlichkeit umhüllt, verbirgt das Wesen. Aber beide sind eine Einheit wie der »Herr« und »Gott«. Man soll die beiden gerade nicht trennen, nicht spalten. Und es wird dem Sinne nach noch klarer, wenn man bedenkt, daß das Männliche, das Innere, den Samen hat, durch welchen das Weibliche, das in der Zeit Erscheinende die Frucht hervorbringen kann. Überhaupt, die Frucht kann nur in der Zeitlichkeit wachsen.

Das Weibliche aber soll dann eben nicht wie die Mutter des Ödipus betrachtet werden, die man sich aneignen kann, indem man den Vater verschwinden läßt. Einzusehen wäre, daß das Sein immer da ist, daß man nicht so tun kann, als ob es nur heute zur Verfügung steht, um ihm dann je nach Laune die Frau zu rauben; dem Mann, den man dann damit auch tötet. Man kennt doch die Folgen, die Ödipus mit seiner Tat über sich bringt!

Vielleicht hat in der Erscheinung im Zeitlichen deshalb

auch das Männliche den Samen, der das weibliche Ei befruchtet. Grund des Ganzen ist eben dieser Urgedanke Gottes, des Vaters, der seinen Samen der Mutter der Welt schenkt, damit sie ihn in der Welt erscheinen läßt. Die Zeit, könnte man auch sagen, erhält Saat aus dem Wesentlichen; so kann sie auch Früchte hervorbringen.

Hier wäre auch an die himmlische Hochzeit zu denken, wo der Bräutigam im Himmel der Braut, dieser Welt entgegengeht, sie zu empfangen; oder an den Schmuck, den man, auch in der Bibel, der Frau, der Braut schenkt. Wird doch die Welt in ihrer Erscheinung im Zeitlichen von einer uns unbekannten Quelle her mit Schönheit, mit Harmonie geschmückt, weil nur sie die Frucht bringen kann. Von dieser Quelle her kommt auch die Freude, mit der ein Kind empfangen werden könnte. Es ist auch die Tragödie der Freiheit des Menschen, seiner Göttlichkeit, daß er entgegen dem Sinn der Welt keine Frucht, keine Kinder empfangen will. Mit dem gleichen Recht seiner Freiheit, wie er sich nach Gott sehnen kann, kann er das alles verhindern, kann er den »Hinderer« – dies die Bedeutung des Wortes Satan im Hebräischen – anbeten und einem Götzen folgen, der als Freude nur das Vernichten kennt.

Der Mensch kann so das Leben auch spalten und nur dasjenige Leben nennen, wo er das Zeitliche beherrschen, wo er machen kann, was ihm in seiner Freiheit gefällt, wo es ihn nach Macht gelüstet, und das Wesentliche seines Lebens, die einmalige Fülle seines Ichs nicht zur Kenntnis nehmen, es als etwas Nichtswürdiges betrachten. Dann ist Leben in Ewigkeit für ihn etwas Unmögliches, dann kennt er bestenfalls eine lineare Verlängerung der Zeit in Vergangenheit und Zukunft. So entstehen auch verschiedene Reinkarnationslehren als Zeichen, daß man sich die Zeit angeeignet hat, daß man das Geheimnis des Vaters, die Fülle seiner Einheit von allem Vielfältigen, verschwinden ließ. Man hat dann Gott im Menschen verleugnet, zu Nichts gemacht, veräußert, getötet.

Die un-mögliche Geburtsgeschichte

Ich hoffe, wir ahnen jetzt etwas vom Inhalt der Namen Gott und der Herr, und haften nicht länger mehr am Äußeren der Formeln; dann könnte doch auch endlich etwas neues vom Neuen Testament zur Sprache kommen. Zuerst einmal möchte ich einige Quellen des Unrechts aufsuchen, die hier wie in der ganzen Bibel zu vielerlei Emotionen und Aggressionen Anlaß geben. Denn, wie ich schon sagte, man bekennt die Heiligkeit der Worte Gottes nur mit dem Mund und folgt allzugern den Götzen der Zeitlichkeit. Ich habe übrigens das Neue Testament in der Reihenfolge seiner verschiedenen Bücher über Jahre hinweg in Vorträgen, oft Vers für Vers, besprochen. Es gibt von allen diesen Vorträgen Tonkassetten, so daß man auch mein eigenes Wachstum im Neuen Testament miterleben kann.

Hier möchte ich vor allem einmal die Grundlagen der Bibel des Neuen Testamentes zu Wort kommen lassen.

Und beginnen will ich mit der Hauptsache, die auch im Neuen Testament als solche hervorgehoben wird, indem sie jedenfalls den Anfang der Reihenfolge angibt. Ich meine die Tatsache der Geburt Jesu aus der Jungfrau Maria. Für viele Leute wäre es leichter, daran vorbeizugehen und erst etwas später anzufangen, denn die Geschichte der Zeugung und der Geburt wird häufig als peinlich für den normalen Menschen gemieden.

Aber wir wollen mit dieser Geburtsgeschichte anfangen. Wenn es um die Wahrheit im Wesentlichen geht, heißt es, irgendwelche Emotionen im Äußern als solche erkennen. Sind viele Leute nicht auch erregt, wenn die Tatsache des Sterbens und des Todes sie irgendwie näher berührt?

Wenden wir uns also der Geburt zu. Es fällt gleich auf, daß im Hebräischen der Bibel die Worte Geburt, Zeugung, gebären alle vom gleichen Stamm ausgehen, daß sie jedenfalls das Wort »Kind« als gemeinsame Quelle haben. Gebären heißt »jilod« (10–30–4), Kind »jeled«, ebenfalls 10–30–4. Und eine Geburt ist »leda«, 30–4–5, zeugen »holed«, 5–30–4. Die Wurzel l–d, also Lamed-Daleth, 30–4, ist allen diesen Begriffen gemeinsam.

Wir wollen jetzt nicht auf die Unterschiede in den Übersetzungen dieser Worte eingehen. Übersetzt wird meistens nur das Äußere eines Wortes, weshalb alles Übersetzen dem verwandten Begriff des Verrates kaum entgehen kann. Bei der Zeugung, dem Gebären und dem Kind geht es also prinzipiell um die gleiche Angelegenheit.

Zwar kennt man in der Erscheinung des Biologischen, des Anatomischen verschiedene Vorgänge, wie manches sich an der Oberfläche, an der Hülle differenziert zeigt; es geht aber schließlich um das Phänomen, daß aus dem Vater, dem Männlichen, dem Inneren, dem Wesentlichen eine Saat hervorkommt, die von der Mutter, dem Weiblichen, dem Erscheinenden empfangen wird, worauf dann ein Kind in dieser Welt der Frau erscheint. Sie ernährt es, und es ist ihr hier dann auch verbunden.

Nun kommt es schon zum Konflikt mit den Leuten, für die nur die Welt des Äußeren besteht, die also eine Welt im Wesentlichen verärgert leugnen müssen, um sich hier als Herrscher, als Machthaber, behaupten zu können. Sie haben – ich zitiere mit Absicht diese bibelfremde griechische Geschichte – den Vater gemordet, um dann ungehemmt diese Welt besitzen zu können. Diese Leute behaupten, alles sei doch *hier*, historisch geschehen. Und das Gerede vom Wesentlichen sei nur eine raffinierte Ablenkung von dieser Tatsache.

Nun möchte ich daran erinnern, daß ich den Herrn als Gott kenne, daß diese untrennbare Einheit mein Lebenssinn ist; daß ich also die historische Tatsache anerkenne wie mein Leben im Körper, das mich freut und glücklich macht. Aber ich empfinde *zugleich* meine Ewigkeit, meine Einmaligkeit als wesentliche Quelle meiner körperlichen Erscheinung.

Entsprechend kann ich auch die Historizität der biblischen Erzählungen nicht anfechten. Das würde im Körperlichen einem Selbstmord gleichkommen. Aber ich weiß, daß das hier Erscheinende die Frau eines Mannes ist. Im Himmel ist auch und vor allem *diese* Ehe geschlossen. Der Mann, das Männliche, »sachar« ist das Innere, das Bleibende, ist »sechuth«, das Verdienst, das durch die Generationen als Verbindungsfaden zum Urvater führt und alle Teile der Generationen zur Einheit bindet, den Bund herstellt. Deshalb heißt die Bibel auch »Wort Gottes«, Worte, die eben nicht nach ihrer Bedeutung im Äußeren beurteilt werden können.

Dann nämlich trennen wir die Frau vom Mann, die Mutter vom Vater. Und die getrennte Frau kann dann, alleinstehend, in die Irre gehen. Dann könte sie sich jedem beliebigen Mann anheften. Die treue Frau wird sich immer nach ihrem ewigen Mann sehnen. Irgendwo und irgendwann wird sie wieder zu ihm heimgebracht, kehrt er, im gleichen Vorgang, zu ihr zurück. Das wäre auch ein Zeichen der Unlösbarkeit einer Ehe; eine Unaufhebbarkeit der im Himmel geschlossenen Ehe.

Also muß ich die aufkommenden Konfliktsucher gar nicht zur Kenntnis nehmen. Ich habe sie nie gekannt, ich kenne sie auch jetzt nicht.

So will ich mich jetzt mit der Ankündigung der Geburt durch den Engel Gabriel auseinandersetzen, dann mit der Zeugung durch den Heiligen Geist, mit der Jungfrau Maria, mit der Geburt im Stall in Bethlehem. Eine merkwürdige, in dieser Art auch einmalige Geschichte in der Bibel. Sie ist aber entscheidend für das ganze Neue Testament.

Denn gerade die Welt als Geschehen im Äußeren kennt Geburten am laufenden Band. In der gesamten Natur sind sie unleugbare Fakten. Und spricht man in dieser Welt der vielen, auch historischen Tatsachen von einer Geburt bei einer Jungfrau Maria, das Kind gezeugt vom Heiligen Geist, muß natürlich für beide Seiten eine peinliche Situation entstehen, die bald auch zu Aggressionen führen könnte.

Schon aus dem Sprachgebrauch wissen wir, daß das Wort Geburt nicht auf die Bezeichnung eines biologischen Vorgangs beschränkt ist. Man spricht zum Beispiel auch von der Geburt einer neuen Zeit, der Geburt eines Gedankens, der Geburt eines Kunstwerkes. In der Geburtsgeschichte des Neuen Testamentes wird mit Nachdruck darauf hingewiesen, daß es sich hier um keine »normale« Geburt handelt, sondern daß diese Geburt gerade vollkommen aus der Reihe des Gewohnten springt, daß sie sogar erstmalig und einmalig sei. Es ist die Erstmaligkeit und Einmaligkeit sowohl im Wesen, im Wort, im Verborgenen, als auch im Geschehen in der Welt. Man soll doch die Einheit vom Herrn, der Gott ist, nicht spalten.

Wenn nun im Wesen, der männlichen Seite, im Inneren des Wortes so etwas geschieht, wie es die Bibel im Neuen Testament erzählt, dann muß es doch auch im Sein, wie es als immerwährende Gegenwart erscheint, in Vergangenheit, in Gegenwart und in Zukunft, anwesend sein. Im Wort, das der Heilige Geist spricht, ist die Einheit von Bräutigam und Braut, die himmlische Ehe eine Tatsache. Es ist die Einheit von Gott und dem Herrn.

Weil es im Wort steht und weil Gott das Wort ist, könnte es im Erscheinen in der Zeit bedeuten, daß diese Geburt, diese Gottesgeburt im Menschen als entscheidendes Geschehen stattfindet. Es geht also gar nicht an erster Stelle um eine einmalige historische Tatsache. Es geht um die Worte vom Heiligen Geist; die erzählen von einer Einmaligkeit, von einer aus Gottes Sicht auch in der Welt der Zeitlichkeit erstmaligen, entscheidenden Tatsache. Läßt etwa der Engel Gabriel sich irgendwie historisch festnageln? Geschweige denn der Heilige Geist.

Gerade weil die Geschichte vom Heiligen Geist erzählt wird, ist sie auch an der Oberfläche der fließenden Zeit immer anwesend. Nur kann sie erst in Wahrheit erkannt und erlebt werden, wenn man selber im Leben seine eigene Einheit herbeisehnt, sich ihr damit nähert. Wer die Geschichte nur einseitig versteht, so oder so, hat sich vor der Gnade verschlossen, die seit jeher, weil im Wesen anwesend, auf diese Sehnsucht des Menschen wartet. Sie ist immer zum Greifen nahe. Auch die Geburt Gottes im Menschen. Darüber kann nur Gott, der uns durch und durch kennt, urteilen.

Namen als Schlüssel für das Innere

Ich will nun zuerst einmal einige Namen, die hier vorkommen, zu mir sprechen lassen. Dabei möchte ich der Geschichte der Geburt seit der Ankündigung in großen Zügen folgen. Ich denke hier vor allem an den Bericht des Lukas in seinem ersten und zweiten Kapitel. Wir begegnen da zuerst dem Namen Herodes, der in der ganzen Geschichte wesentlich ist; dann natürlich dem Engel, der seinen Namen Gabriel nennt, und Zacharias und seiner Frau Elisabeth. Weiter dann lesen wir von Maria und ihrem Verlobten Joseph.

Was nun ist Herodes im Wort? Der Name stammt wohl vom hebräischen Wort »chared«, das »zittern«, »beunruhigt sein« bedeutet. Jetzt verstehen wir vielleicht besser, was den Herodes zu all seinen Maßnahmen eigentlich treibt. Das harte ch des Hebräischen kommt in verschiedenen Sprachen nicht vor, weshalb man es dann als h spricht und schreibt, so zum Beispiel im Griechischen. Oft wird sogar dieses h weggelassen, wie etwa beim Namen Eva, der in der Bibel Chawa heißt und nur als solcher der Bedeutung »Mutter allen Lebens« gerecht wird.

Vielleicht wird sich mancher fragen, warum ich hier das Hebräische bemühe. Es könnte den Eindruck erwecken, daß ich aus irgendwelchen nationalen oder national-religiösen Gründen auf diese Sprache zurückgreife. Auch benutze ich das Hebräische keineswegs nur deshalb, weil das ganze Alte Testament dem Menschen in dieser Sprache bekannt wurde, oder weil es die Sprache der Juden in der Zeit Jesu war oder weil das Heil aus den Juden kommt oder weil die Botschaft des Neuen Testamentes wohl zuerst im Hebräischen gesagt und den Juden gegolten hat. Auch nicht, weil ich etwa dadurch diskret darauf hinweisen wollte, daß das Neue auf das Alte aufgepfropft wird und daß die Wurzel uns trägt, nicht wir die Wurzel. Ich benutze das Hebräische ganz einfach aus dem Grunde, weil das Wort Hebräisch in dieser Sprache nichts anderes sagt, als daß es »von jener Seite« ist, also jenseitig.

Natürlich kann man behaupten, es bedeute lediglich jenseits eines Flusses, jenseits eines Gebirges, einer Grenze. Aber dem Worte nach bedeutet »ewer« »jenseits« überhaupt, jenseits von allem, was wir hier in der Erscheinung kennen. Damit will ich hier nicht eine Sprache zur jenseitigen proklamieren, sondern vielmehr zeigen, daß man *jede* Sprache ganz verdiesseitigen kann, auch das Hebräische, und daß jede Sprache auch ein Inneres, eine Verborgenheit besitzt.

Wenn in einer Sprache Freude und Leid erlebt werden kann, dann nur, weil die Sprache eine jenseitige Dimension besitzt, um das Innere zu fassen. Wenn große Gedichte und ergreifende Prosa in einer Sprache entstehen, dann nur, weil die jenseitige Facette mit in der Sprache lebt. So geht es mir immer darum, das Heilige, das Ewige in der hebräischen Sprache aufzuspüren, also dem Namen

»Hebräisch« im Hebräischen gerecht zu werden. Jedes andere Motiv wäre Überheblichkeit, würde alles gleich, weil Lüge, verderben können. Ich denke deshalb an das Pfingstwunder in der Apostelgeschichte des Lukas, wo in Jerusalem doch alle Sprachen verstanden werden. Und Lukas bedeutet doch im Griechischen Leuchte, Licht.

Wenn ich mich jetzt wieder den Namen zuwende, so verstehe man es als Bitte an die Namen, mir ihr Inneres mitzuteilen, mich in ihr Inneres zuzulassen.

Die Geschichte fängt also dort mit Zacharias an. Im Hebräischen ist sein Name Secharjah, und das bedeutet »das Gedenken des Herrn« oder »der Herr gedenkt«. Wir erkennen im Wort gedenken ohne weiteres das Wort »männlich«, wie oben ausführlich beschrieben. Die Zufügung »jah« ist eine in der Bibel oft gebrauchte Form vom Namen »Herr«; es sind die beiden ersten Zeichen des Tetragramms. In Buchstaben geschrieben ist dieser Name 10–5–6–5; »Jah« hat die Zeichen 10–5, womit die Anwesenheit des Herrn im Himmel gemeint ist. Die Anwesenheit auf Erden, diesseits also, gibt das letzte Zeichen oder geben die beiden letzten Zeichen an. Denn das dritte der vier Zeichen des Tetragramms, die Waw, die »Sechs«, verbindet, ihrem Namen »Haken« gemäß, das Obere, »Jah«, 10–5, mit dem Unteren, mit der zweiten, der unteren »5«, der unteren He.

Es ist der Mensch, der die beiden Seiten, der Himmel und Erde verbindet, der Mensch, der am sechsten Tag erschaffen wird. Der 6. Tag ist entscheidend; im Alten Testament durch das Geschehen am Freitagnachmittag, dem Nehmen der Frucht vom »Wissen« von gut und böse. Damit zeigt der Mensch, daß er das Licht nicht fassen kann. Im Neuen Testament ist es die Kreuzigung Jesu am gleichen Freitagnachmittag. Diese »Sechs« macht den Menschen in beiden Extremen zum verbindenden Glied der Kette.

So verbindet der Mensch seinen äußeren Lebenslauf im Zeitlichen mit seiner ewig im Sein verborgenen Innerlichkeit. Es ist derselbe Mensch, es sind keine zwei Menschen, aus der Spaltung entstanden. Selbst wenn er sich gespalten empfände und andere ihn nur gespalten kennen würden.

Dem Secharjah nun erzählt der Engel von dem Sohn, den Gott ihm gibt, obwohl er und seine Frau Elisabeth naturgemäß keine Kinder mehr bekommen können. Erstes Zeichen eines Durchbrechens der Gesetze der Natur, erste Ausnahme von der Regel.

Im Alten Testament geschah so etwas Abraham und Sarah. Elisabeths Sohn nun erhält schon vom Engel den Namen Johannes.

Im Hebräischen lautet dieser Name Jochanan, eigentlich Jehochanan. Aber was bedeutet Jochanan in unsere Sprache übersetzt? Beim Übersetzen sollten wir uns vor der Gefahr des Verrates, des Auslieferns an den Feind hüten. Der Feind ist im Prinzip immer der, welcher die Einheit Gottes spaltet und damit durch die Vielheit des Erscheinenden in Zeit und Raum in der unteren Welt Macht ausüben kann. Er macht sich Götter für jedes Gebiet, in dem er herrschen will. Eine Übersetzung wird er deshalb nur nach ihrer Aussage für das Zeitliche beurteilen wollen.

Jehochanan hat als erste drei Zeichen die ersten drei Zeichen vom Tetragramm, also 10–5–6, das Jeho. Man sagt deshalb meist Jochanan, weil man spürt, diese Einheit des Seins im Zeitlichen nicht ausdrücken zu können. Diese Zeichen zeigen doch das obere Jah und mit der »sechs« den Menschen, der dies mit dem Unteren verbindet. Die zweite »5« im Tetragramm, in der 10–5–6–5, ist diese Welt mit ihren vielen Aspekten und Nuancen. Und diese zweite »5«, die zweite He, besteht hier also im Worte »chanan«.

»Chanan« bedeutet eigentlich »begnadigen«. Nach Gesetz, will es sagen, solltest du eigentlich anders behandelt werden, aber ich liebe dich, und Liebe macht frei, läßt mich jetzt aus Gnade handeln.

Die erste Mutter, nach der christlichen Überlieferung Anna, heißt im Hebräischen wie die Mutter des Samuel – Schmu-el, »sein Name ist Gott« –: Channa. Von ihr wird erzählt, sie habe Gott auf die Möglichkeit der Gnade hingewiesen, als die himmlischen Heerscharen, die zwaoth – meist zu Zebaoth verballhornt –, Gott zeigten, daß die Welt, die er erschaffen wollte, durch das Gesetz keinen Bestand haben könnte und er sie wieder vernichten, aufheben müsse.

Dann antwortete Gott der Mutter: Du hast deinen Namen genannt! Denn Channa ist die weibliche Form von »chen« (8–50), Gnade, Gunst. Wie der Name Eva kommt der Name Anna durch das Weglassen des ch zustande. Anna ist die Mutter der Maria, hebräisch Mirjam. Aber ich möchte nicht vorgreifen; es war mir nur wichtig, hier auf Namen hinzuweisen, die mit dem Namen des Herrn verbunden sind. Im Falle von Johannes, von Jehochanan will es sagen, der Herr, das Sein äußert sich in der Welt als Gnade.

Nun möchte ich den Namen Elisabeth, eine der Töchter Aharons, betrachten. Hebräisch lautet der Name Elischewa, »mein Gott ist der Eid«; also: meine Gewißheit, meine Sicherheit ist mein Gott. Diese Elischewa heißt hier unfruchtbar. Im Hebräischen ist unfruchtbar »akara«; Stamm dieses Wortes ist »ikar«, und das bedeutet, »Hauptsache«. Also, die Hauptsache kann hier eigentlich nicht geboren werden. Was nach Gesetz geboren wird, ist nicht das, worauf alles wartet. Das gerade kann *nicht* gesetzmäßig geboren werden. Es muß die Ausnahme eintreten, Gnade muß das Gesetz durchbrechen.

So erzählt die Bibel ja auch von Channa, der Mutter des Samuel, der David zum König salbt, David, dessen Sohn doch die Welt erlösen wird.

Elischewa hat ihre Gewißheit, ihren Eid, in Gott. Das will schon sagen, daß sie die Naturgesetze nicht für *alles* hält, alles bestimmend, alles regulierend. Das Wort Eid ist im Hebräischen identisch mit dem Wort Sieben. Die Sieben enthält die ganze Schöpfung, eingeschlossen den siebten Tag, an dem Gott ruht, den er segnet und heiligt. Beim Eid bringt man die ganze Welt, die ganze Schöpfung als Gewißheit dafür, was man beeidet. Und die Gewißheit ist in diesem Falle eben »mein« Gott.

Der Engel stellt sich neben Zacharias, wenn dieser in der Ordnung des Abia im Tempel seinen Dienst verrichtet. Der Name Abia bedeutet hebräisch »der Herr ist mein Vater«, also »Jah ist mein Vater«. Das Los, das »goral« entscheidet, welche Ordnung an der Reihe ist, nicht etwa die Wahl der Priester oder sonst einer Behörde. Alles im Tempel wird durch das Los bestimmt. Wir würden sagen, man überläßt es dem Zufall, man überläßt es Gottes Lenkung. Zacharias' Dienst besteht darin, daß er den Rauch der Kräuter besorgt. Dieser Weihrauch ist auf dem goldenen Altar, drinnen im Hause Gottes. Der goldene Altar steht, dem Eingang am nächsten, zwischen dem Tisch mit den Broten im Norden und dem Leuchter im Süden. Das »ketoreth« hat den Duft der Kräuter vom Felde, es ist der Duft dessen, das seinen Platz in der Schöpfung als den richtigen, von Gott bestimmten, empfindet. Deshalb sind die Kräuter grün und deshalb duften sie. Das Los der Priester wird ebenfalls als von Gott bestimmt anerkannt. Alles andere in der Schöpfung kann sich mit Willen dem Los entziehen. Deshalb ist sein Duft im Leben nicht immer gerade angenehm.

Von mehreren Aspekten her handelt es sich also um das Hinnehmen des von Gott bestimmten Geschicks, auch wenn es für die Welt wie willkürlich gelenkter Zufall aussieht. Der Duft des Lebens ist der Duft des Weihrauchs, ein angenehmer Duft. Dies alles geschieht im Zentrum des

Menschen, wo der Priester in Gottes Ordnung steht. Der Priester, »kohen«, kann gelesen werden wie »ke-hen«, »wie sie«, also wie die Heerscharen bei Gott. Durch den Priester hat der Mensch die Hingabe, sich wie die himmlischen Heerscharen zu verhalten. Die Ordnung dieser Priester im Menschen wird durch das Los entschieden, also Gott überlassen, also dem jeweiligen Zufall, wie es für den Menschen dann aussieht.

Das Volk, der Menschen Existenz hier, wartet auf das Geschehen im Heiligtum. Dort sind die goldenen Geräte, dort ist die Quelle des Lichts für eines jeden Weg. Da stellt sich ein Engel an des Zacharias rechte Seite, an die Seite des Nordens. Denn der Weg des Menschen im Tempel verläuft von Ost nach West, vom Ursprung zum Ziel bei Gott. Zu seiner Rechten ist dann der Norden, die Seite vom Geheimnis des Wechsels der Erscheinungen des Leibes, der »Brote des Angesichts«, des Gesehenen, weil man weiß, daß »Angesicht«, »panim«, identisch ist mit »das Innere«, »penim«. Es ist das Geheimnis des Körpers, den man sehen kann, und des Leibes, den man nur aus dem Wort kennt. Das gleiche Wort steht für die Körperteile wie für die Ordnung des unsichtbaren Leibes.

Gerade weil Zacharias sich dem Schicksal hingibt, es hier als angenehmen Duft des Weihrauches empfindet, stellt sich der Engel an seine rechte Seite.

Das Wort Engel, »malach« im Hebräischen, bedeutet Bote; ein Bote mit einer Botschaft Gottes, ein Bote aus dem Inneren mit einer Botschaft für das Äußere dieser Welt. So erhört Gott die Gebete des Menschen, die vom Vertrauen getragen sind, daß die Gedanken oder Worte beide Seiten verbinden. Dann gibt der Engel dem Menschen die Stimmung, daß sein Gebet um Kinder erhört wird, auch wenn man hier sagen müßte: Es lohnt sich nicht, so etwas zu erbitten; die Erfahrung zeigt doch, daß das Erbetene nicht eintreten kann! Sein Name Secharjah sagt doch schon, daß der Herr gedenkt, so lebt in ihm doch das Vertrauen in den Herrn, der schon bei Abraham und Sarah, obwohl die beiden auch hochbetagt waren, ein Kind erwecken ließ. Er hätte dem Engel doch glauben, d. h. auch vertrauen können.

Der Engel nennt jetzt seinen Namen, Gabriel. Im Hebräischen sagt dieser Name, Gott habe die Kraft, die Kraft zum Durchbruch; Gott ist der Held, »gibor«, der bis ins Äußerste der wechselnden Zeiterscheinungen durchbrechen kann. Wenn der Mensch sich danach sehnt! Als Mensch in Gottes Bild und Gleichnis erschaffen, könnte er wissen, daß Gott seine Sehnsucht erfahren kann. Auch wenn inzwischen die alten Brote, wie jeden Tag, durch neue ersetzt wurden. Es sind dieselben Brote; das Wort »lechem« gilt für alles im Erscheinen Wechselnde.

Gabriel, Gottes Bote, sagt: Schau, es geht Gott auch um das Erscheinen hier, im Norden, der Seite des materiell Erscheinenden. Ist Materie nicht auch von der Mater, der Mutter her? Das Kind kann wirklich hier erscheinen, gerade auch, wenn es nach den Gesetzen der Natur nicht möglich ist. Aber hast du, obwohl dein Name doch Erinnern, Gedenken bedeutet, Abraham und Sarah vergessen? Daß der Herr schon gedenkt, wie er es auch bei Sarah bezeugt (1. Mose 21,1)?

Und er verkündet weiter, dieser Sohn werde Jochanan, Johannes, »der Herr ist Gnade« heißen. Die Gnade schaut nicht so auf deine negativen Seiten, Gnade kommt von der Liebe her, die Gnade ist vom Herrn. Und dieser Sohn wird dann keinen Wein oder anderes starkes Getränk zu sich nehmen. Äußerlich kündigt sich hier ein Lebensweg als Anti-Alkoholiker an. Die Bedeutung des Wortes im Inneren, die das Äußere einschließt, aber ist: Er wird keinen Rausch brauchen zur Erfüllung seines Lebens; seine Begeisterung wird nicht aus einem Rausch kommen, sei es ein Machtrausch oder ein erotischer, der Rausch eines populären Aufstiegs oder der Rausch eines religiösen Fanatismus. Er wird klar und wach, hell und wahrhaftig bleiben, er wird immer alle Konsequenzen überblicken und dennoch handeln. Denn er kennt, wie sein Name sagt, die Gnade des Herrn schon vom Mutterleib her als Wirklichkeit.

Er wird wie Elia sein, dessen Name aussagt: mein Gott ist der Herr, Elijahu. Mit dieser Einheit in seinem Namen wird er auch die Geschlechter verbinden. Denn er kennt das Geheimnis der wechselnden Geschlechter, der Herr im Erscheinenden ist doch der Gott im Bleibenden.

Du aber, Zacharias, wirst jetzt verstummen, bis es soweit ist. Du hast, wie Abraham, gefragt: Woran werde ich das erkennen, wie werde ich das wissen? (1. Mose 15,8). Wo doch dein Name Secharjah dir sagt, daß du durch die Erinnerung bestehst, daß du weißt, was der Herr dem Abraham gezeigt hat. Weil dies bei dir ausgelöscht wurde, wirst du bis zum Eintreffen der Verheißung nichts mehr in Worten von der Gnade des Herrn aussprechen können. Das Neue kann nur aussprechen, wer für die Gnade offenständig ist. Gnade kann nicht durch Gerede verkündet werden. Von nun an wird klar unterschieden zwischen dem Glauben an Gnade als Einheit, dem Glauben, daß alles vom Herrn ist, und dem Verweisen auf äußere Erfolge, auf diesseitiges Geschehen, getrennt von der Gewißheit, daß alles in der Welt aus der Einheit der Gnade kommt. Denn das drückt auch der Name Elia aus, der diese Einheit ist.

Auch bei Abraham brachte ich einen Tiefschlaf hervor (1. Mose 15,12). Denn bedenke doch den Bund, den ich mit Abraham schloß, den Bund, der die beiden Seiten des Getrennten zusammenfügt. (1. Mose 15,8–21). Dieser Bund ist dein Name, das »Erinnern«, daß die beiden Seiten *eins* werden. Ich verbinde das eine mit dem anderen, denn auch Abraham nennt mich mit dem Namen Herr, den er wie Gott ausspricht. (1. Mose 15,8). So verbinde ich den Himmel mit der Erde, das Leben mit dem Tod, das Unmögliche mit dem Möglichen.

Man bedenke, daß Johannes als Täufer auch diesen Bund betreuen wird.

Die Jungfrau als Mutter der Welt

Nun schickt Gott im sechsten Monat der Schwangerschaft Elischewas denselben Engel Gabriel nach Galiläa, in die Stadt Nazareth, zu einer Jungfrau, die verlobt ist mit Joseph aus dem Hause Davids. Diese Jungfrau heißt Maria.

Beiden also verkündet Gabriel einen Sohn. Der Unterschied ist der, daß dem Zacharias ein schon dagewesener Durchbruch verheißen wird, etwas, woran er sich so oder so hätte erinnern können; Maria aber erhält die Mitteilung von etwas vollkommen Neuem, Niedagewesenen. Denn daß eine Jungfrau ein Kind bekommen könnte, ist bis dahin unerhört.

Wir sehen hier auch die Einteilung des Jahres in die zwei Teile von je sechs Monaten. Gabriel verkündet beide Male die Kraft Gottes, die das von ihm Geschaffene, das Eingesetzte, durchbrechen kann, so daß hier also die Kraft der Liebe, der Gnade hervorbricht. Das erste Mal steht noch unter der Kraft des Erinnerns; ist es doch Secharjah, dem der Sohn verheißen wird. Das zweite Mal aber erfolgt etwas ganz Neues. Die Mitteilung, daß eine Jungfrau gebären wird, muß jeder, der dem Glauben an die Naturgesetzlichkeit verfallen ist, als vollkommen lächerlich ablehnen.

Als Merkwürdigkeit fällt auf, daß das sechste Zeichen des Tierkreises »Jungfrau« genannt wird, wo doch gerade im sechsten Monat der Schwangerschaft der Elisabeth diese unerhörte Verkündung erfolgt. Überhaupt spielt das Sechste in der biblischen Schöpfung – die Erschaffung des

Menschen am sechsten Tag, der Sündenfall am sechsten Tag, die Kreuzigung am sechsten Tag – eine entscheidende Rolle. Nach der Überlieferung kommt es im sechsten Monat des biblischen Jahres zur Schöpfung, im Monat Ellul.

Im Brauch im Judentum wird vom ersten Tag des Ellul an das Widderhorn, der Schofar geblasen. Gott, heißt es, bläst seinen Odem am Beginn der Schöpfung, als Prinzip der Schöpfung, in das Horn und ruft damit das Lamm, den Widder hervor. So kommt im Zeichen des Lammes die ganze Schöpfung zustande. »Jungfräulich« ist die Schöpfung, im Zeichen der Jungfrau, »bethula«, entsteht die Welt, auf die »bethula« ist sie gegründet. So ist die Jungfrau die Mutter der Welt. Aus ihr kommt überhaupt alles zustande. Am biblischen Neujahrstag, dem Ersten des siebten Monats Tischri, wird der Mensch erschaffen. Vorher aber ist also das Lamm und die Jungfrau als Mutter der Welt.

Der Name Galiläa, hebräisch »galil«, verweist auf eine Bewandtnis mit dem Körperlichen, mit dem Erscheinen in der Form. Das nah verwandte Wort »golem« bezeichnet einen toten, leblosen Körper; »gola« und »galuth« sind die Worte für Exil; »Giluj« ist Offenbarung, auch ein Entblößen.

Aber »gal« ist auch Welle. »Galil« besagt dann, daß die Form, die Erscheinung wie eine Welle auftritt, zum Beispiel durch die Zeit als Erscheinung. Entsprechend den Broten im Heiligtum, die täglich ausgewechselt werden. So geht es auch unserer Erscheinung, die niemals unverändert sein kann. Daß Gabriel gerade nach Galil geht, weist schon darauf hin, daß seine Botschaft mit der Form-, der Körperwerdung zu tun hat, daß aber diese Körperwerdung eine sich fortwährend ändernde, eine wechselnde ist. Eine Art Gefangenschaft im Exil; aber zugleich eine Offenbarung, eine Entdeckung, die allerdings von anderen auch als eine Entblößung empfunden werden könnte.

Ich denke dann auch an das Wort für Erlösung, »gemula«, und Erlöser, »go-el«. Hier ist dem Wort für Körper eine Aleph, eine »Eins« als Mitte, als Kern eingefügt. »Gal«, der Stamm aller hier genannter Begriffe, schreibt sich Gimmel-Lamed, also 3–30. Unweigerlich führt uns diese Zahl zu den 33 Jahren Jesu. Der Name Erlöser, »go-el«, 3–1–30, gibt sich als die 34 zu erkennen, der wir als Stamm der Worte für Kind, gebären, zeugen schon begegnet sind.

Gabriel geht in Galil in die Stadt Nazareth. Dieser Name teilt etwas mit über die starre Form, »zar«. Also in der lebendigen, bewegenden Form gibt es einen Ort, der die Starre darstellt. »Zar« ist auch Stamm für die Begriffe Druck, Leid, Schmerz und das Wort »mizrajim«, Ägypten. Das Sein in Ägypten ist schon dem Namen nach ein Leiden, ein Unterdrücktsein.

In Nazareth lebt die Jungfrau Maria, dem Joseph aus dem Hause David verlobt. Der Name Maria, hebräisch Mirjam, spricht von Bitterkeit, und von einem Meer. Vom Namen her ist ein Schicksal zu erwarten, das sich mit dem Bitteren auseinanderzusetzen hat.

Ich denke an den Namen ihrer legendären Mutter, an Channa. Sie war es doch, die Gott auf die Gnade verwies, wenn der Mensch den Vorhersagen der Heerscharen folgend in seiner Welt nur Verbrechen verüben würde. Und sie bot Gott auch an, daß ihre Tochter Mirjam bereit wäre, dieses Bittere zu tragen, zu ertragen, um der Liebe willen. So gibt Gott der Mutter den Mutterschoß, die Gebärmutter, »rechem«, zugleich das Wort für Erbarmen, für Barmherzigkeit. Nur durch Erbarmen ist der Schmerz der Enttäuschung, die Bitternis zu ertragen. Und Barmherzigkeit ist nur da, weil die Sünde für den Menschen oft unausweichlich ist.

Ohne Erbarmen und ohne Gnade könnte die Erlösung nicht durchbrechen. Ohne diese einzigartige, einmalige

Geburt, aller Natur entgegen, geschieht Erlösung auch nicht. Dieses ganz Neue muß durchbrechen. Das Wort selbst verweist auf den Zusammenhang von Geburt und Erlösung: die 30–4 als Stamm für Zeugung, Geburt und Kind, und die 3–1–30 des Wortes Erlösung und Erlöser. Etwas im Prinzip Unberechenbares, vollkommen Überraschendes kommt in die Welt hinein. Keine Gelehrsamkeit, keine Absicht kann es erlangen; nur ein Bereitsein im Vertrauen auf den Geliebten, seine Überraschung als Geschenk der Gnade zu empfangen.

Johannes, seinem Namen Jochanan gemäß, ist schon der Verkünder dieser Gnade. Man will dem Kind von Elisabeth und Zacharias bei der Beschneidung, wo die Namensgebung stattfindet, doch zuerst den Namen seines Vaters, Zacharias, geben. Die Kette soll von Glied zu Glied weitergeführt werden. Immer soll das Gedenken, die Erinnerung an das Vorhergehende den Namen bestimmen. Bis dann die Mutter protestiert und den Namen Johannes nennt. Der Vater bestätigt das, indem er diesen Namen auf ein Täfelchen schreibt. Da kommt ihm die Sprache zurück. Er findet das Wort wieder, indem er die Wirklichkeit der Gnade als Vereinigung beider Welten, der diesseitigen und der jenseitigen, erlebt.

»Sohn Davids«

Die Jungfrau Maria – die neue Welt, in der das Unerhörte geschehen wird – ist dem Joseph vom Hause David verlobt. Aus dem Bericht des Matthäus und auch aus dem des Lukas geht die Herkunft Josephs, über mehrere Glieder, von David hervor. Der Name »Sohn Davids« gilt also zuerst für Joseph, den Verlobten Marias.

Und Maria wird nun vom Engel Gabriel begrüßt: Begnadete, der Herr sei mit dir. Und Gabriel wiederholt dann: Du hast Gnade gefunden bei Gott! Dieses Betonen der Gnade will schon sagen, daß man eben nicht auf Gesetz und Berechenbarkeit schauen soll, sondern auf das im wahrsten Sinn des Wortes Unmögliche. Maria sagt zu recht: Ich habe doch noch nie einen Mann erkannt, wie kann ich dann ein Kind gebären? Die Antwort: Der Heilige Geist wird über dich kommen, die Kraft des Höchsten wird dich überschatten. Und deshalb wird das Heilig-Gezeugte Sohn Gottes heißen.

Der Geist verbindet, bezieht aufeinander, die Welt des Wesentlichen und die Welt der Erscheinungen, verbindet auch den Odem Gottes, das Wort, das in beiden Welten gleich lautet, mit dem hier Erscheinenden. Der Heilige Geist ist der vom Wesen Gottes kommende Geist. Wie der Wind – das gleiche Wort wie Geist im Hebräischen und Griechischen – verbindet er die Welten. Engel sind Geister. Der Geist Gottes kommt jetzt über die Jungfrau, über diese Welt, die noch von keinem Mann, von keiner Erinnerung berührt ist. Denn diese Welt wird nur von *einer* Zeugung schwanger: vom Geist Gottes. Dazu ist diese Welt so gemacht; deshalb geschieht die Schöpfung im Zeichen Jungfrau. Denn diese Welt wird einmal das aus jener Zeugung hervorgekommene Kind ewig auf dem Thron Davids erhalten.

Der Name David kommt vom hebräischen »dud«, Geliebter. Das Erscheinen Davids in den 42 Generationen, wie sie bei Matthäus aufgezählt werden, ist in der 14. Generation. Der Name David, wie »dud« als 4–6–4 geschrieben, ist ebenfalls »zufällig« 14.

David steht überall zentral, weil er sich, seinem Namen entsprechend, als den von Gott Geliebten empfindet. Nach Gesetz, dem Äußeren nach, könnte man ihn als Pechvogel und vom Unglück Verfolgten ansehen. Schon bei der Suche nach dem kommenden König durch Samuel, dem Sohn der Channa, wird er mehrmals übersehen. Sein Vater Jesse, Jischai, erwähnt ihn erst gar nicht, weil seine Mutter, nach der Überlieferung, nicht seine legale Frau war; erst zuletzt wird er im Stall bei den Tieren gefunden. Und dann, zum König gesalbt, macht ihm Saul das Königtum streitig. Er verfolgt ihn, möchte ihn umbringen, und auch später muß David mehrmals fliehen. Sogar seine Söhne erheben sich gegen ihn, er wird meistens nicht verstanden. Dann begeht er die Sünde, Bathscheba, die Frau des Uriah, zur Frau zu nehmen. Der erste Sohn aus dieser Verbindung stirbt. Er vermag das Haus Gottes, das er so gern errichten möchte, von Gott her nicht zu bauen. Dem äußeren Geschehen nach, nach Gesetz also, scheint David oft vom Unglück heimgesucht. Dennoch empfindet er sich in den Quellen vom Loben Gottes, den Psalmen, als den besonders auserwählten Geliebten Gottes. Im Wesen also wußte er genau, wer er war, wußte er von seiner Ewigkeit.

Nun kommen wir zum Namen Sohn. Im allgemeinen denkt man dann an einen naturgesetzmäßig gezeugten Sohn, berechenbar, erwartungsgemäß. Aber das wäre doch schon im Widerstreit mit dem Namen David, dem Geliebten. Dieser Sohn ist dann auch keineswegs das, was man in der Welt unter einem rechtmäßigen Erben versteht. Auch im Judentum weiß man, daß der Sohn Davids hier schwerlich den Nachweis führen könnte, daß er tatsächlich von David stamme. Viele Zehntausende würden das dann mit gleichem Recht behaupten können.

Wir sollten deshalb den Namen Sohn, hebräisch »ben«, näher betrachten und zu uns sprechen lassen. Das Hauptwort »ben« ist dem Zeitwort »bauen« »bone« nahe verwandt. Der Vater baut mit dem Sohn seine Welt. Die Welt als Jungfrau, könnte man sagen, erwartet keinen Sohn nach dem Gesetz, sie erwartet den Sohn eben von Gott, vom Heiligen Geist. Der naturgesetzmäßige Sohn würde, diesem Gesetz entsprechend, hier beschränkt sein müssen.

Warum, wozu muß das Gesetz Schranken, Grenzen zeigen? Damit sich im Menschen die Sehnsucht nach dem

Jenseits dieser Schranken erweckt. So kommt auch das Gefühl, es stimme doch nicht ganz mit dem Gesetz, wie gewaltig auch alles im Kosmos nach Gesetzen funktioniert. So kommt dann das Verlangen nach Liebe, nach Ewigkeit.

Und David empfindet als das Wesentliche in seinem Leben eben diese Liebe Gottes. Er erkennt sie als Kern, als Quelle von allem. Wer so empfindet, singt sein Leben als ein Lob Gottes. Die anderen dagegen erklären nur, wie anders die Welt in ihrer Erscheinung sein müßte. Sie kommen nicht einmal dazu, an Ewigkeit zu denken, sie kennen nur diese eine Seite des Lebens, haben sich, oder sind, gespalten, haben sich von der anderen Seite abgeschnitten.

Jeder Mensch baut sich seine Welt. Er träumt, erhofft sie, er wünscht sie sich. Dieses Gebäude, »binjan«, ist sein Sohn. Sein Samen besitzt dann diese Welt ewiglich. Er weiß, daß die Nachkommenschaft hier nur begrenzt dasein kann. Leben sie hier gar glücklich, ist ihr Ende umso sinnloser. Wenn der Mensch keine Wellenlänge für die Ewigkeit hat, ist alles hier sinnlos, weil begrenzt.

Mit dem Sohn bauen wir hier Ewigkeit. Sohn, »ben«, bauen, »bone«. Und das wünschen und gönnen wir doch jedem.

Der Sohn Davids will also sagen: Wir wünschen der Welt, daß sie sich als Geliebte Gottes erkennt, daß sie dies als Ewigkeit erlebt. Hier und dort. Wie das Leben hier auch aussehen mag –, man kennt die Quelle im Ewigen. Und wenn man die Maßstäbe der Ewigkeit benutzt, ist alles ganz anders. Nur mit der Anmaßung, dem Nehmen der Maßstäbe aus dem Zeitlichen, wozu die Schlange den Menschen verführt, wenn er die Frucht vom Baum des Wissens, was gut und böse sei, nimmt, wird sein Leben fad, langweilig, schmeckt wie der Staub, die Nahrung der Schlange.

Die Schlange, wir haben schon auf die Verwandtschaft

ihres Namens mit dem Wort »fallen« hingewiesen, zieht den Menschen zur Erde, zur Schwere, und dann verliert er die Fähigkeit zum Aufsteigen. Dann kennt er nur noch das diesseitige Aufsteigen. Die Schlange widersetzt sich der Liebe, weil die Liebe nicht in die Ordnung der Gesetzmäßigkeit hineinpaßt. Sie kann die Liebe eben nicht fassen. Wie der Mensch, der nur der Gesetzmäßigkeit anhängt. Er schneidet sich selbst von der Ewigkeit ab. Er kann nicht verstehen, daß es anderes als das Gesetzmäßige geben kann. Wunder sind für ihn Zauberei, technische Anwendung der Naturgesetze. Magie ist eine Technik, sie kennt nicht den zentralen Platz der Liebe. Und sogar Liebe wird als eine Art Technik unter Ausnutzung von Naturgesetzen betrieben. Kein Wunder, daß von der Liebe dann nur noch etwas wie ein hohles Ei übrigbleibt.

Auch so können wir es im Wort erleben: Die Welt als Jungfrau wird schwanger und gebiert einen Sohn. Maria ist zugleich die ganze Welt. Im Erzählen der Bibel ist das als äußeres Geschehen identisch mit dem Geschehen im Inneren. Denn »der Herr, er ist Gott«. Das heißt aber auch: in der Quelle, wo alles Innere beisammen ist, *lebt* das alles wirklich. Und das Äußere fließt aus dieser Quelle, das Zeitliche enthält das Muster der Quelle. Warum ist es dann nicht auch ganz gleich? Weil eben nur die Liebe es gleichmachen kann. Und die Liebe ist das Vertrauen, der Glaube – für beide Begriffe steht im Hebräischen »emuna«, im Lateinischen »fides« –, daß der Liebende uns und der Welt doch nur das Beste gönnt. Wenn *wir* das schon gönnen würden – um wieviel mehr dann unser Vater im Himmel! Und die Hoffnung ist dann die Meßschnur, mit der man die wahren Proportionen seines Lebens erfahren kann. Hoffnung, im Hebräischen »tikwa«, hat als Stamm das Wort »kaw«, und das ist eben eine »Meßschnur«.

Diese Liebe, dieser Glaube, diese Hoffnung können den Menschen für die Gnade öffnen, offenständig machen.

Die Jungfrau hat noch keinen Mann »erkannt«. Das heißt, sie hat keine Erinnerung – »sachar« bedeutet doch sowohl» Erinnerung« als auch »Mann« – an solch ein Geschehen. Sie kennt also keine kausal bedingte Ursache, ist also wirklich noch unberührt von irgendeiner Erfahrung. Deshalb kann der Heilige Geist in ihr einen Sohn erwirken, dann hat Gott vollkommenen Zutritt. Durch Gnade erhält Maria diesen Sohn. Sie, die bereit ist, das Bittere zu tragen, weil sie weiß, die Gnade des Allerhöchsten zu tragen. Sie vertraut, daß aus der Quelle des Liebenden nur Ewigkeit fließen kann.

So ist der Mann, der sie als Frau nicht berührt hat, Joseph, ihr Verlobter, also ihr Gelobter, dann auch vom Hause David, dem von Gott Geliebten, obwohl sein Leben oft von Bitternis und Enttäuschung durchwirkt ist. Das Haus David, der Sohn aus diesem Hause, trägt als Mann diese Erinnerung. Die irdische Seite vermählt sich dann mit der himmlischen Seite. Das erscheinende Äußere mit dem verborgenen Inneren.

Der Sohn Davids ist durch seine Mutter Sohn des Heiligen Geistes, also Sohn Gottes. Der Sohn Gottes hat also keine Ursache im Irdischen, er kommt als Geschenk der Gnade, er kommt als Überraschung. Wenn er nur der Sohn Davids wäre, könnte man doch Ursachen, Gedenken hier auffinden, dann wäre er »nur« Mensch wie alle hier Erscheinenden. Als Sohn Gottes sagt er, er empfinde sich als Sohn des Vaters im Himmel. Gottes Geist, der Heilige Geist habe ihm seinen Odem, seinen Atem eingeblasen.

Das erzählt diese Geschichte im Wort. Gott ist aber doch das Wort. Somit kann im Zeitlichen, dem aus der Quelle Fließenden, im Menschen Gott geboren werden. Und Maria in der Quelle ist dann auch die Gottesgebärerin im Menschen. Gott hat keine kausale Ursache. Er ist »vor dem Beginn« und »nach dem Ende«. Der Mensch vermag durch die Erlösung in der Quelle das Gesetzmäßige zu durchbrechen, die Überraschung im Zeitlichen zu erleben. Zum Beispiel, daß Tod doch Leben ist, weil der Mensch doch auch Gott ist.

Dieser Sohn, mit dem Gott diese Welt baut, erhält durch den Engel Gabriel den Namen Jesus. Im Hebräischen, also in jedes Menschen Jenseitigem, ist es der Name Jehoschua. Der gleiche Name kommt in der Bibel im Alten Testament für den Nachfolger des Mose vor, der Israel ins gelobte Land führt.

Der Name Jehoschua sagt: »Der Herr rettet, hilft«. Das Wort für Hilfe lautet hebräisch »jeschua«. Hilfe ist nur vollkommen anwesend, wenn alle kausalen Möglichkeiten erschöpft sind, wenn man verzweifelt feststellen muß, daß nun definitiv alles aus ist. Zum Beispiel wenn man »weiß«, man wird jetzt hier sterben. Man hat alles aufgegeben, geregelt, was zu regeln war. Man wird nach Augenschein oder ärztlich als »tot« festgestellt. *Dann* erst hat die Hilfe, die Rettung einen übermenschlichen Sinn, dann »hilft, rettet der Herr«.

›Nun‹, wird man denken, ›was habe ich davon, jetzt, wo alles hier vorbei ist? Jetzt kommt Verwesung oder die Hitze der Kremation, jetzt habe ich alles mir Liebe verlassen; diese Hilfe kann mir jetzt genauso gut gestohlen bleiben.‹ Das aber ist die Überraschung. Keine Erfahrung, keine Erinnerung kann uns hier etwas einflüstern. Das Leben im Tod ist wirklich jungfräulich. Dann aber hat die Gottesgeburt im Menschen einen Sinn. Ein neuer Himmel, eine neue Erde, neues Leben.

Kein Weitergehen des Lebens, wie man es kannte. Das wäre ein dummes, grausames Spiel. Nein, ein Wieder-alles-erleben, hier, wo man gelebt hat, jetzt aber gerichtet, repariert, befreit von aller Unbill, von allem Pech, von aller Bitternis.

Eben, keine Erfahrung, keine Erinnerung; die Jungfrau bekommt den Sohn durch den Heiligen Geist – ein Sohn, eine Welt von Gott. Und Gott schickt ihn aus Liebe, aus Gnade. Warum aber ist der Mensch oft so verschlossen für dies alles?

Liebe ist kein Gesetz, ist eben eine neue Welt. Im Gesetz gibt es eine Ordnung der Reihenfolge. So denkt der Mensch aus dem Gesetz, er könne nur als frommer Knecht geliebt werden und er sei dermaßen gering, daß Gott doch gewiß nicht gerade *seine* Liebe brauchte, auf seine Liebe wartete. Der Mensch scheint nicht imstande zu sein, diese Art von Maßstäben abzulegen, zu verstehen, daß Liebe eben keine gesetzmäßige Rangordnung kennt.

Denkt man, Gott habe Freude an einer kriecherischen, ängstlichen, heuchlerischen Liebe? Der Gott der Liebe, er sollte kein Erbarmen, keine Gnade kennen? Liebe kann nur echt sein zwischen zwei Ebenbürtigen, wobei also jeder frei ist. Jeder Zwang würde die Liebe einschränken. Sie will aber unermeßlich sein.

Wenn Liebe unter dem Zwang des Gesetzes stünde, wäre die Welt tatsächlich eine apokalyptische im bösesten Sinn. Immer neue Häupter und Hörner des Animalischen wüchsen dann heran. Liebe könnte vielleicht die Kraft aufbringen, das Gesetzmäßige zu vertilgen. Das Gesetz aber verteidigt sich heftig mit der List der Schlange. Es heißt, das Gesetz sei eifersüchtig, weil es sieht, wieviel es im Lauf der Zeiten verpaßt hat, und Liebe könne nur siegen, wenn sie alle diese unter dem Gesetz Verletzten, Gestorbenen in ihre Arme zu schließen vermag.

So wird also vom Menschen erwartet, daß er imstande ist, alle Sünden, alle Krankheit der Welt zu tragen. Dies erzählt die Bibel vom Messias. Und da es im Kern, in der Quelle so geschieht, könnte es im Zeitfluß aus jener Quelle für jeden Menschen, der sich dorthin bezogen empfindet, ein Anliegen sein. Er kann doch miterleben, was sich in der Welt tut, und es in sein Leben einbeziehen. Und natürlich dabei verstehen, daß er im Zeitfluß nur eine gewisse

Landschaft passiert und daß, was er dort tut, bei Gott schon die Wirkung hat, als ob er alles täte. Es ist die Kunst des Bescheidenen, der alles tut, was ihn angeht, und das andere bei Gott aufgehoben weiß.

Das Gesetz an sich ist schon gut, wenn nur der Mensch im Gesetz Sehnsucht nach Liebe, nach Ewigkeit hat. Nicht das rechthaberische Behaupten der Gesetzmäßigkeit, sondern das fortwährende Sichsehnen nach Liebe in der Welt der Gesetze, die dann wie ein Garten ist, in dem schöne Bäume mit ihren Früchten, schöne Blumen wachsen könnten. Deshalb ist der Mensch der Gärtner in diesem Garten. Als Gärtner hütet er den Garten. Man denke nur an das Wort Garde, das englische »garden« und Garten im Deutschen. Auch im Hebräischen ist der Gärtner, »gonen«, der »Hüter« des Gartens, »gan«. Er behütet ihn vor dem Eindringen des Neiders der Liebe, weil man sich selber als außerhalb gestellt empfindet.

Die Sackgasse zeitlich-historischer Fixierung

Natürlich war mir beim Erzählen von der Jungfrau Maria, der Geburt Jesu und vom Namen »Sohn Gottes« klar, welches Unrecht man begeht, wenn man von der Einheit des Wortes abgeschnitten ist und dieses Geschehen nur als historische Tatsache wahrhaben will. Und auch das Unrecht, wenn man, aus der gleichen Sünde heraus, dies alles ablehnt, weil es »natürlich« historisch nicht so hat sein können. Beide Seiten zeigen damit, daß sie die Frucht vom Baum des Wissens in sich aufgenommen haben. Adam, heißt es dann vielleicht sogar noch, habe uns alle »damals« hereinfallen lassen. Also wiederum die gleiche Sünde, von der sich viele offenbar einfach nicht befreien können.

Denn ich weiß nur allzu gut, daß man die Bibel wie jedes andere Buch behandeln, sie für jedes Machtstreben benutzen kann. Sobald dem Menschen klar wird, daß er seinen Emotionen im Leben freien Lauf lassen kann, fängt er an, diese als Hauptsache zu sehen. Aber Emotionen gehören eben auch zu den Gesetzmäßigkeiten. Instinkte zum Beispiel, aber auch die Erkenntnisse der Psychologie, die Abläufe in der Sexualität und Erotik. Sobald etwas in eine Ordnung gefaßt werden kann, zeigt sich ein Herrschen von Gesetzen. Im Bereich der Emotionen hat man die Strukturen von Massenpsychose und Massenhysterie kennengelernt; aber wie steht es mit der Vaterlandsliebe? Und wie mit dem Stolz auf Größe und Macht einer religiösen Institution?

Überall können zwar auf dem Boden dieser Gesetzmäßigkeiten prachtvolle Blumen und vielerlei Früchte gedeihen; Kräuter zum Weihrauch. Das Unkraut zeigt an, daß bis ans Ende der Tage immer auch der Neid des Bösen mitwächst. Das Böse, das den Machtanspruch auf das Zeitliche erhebt. Der Mensch kann sich nur nach der Einheit von Verborgenem und eben dem Zeitlichen sehnen, nach der Einheit von Herr und Gott.

Viele wollen, gerade als Anhänger emotional bedingter Organisationen, allzu gerne nur das Zeitliche sehen, das andere aber als bloßes Symbol oder lediglich Allegorie aus der Diskussion ums Praktische verschwinden lassen. Dazu gehört auch das Verbannen der Mystik in ein Reich der Träumer; man schließt sie aus der Realität aus, die man mit Realpolitik beherrschen will.

So zwingt man das im Wort Gottes Erzählte in die Sphäre historischer Realität und leugnet dann jede andere Realität. Allein die Tatsache, daß alle Menschen aus der biblischen Wirklichkeit längst gestorben und verwest sind, sollte uns doch zumindest zu der Frage führen: ›Und wo sind sie alle geblieben? Wozu haben sie das alles erlebt? Wo ist der von den Toten auferweckte Lazarus geblieben? Ist er also dennoch, ein zweites Mal, gestorben? Wo sind all die Geheilten? Sind sie dennoch an der gleichen oder einer neuen Krankheit gestorben? Wie stimmt das mit der Allmacht des Ewigen, des Liebenden überein, der so gern Geschenke und Überraschungen austeilt?‹

Die Sackgasse des Zeitlichen führt zu Aggressionen, führt zur Betäubung, führt in den Rausch. Man wird taub für die Stimmen, die zum Geheimnis des Ewigen in der Verborgenheit führen könnten.

Man nimmt alle Mitteilungen der Bibel wörtlich, versteht darunter aber eben nur die eine Seite des Wortes, sieht Gott nur im Zeitlichen. ›Wenn *wir* nicht im Ewigen sind, wie kann Gott sich dann anmaßen, ewig zu sein?‹ Der Zwang, alles nur *hier* zu sehen, führte zu allerlei Unehrlichkeiten, zur Unwahrheit. Und die Emotionen, die Instinkte und die Psychosen tun dann das übrige.

So wird Jesus manchmal unter die Propheten in der Reihe der biblischen Propheten eingeordnet. Man vergißt dabei geflissentlich seine Geburt aus dem Heiligen Geist von der Jungfrau Maria. Man will die Einmaligkeit seines Wesens loswerden. Er muß eine historische Figur sein, irgendwo im nicht allzu fernen Altertum. Da er nun einmal ein Jude gewesen ist, zumindest dann irgendein Rabbi, der seine Anhänger unterrichtet. Und wenn schon ein ganz Besonderer, dann ein Prophet, sogar ein großer Prophet, wenn das mehr Eindruck macht.

Ich muß immer wieder gegen das Unrecht protestieren, das man dem Wort damit antut. Gerade auch weil diese Leute dann gern den Ausdruck »Worte Gottes« in den Mund nehmen. Sie glauben oft tatsächlich, daß Gott uns über die Geschichte im Zeitlichen informieren wollte.

Dann muß allerdings das Ausrotten der sieben Völker von Kanaan historische Wahrheit sein. Dann haben die Antisemiten doch eigentlich recht, wenn sie mit einem blutrünstigen Gott der Rache im Alten Testament argumentieren! Ein Gott, der schon untreue Ehefrauen verbrennen und steinigen läßt; die Männer dürfen tun, was ihnen paßt, und den Frauen geschieht ganz recht, wenn sie auf vielerlei Arten kurzgehalten werden. Dann muß der Sabbathübertreter ebenfalls umgebracht werden.

So sähe die historische Wahrheit aus. Daß es *im Wort* wahr *ist*, daß es eine Wirklichkeit gibt, wo das so auch stimmt, könnte uns fragen lassen, was die Worte »Ich bin der Weg, die Wahrheit und das Leben« bedeuten, was diese Worte als Einheit im Inneren und im Äußeren uns sagen könnten.

Man müßte dann aber auch imstande sein, das Neue Testament zu fassen und es nicht von der Wurzel abschneiden. Sonst bleibt es bei dem bekannten ›*Wir* haben recht, ihr seht doch unsere Erfolge, unsere Macht, unser Anpassungsvermögen‹.

Der Jude Jesus

Jesus als Jude – da frage ich mich schon: Was und wer ist eigentlich Jude? Darauf haben Christen wie Juden gleich emotionsgefärbte Antworten parat. Aber was sagt das *Wort* Jude überhaupt aus? Wer ist das Israel, von dem die Bibel zentral spricht?

Den Namen Jehuda, von dem das Wort Jude kommt, gibt die Mutter Lea ihrem vierten Sohn. Dieser wird in der Genealogie bei Matthäus als Sohn von Jakob genannt. Lea sagt (1. Mose 29,35): »Dieses Mal will ich dem Herrn danken«; deshalb nennt sie seinen Namen Jehuda. Jehuda kommt also vom Wort »danken« her. »Ich danke« heißt »ode« und »Dank« »toda«; »danken« als Zeitwort »hode«. Der Name Jehuda hat also das Danken als Wurzel.

Nicht umsonst stammt David aus Jehuda. David ist der von Gott Geliebte, Jehuda ist der Dank. Hier gäbe es gleich auch Lüge und Heuchelei, wenn nur mit dem Mund, aus Angst oder aus Opportunismus gedankt wird. Die Einheit des Wortes kennt den echten Dank nur im Glück des Menschen. Sein Glück *kann* keine Lüge sein.

Deshalb kann ein Jude in Wahrheit nur ein glücklicher Mensch sein. Gott kennt uns durch und durch, in Herz und Nieren, er weiß, wer glücklich ist. Dieses Glück ist der wahre, dem Wort gemäße Dank.

Der Weg beginnt bei Abraham, seinem Namen nach der »Vater der Menge der Völker«, nicht nur der Vater einer biologisch und zeitlich bedingten Rasse. Von Abraham stammen alle Menschen ab, die, wie Abraham, Vertrauen in Gott – oder wie immer sie ihn nennen mögen – haben. Der Name von Abrahams Sohn, Isaak, bedeutet: ›So unmöglich, daß es zum Kurzschluß des Auflachens führt‹. Der Weg geht dann weiter über Jakob, der auch den Namen Israel erhält, und über dessen vierten Sohn Jehuda, den Glücklichen, zu David.

Wenn also in der Einheit des Wortes nur der Glückliche, der Gott durch sein Glück Dankende ein Jude ist, dann trägt der Rechthaberische, leicht Verletzte, Nörgelnde, Ängstliche also einen anderen Namen. Seit dem Verschwinden des Hauses Gottes durch Nebukadnezar von Babel, ist die Welt, wie es heißt, derart vermischt, daß kein Volk der Bibel mehr als solches äußerlich erkennbar ist; alle diese Völker leben dann nur noch *im* Menschen, in jedem Menschen. Das ist der Sinn von »Babel«, das gerade »Verwirrung«, »Vermischung« bedeutet. Ich glaube, man könnte beim Nennen oder Hören des Wortes Jude sich daran gewöhnen, nicht nur emotional zu reagieren, wie die Schriftgelehrten, die an ihrer Aggression Spaß zu haben scheinen, sondern auch an die andere Seite des Wortes zu denken, damit vielleicht die Sehnsucht in sich erweckend, die Einheit beider Seiten erleben zu können.

Wenn also Juden nur die Außenseite, nur das Historische sehen wollen, müßte man sich sagen, daß sie ihrem Namen gemäß eigentlich gar keine Juden sind. Und wenn umgekehrt Christen auf diese Weise reagieren, könnte man sagen, sie seien Jesus, der der Bibel nach Jude ist, wesensfremd, wenn sie sich auch noch so oft Israel nennen.

Der Name des Verräters Judas ist die griechische Form von Jehuda, also des Sohnes der Lea, des Stammvaters des David. Dieser Judas heißt deshalb auch der Iskarioth, hebräisch »isch krioth«, also »der Mann von Krioth«; »Kriah« bedeutet »Riß«, und »krioth« ist die Mehrzahlform dieses Wortes.

Ein diesem »Reißen« sehr nah verwandtes Wort im Hebräischen hat die Bedeutung »abschneiden«, auch als »ausrotten« gemeint.

Dieser Judas-Jehuda ist also, vielbedeutend, »der Mann des Risses«, des Abschneidens, des Ausrottens. Am Ende ist er auch, wie die Apostelgeschichte 1,18 erzählt, »mitten entzwei geborsten«. Daraus wird klar, was mit Jehuda geschieht, wenn in ihm der Riß ist, wenn er sich abschneidet oder abgeschnitten wird von seiner Wurzel, von seinem Wesen. Das Zeitliche bleibt dann allein zurück. Es ist eben die Würde des Jehuda, daß er als Ganzer, als Einheit, die Reihe fortsetzt. *So* ist Jesus Jude und so meint er auch, daß das Heil, besser übersetzt, die »jeschua«, die Hilfe, die Rettung, von den Juden, den Jehudim, sei (Johannes 4,22). Gerade nicht ein Abzielen auf das Äußere, sondern das Empfinden vom Vater im Himmel in Ewigkeiten.

Es kommt also zu jenem Judas, wenn Jehuda der Mann des Risses wird. Judas hat das Äußere von seiner Quelle abgeschnitten. Ohne Beziehung zur Wurzel ist das Äußere nicht nur sinnlos, sondern verführt dann auch fast automatisch zu Aggressionen, die das göttliche Antlitz des Menschen, sein göttliches Inneres, verwüsten. Dann geht auch die Wohnung Gottes im Menschen in die Verwirrung.

Israel

Nun komme ich zur Bedeutung des Wortes Israel. Was es rein äußerlich bedeutet, ist schon nicht klar. Ein Volk, ein Staat, eine Kirche, eine Institution? Lassen wir uns deshalb auch hier zur Namensgebung in der Bibel, zum Namen im Hebräischen, also zum Jenseitigen, zum Innern dieses Wortes führen, das uns auch oft so emotional geladen begegnet.

Der Name Israel kommt zustande, als Jakob mit jenem »Mann« an der Furt des Flusses Jabbok kämpft (1. Mose 32,20). Als der Kampf vorbei ist, nennt Jakob jenen Ort Pni-el und erklärt diesen Namen selbst damit, daß er dort Gott von Angesicht zu Angesicht gesehen habe. Nach der Überlieferung im Judentum ist dieser Mann kein anderer als der Engel Gabriel gewesen.

Der Mann tritt Jakob entgegen, als dieser – nach der Überlieferung – gerade im Begriff ist, ein kleines, eher wertloses Gefäß zu suchen, das er dort vergessen und dadurch nahezu verloren hatte. Hätte Jakob normal gedacht und das kleine, eigentlich etwas geborstene Gefäß verloren sein lassen, es wäre nie zum Kampf gekommen. Ist nicht auch Mose dem kleinen, nahezu wertlosen Lämmchen am Berg Horeb nachgestiegen, damit seine Herde vollkommen sei? Wäre Mose bei der Herde geblieben, nie wäre er Gott beim brennenden, aber nicht verbrennenden, Dornbusch begegnet. Gerade das irdisch Wertlose scheint in beiden Fällen entscheidend zu sein.

Also der Engel, jener Mann, greift Jakob an, und es kommt zu einem heftigen Ringkampf. Als der Engel sieht, daß er Jakob nicht besiegen kann – der Kampf hat die ganze Nacht hindurch gedauert und der Morgenstern ist schon erschienen –, ergreift er Jakobs Hüftgelenk und verrenkt es im Kampf. Dann sagt er zu Jakob, er solle ihn jetzt wegschicken, worauf Jakob die bekannten Worte spricht: »Ich werde dich nicht fortschicken, es sei denn, du segnest mich.« Anstatt dieses Segens hören wir den Mann Jakob fragen: Wie ist dein Name? Und dieser antwortet wahrheitsgetreu, er heiße Jakob. Worauf der Mann, der Engel Gottes – Jakob sagt nachher, er habe Gott von Angesicht zu Angesicht gesehen –, sagt: Nicht mehr Jakob wird man dich weiter nennen, sondern Israel. Denn du hast siegreich mit Gott gekämpft und mit Menschen und du hast es gekonnt, du hast bestanden. Das hebräische Wort »saritha« bedeutet zugleich »Herrschen« und im Kampf sich als Herr bewähren. Und gerade dieses Wort ist der Stamm im Namen Israel. Das Herrsein (im Herrschen), »sar«, ist Stamm, mit dem Namen Gottes als El. Israel könnte dann als dritte Person betrachtet werden: Er kämpft und herrscht, mit Gott oben und mit Menschen unten. Er ist ein siegreicher Kämpfer um dasjenige, worum es eigentlich geht, und deshalb ist er ein göttliches Wesen, ist er wie ein Engel, ein Bote Gottes, und erhält zu seinem Namen das El hinzu. Wie Michael oder Gabriel oder Rafael.

Ich denke oft an das kleine, wertlose Krüglein, das Jakob dennoch der Mühe wert achtete, den gefahrvollen Weg in der Dunkelheit der Nacht zu unternehmen. Und ich denke, daß der Kampf gerade das Verborgene, Unwichtige einer jeden Angelegenheit betrifft. Was von außen gleich zu sehen ist, *muß* man schon wichtig nehmen. Das große »man« erzwingt es im gesellschaftlichen Verkehr schon. Aber auf das Unbedeutende achtet man dort nicht. Der Kampf mit dem Boten Gottes geht gerade um die verborgenen, in der Hetze des Lebens von keinem beachteten Dinge.

Dann kommt mir die Bergpredigt in den Sinn. Nicht was du vor dem Publikum tust, weil es von dir erwartet wird und du damit einen guten Eindruck erweckst, sondern deine von keinem bemerkten Gedanken, deine Verborgenheit. Diese Rede hält Jesus für Israel, für den Menschen, der diesem Namen gemäß lebt, für den Juden, der in seinem Wesen ein unartikulierbares Glück erfährt, das zugleich sein wahres Danken ist.

In jedem Menschen ist es das Verborgene, das in der Welt Jude und Israel heißt. Jakob, dessen Name von »ekew«, Ferse, auch »Alternative«, kommt – denn gehen muß man mit dem einen *oder* dem anderen Fuß –, erhält den neuen Namen Israel. Der bringt ihm die Einheit: Das Verborgene läßt sich nicht demonstrieren, ist wie das Gebet im »stillen Kämmerlein«. Man schließt die Tür, hat sein Interesse für alles in der Welt im Verborgenen und in seiner Sehnsucht, alles in der Welt zum Vater im Himmel zu bringen. Von außen gesehen, scheint sich ein solcher mit unnützen Dingen abzugeben. Ein fast zerbrochenes Gefäß ist doch wertlos, das kleine, eigensinnige Lämmchen ist für die Herde unwichtig.

Israel achtet auf das Geringe, weil es spürt, auch darin ist Gott verborgen, wird nicht geachtet. Es zählen nur die beeindruckenden Götzen, die der Mensch selber macht, um diese kämpft man. Man applaudiert oder bricht zusammen, wenn ein Götze, auf den man nicht gesetzt hat, siegt.

Es ist die Einheit von Verborgenheit und Erscheinendem, die Israel erfährt, wenn es seinem Namen entsprechend lebt.

Ich möchte nun noch einen wichtigen Moment im Kampf des Engels mit Jakob besprechen. Der Engel berührt doch Jakobs Hüftgelenk, verzerrt es, und Jakob hinkt nachher. Es sieht so aus, als hätte er den Namen Israel um den Preis des Hinkens erworben. Bis auf den heutigen Tag, heißt es in der Bibel, ißt Israel nicht die Spannader am Hüftgelenk.

Die Einheit im Gehen Jakobs wird vom Engel offenbar ganz absichtlich gestört. Warum aber ißt Israel bis auf den heutigen Tag nicht diese besondere Ader? Weil es sich bewußt ist, daß es mit dieser Ader am Hüftgelenk eine besondere Bewandtnis hat. Von außen gesehen – und der Weg des Menschen wird auch von außen wahrgenommen – weiß man nicht, daß Jakob jetzt Israel ist. Man sieht aber im Wesen von Israel, daß er hinkt, daß etwas mit seiner Hüfte ist.

Hüfte ist im Hebräischen »jerech«; Hüftgelenk »kaf-jerech«. Und hinken heißt »zola«. In seinen Zeichen erzählt »kaf-jerech« 20–80 und 10–200–20; das Hüftgelenk erzählt also die Geschichte der 330, der 33 in den Zehnern. Es hat also mit der fließenden Form zu tun, mit dem Eingefangensein im Körper. Und »jerech« bedeutet nicht nur Hüfte, sondern ist auch das Wort, das einen Nachkommen andeutet, einen »jotze jerech«, einen aus der Hüfte Hervorgegangenen. Der Schwörende zum Beispiel legt seine Hand auf die Hüfte dessen, für den der Eid abgelegt wird (1. Mose 24,2–3). Die Hüfte ist also der Ort, aus dem die Nachkommenschaft hervorgeht, woher das Form-, das Körperwerden kommt.

Das Hinken dort kann uns also sagen, daß es im Prinzip kein Gleichgewicht von dorther geben kann. Der Engel fügt es zu, daß das Verborgene nicht in Übereinstimmung mit der erscheinenden Seite sein kann. Man kann sich dann nur noch nach dieser Übereinstimmung sehnen.

Das Leben, heißt es, hat seinen Sinn dadurch, daß die beiden Seiten verschieden sind. Es wäre ohne Sehnsucht, ohne Liebe ein sinnloses Spiel, würde eben gesetzmäßig ablaufen. Wenn Tod hier wie Leben erschiene, dann könnte nie eine Sehnsucht aufkommen, das Verborgene zu suchen. Dann würde die neue Dimension in der Schöpfung, die Dimension Liebe, nicht wachsen können.

Das Hinken äußert sich auch in der Enttäuschung, daß das Erscheinende sich oft als betrügerisch herausstellt, und im Gefühl, daß man infolge irgendeiner inneren Hemmung etwas nicht so zu zeigen vermag, wie man es eigentlich meint. Und »hinkt« es nicht auch, daß gute Taten gar nicht belohnt werden, während die Bösen zu oft recht erfolgreich sind? So muß Israel leben und immer wieder verkannt werden. Israel beschäftigt sich eigentlich mit unnützen Dingen, ist enttäuschend, überhaupt nicht erfolgreich. In dieser Hinsicht ist Jesus also auch Israel, und zu diesem Israel spricht er hauptsächlich.

»Zola«, hinken, wird gleich geschrieben wie »zela«, 90–30–70, Rippe, Seite. Es ist das Wort, das auch genannt wird, wenn Gott die Frau aus der Rippe des Mannes bildet. Man spürt schon, daß es sich um eine etwas dürftige, einseitige Übersetzung handeln muß. Denn die Seite steht einer anderen Seite gegenüber, – im Deutschen zum Beispiel Diesseits gegenüber Jenseits. Das Hinken ist ein Hinweis auf diese beiden Seiten im Menschen. Die Form, die Materie hinkt deshalb. Gabriel hat als Bote Gottes Jakob an seinem Hüftgelenk berührt und ihn als Israel zum künftigen Hinken in der Welt verurteilt.

Die Kinder Israels »essen« deshalb diese Ader, dieses Glied nicht mehr, für alle Zeiten; denn das ist mit dem »bis auf den heutigen Tag« doch eigentlich gemeint. »Essen« lautet im Hebräischen, also im verborgenen Jenseitigen, »ochel«, und bedeutet eigentlich »etwas vollenden«. Wie beim Essen äußerlich, körperlich, die Speise zuerst einmal aufgenommen wird, und sich dann mit dem Körper vereint, Teil des Körpers wird, wird das, was man im Leben aufnimmt – Bücher, Begegnungen, Träume, Hoffnungen – Teil des Lebens. Israel nimmt also diese entscheidende Ader nicht in sein Leben auf, es bleibt etwas unvollendet. Am Ende, in der Zukunft des Messias, wird mit dem neuen Himmel und der neuen Erde auch das Israel erscheinen, wo Leben und Tod, Verborgenes und Erscheinendes gleich sind und beide Seiten auch als gleiche erscheinen. Bis dahin ist es der Weg, das Näherkommen zu Gott, das immer näher Kommen. Es braucht das Neue der Wiederkunft, um dieses Gleichgewicht auch hier erleben zu können.

Bethlehem: Haus vom Brot

Es ist nun der Moment da, wo wir zur eigentlichen Geburt des Kindes in Bethlehem gelangen. Auch hier wird es entscheidend sein, die Worte und Namen nach ihren inneren Bedeutungen zu befragen. Wir wollen doch die Einheit im Worte erleben, und dabei wird uns dann das Hinken mehr und mehr bewußt. Desto mehr sehnen wir uns nach der Offenbarung einer doch zu erwartenden Einheit.

Die Namen Nazareth und Galiläa haben wir schon besprochen. Joseph begibt sich mit seiner schwangeren Braut Maria von dort nun nach Bethlehem. Es heißt, der Kaiser Augustus, der Mehrer, will zum ersten Mal die Welt zählen. Das Zählen ist zugleich ein Feststellen der hier erscheinenden Proportionen. Dazu soll alles und jeder an den Ort seiner Herkunft ziehen, denn man will es von seiner Wurzel her feststellen. Und da Joseph aus dem Hause, der Familie des David herkommt, zieht er dorthin, wo David auf Erden wohnt, und das ist Bethlehem in Jehuda.

Der Name Bethlehem, hebräisch Beth Lechem, bedeutet in der Übersetzung »Haus von (oder vom) Brot«. Denken wir nur an die Bedeutung von Brot im Leben Jesu und an die Mahlzeit am Ende seines Lebens! Schon im Buche Ruth ist von Bethlehem, von der Weizenernte dort, die Rede; Ruth ist die Mutter von Obed, und aus Obed wird Jischai, Jesse geboren, der Vater des David.

Was hat es für eine Bewandtnis mit Bethlehem und dem Brot? Wird nicht das Weizenkorn in die Erde gelegt, muß im Dunkel der Erde zuerst einmal verschwinden? Wie auch nach diesem Bild oder Gleichnis der Mensch bei seinem Tod in die Erde gelegt wird. Dort im Verborgenen keimt das Weizenkorn, fängt an, erst unterirdisch, zu wachsen. Es erscheint, zart wie ein neugeborenes Kind, über der Erde. Und dann wächst es weiter, in einer Gemeinschaft von vielen Halmen, und man freut sich der goldenen Ähren, wie sie im Wind rauschen. Wie das Wort Wind, »ruach«, es sagt: Das Gewachsene wird vom Geist bewegt.

Es kommt aber die Zeit der Ernte. Dann wird die Pracht des Gewachsenen von der Erde abgeschnitten. Würde man den Zweck des Abschneidens, des Mannes mit der Sense, nicht kennen, müßte man traurig über solch eine Grausamkeit sein.

In der Bibel wird erzählt, daß am Passah die Ernte anfängt. Dann beginnt dort auch das Zählen der Tage. Man zählt 49 Tage, sieben Wochen, bis zum Pfingsten, dem 50. Tag. Diese Zeit gilt, vor allem die ersten 33 Tage, als Trauerzeit; man trauert wegen des Abgeschnittenwerdens von der Erde. Erst nach dem 33. Tag ist die Trauer im Prinzip zu Ende, bis am 50. Tag die Freude des Geschenkes des Wortes gefeiert wird. Zu Pfingsten ist dann auch die Ernte vollendet, hört das Abschneiden auf.

Die Ernte wird nun in der Tenne aufbewahrt. Es folgt das Dreschen, das Trennen des Kernes, des Wesens, von der Hülle. Die Hülle diente während der ganzen Zeit des Wachstums zum Schutz des Kernes; zugleich hat sie die ganze Zeit den Kern, das Wesen verborgen. Dieses Wesen, hier der Weizen, ist die erste Frucht der Erde. Im 5. Mose 8,8 werden die sieben Früchte der Erde genannt; der Weizen ist die erste Frucht, ist der Erstgeborene. Die anderen Früchte sind in der biblischen Reihenfolge die Gerste, der Weinstock, die Feige, der Granatapfel, die Olive als sechste, und dann die Dattel als siebte.

Es kommt jetzt die Handlung des Mahlens. Viele Weizenkörner sind zusammen, vom ganzen Feld, manchmal auch von verschiedenen Feldern; sie werden zusammen gemahlen. Wie vom Menschen Leben aus vielen Tagen und Jahren nach der Ernte, man nennt dies dann den Tod, zusammenkommen. Auch die vielen Momente seines Lebens, seine Launen, gute und böse, seine Stimmungen, seine Wünsche und Träume, oft mit Begegnungen mit anderen gemischt, sind im Mehl zusammengefügt.

Dieses Mehl, Konglomerat seines Lebens, wird nun mit Wasser vermischt. Es entsteht der Teig. Und dieser Teil wie auch der dazu benutzte Backtrog heißen im Hebräischen »aris« oder »arissa«. Aber – und das kann nur das Wort aussagen – »arissa« ist auch eine Verlobung. Joseph ist der Maria verlobt.

Ich denke dabei auch an die Taufe des Täufers, des Johannes, die mit Wasser geschieht. Und weist Johannes nicht auf einen Stärkeren hin, der mit dem Heiligen Geist und mit Feuer taufen wird?

Denn die Prozedur mit dem Weizen ist beim Teig noch nicht zu Ende. Als abschließende Handlung kommt nämlich tatsächlich das Feuer hinzu. Es verdrängt das erst notwendige Wasser und läßt so das Brot entstehen, das »lechem«. Im Hause des Brotes, im Brothaus kommt es zu seiner Vollendung. Was mit dem Weizenkorn im Dunkel der Verborgenheit geschieht, findet seinen Sinn erst im Geschehen in Bethlehem, in Beth Lechem.

Wir verstehen jetzt, warum Maria erst die Verlobte Josephs ist, bis ihr das Kind, vom Heiligen Geist geschenkt, geboren wird. Kein Mann, keine hier festzustellende Ursache liegt diesem Geschehen zu Grunde. Erlösung kann deshalb nie kausal erklärt werden; eigentlich kennt man vom Leben überhaupt keine kausale Ursache. Die körperliche Vereinigung von Mann und Frau ist es nicht, denn *das Leben* kommt von anderswo her. Alles, was hier geschieht, hat seine erste Ursache nicht hier. Das Anerkennen der Einmaligkeit der Zeugung und Geburt von Jesus bedeutet, daß man nun in jedem Erscheinen hier Gottes Einwirken erkennt; sein Heiliger Geist erweckt alles hier. Und alle, die sich auf der Suche nach Ursachen, nach Schuldigen oder nach Helfern hier verkriechen, könnten jetzt spüren: Weil es so im Wort Gottes, im Kern, in der Bibel erzählt wird, ist der Grund des Erscheinens im Zeitlichen jenseits aller Vorstellungen des Möglichen. Der Grund ist eigentlich für uns »unmöglich«.

Die Reihenfolge des kausalen Denkens muß hier versagen, muß in den Abgrund der Verzweiflung stürzen oder sich in dämonischer Irre eben verirren. Wie als »Strafe« für dieses Nichterkennen der Einzigartigkeit dieser Geburt entsteht dann eine Besessenheit des Alles-erklären-wollens, die in Aggression und Depression, in Sinnlosigkeit endet.

Die Gnade ist jedesmal das Zeichen eines Durchbrechens der Kausalitätsreihe. Unvorhergesehen vom Heiligen Geist bewirkt, kann sie niemals aus den Taten dessen, dem sie zuteil wird, erklärt werden. Gnade durchbricht auch die Schranken der Zeit, des Raumes. Es kann sie erfahren, der in den Augen der Welt ein Böser ist. Absicht kann sie nicht herbeibringen. Gnade sieht deshalb wie Willkür aus, denn sie ist Folge von Gottes Wahl.

Das Kind wird nun geboren, die Einheit kommt in die lebende Form der 33 hinein. Die Mutter wickelt es in Windeln und legt es in eine Krippe; es ist im Übernachtungshaus kein Raum für sie.

In der Welt, besetzt von vielerlei Arten Menschen, ist für dieses aus jeder Kausalität herausspringende Phänomen kein Platz; es ist nicht einzuordnen. Wohin soll man auch mit einem Kind, das vom Heiligen Geist gezeugt ist, von einer Jungfrau, die noch niemals einen Mann erkannt hat? In welches Register soll man es einschreiben?

Der Bräutigam, Joseph, um dessentwillen man in Bethlehem ist, hat einen Namen, der hebräisch aussagt (1.

Mose 30,24): »Der Herr gebe mir noch einen anderen Sohn.« Könnte nicht *dieser* Sohn, so anders als alle anderen, gemeint sein? Wem aber soll man dieses Kind zurechnen, wohin gehört es?

Windeln, hebräisch »chatol«, 8–400–6–30, umhüllen das Kind; Zeitlichkeit verhüllt es bald. Denn das Wort »chatol«, 444 in seinen Zeichen, er-zählt die »vier« in allen Ebenen, in den Einern, den Zehnern und den Hundertern. Es sind auch die vier Ecken der Welt, die vier Wenden im Leben (4. Mose, 15, 37–41), die vier Wesen an Gottes Thron (Ezechiel 1), die vier Evangelien. Dies alles, wie auch das Wort in seiner Erscheinung, umwickelt, umschichtet das Kind.

Und die Krippe, hebräisch »ewuss«, ist der Ort, von dem die Tiere ihre Nahrung erhalten. Dieses Wort ist schon von Jesaja her bekannt: »Es kennt der Ochse seinen Eigentümer, der Esel die Krippe seines Herrn. Israel aber kennt mich nicht, mein Volk hat keine Einsicht.« (Jesaja 1,3). Die Menschen in der Ordnung der Welt wissen nichts von ihm, Israel im Menschen kennt ihn nicht. Gerade die Freiheit, welche die Liebe Gottes gewährt, läßt die Wahl auf eine andere Ordnung fallen. Nach den Gesetzen der Welt, nach den Instinkten in den Tieren ist es klar, verstehen es alle. Aber dort, wo die Liebe den Ebenbürtigen sucht, den in ihrem Bild und Gleichnis gemachten, gerade dort ist das alles unbekannt. In der selbstgewählten Ordnung von Israel ist kein Platz zum Übernachten bereit. Deshalb wird das neugeborene Kind dorthin gelegt, wo der Esel, das vom Instinkt gelenkte Tier, seinen Herrn weiß, ihn erkennt.

Das Kind, das nicht in die Ordnung des abgewichenen Israel paßt, findet seinen Platz dort, wo die Welt der Natur, also auch der Emotionen vorherrscht. Nicht umsonst ist das Haus Gottes von Nebukadnezar von Babel verwüstet worden, herrschten dann biblisch Persien und Medien, gefolgt von den Griechen und nun von den Römern. Das

Maß der Sünden war, wie die Propheten in allen Zeiten schon gewarnt hatten, voll. Israel verstand die Freiheit nicht, wählte den falschen Weg. Es kannte nicht das Gefühl einer Verantwortung vor Gott, dem Verborgenen. Es hatte keine Antwort auf das ihm geschenkte Wort. Die Situation war reif, daß die Barmherzigkeit Gottes eine neue Welt gebären lassen mußte, daß jetzt die Gnade walten sollte.

Es handelt sich dabei eben nicht nur um eine historische, eine weltgeschichtliche Realität, sondern diese Worte sprechen auch aus der Quelle, aus der Verborgenheit. Und das heißt, sie gelten für jede Gegenwart, für jedes »howe«, für jedes Sein in allen Zeiten. Zum Fall kam es gerade immer, weil man der Anziehungskraft des Zeitlichen in die Fänge geriet. Man fiel, weil man sich für jede Zeit und Erscheinung Götzen machte, ihnen zu dienen, weil man den Menschen in seiner göttlichen Würde tötete, ihn zum Wesen der Naturgesetzlichkeit erniedrigte, weil man »Unzucht« trieb, indem man nur das Äußere betrachtete, jeder Lust gleich Ewigkeitswert zuordnen wollte. Das Innere, das Wesentliche wurde umgebracht, um das Äußere als Reiz und Lust auf den Thron erheben zu können.

Diese drei Sünden nennt die Überlieferung im Judentum als Meilensteine auf dem Weg zur Vernichtung der Wohnung Gottes beim Menschen. So hat das Kind nur noch Platz in der Welt der Natur, wo es noch die »gesunden« Instinkte gibt, die Gesetze der Emotionen, die doch ihr Geheimnis in der Schöpfung Gottes haben. Aber wie bald ist man wieder so überheblich geworden, daß man auch die Welt der Naturgesetze nur zur Befriedigung der Lust ausbeutete und ausnutzte! Man besteht unnachgiebig auf seinem Recht auf Lust und wird aggressiv oder depressiv, wenn dieser Forderung nicht unbegrenzt Raum gegeben wird.

Hirt und Herde

Jetzt verstehen wir auch, daß der Engel gerade die Hirten wählt, die in der Nacht die Herde hüten. Und wir sollten uns jetzt auch fragen, was ein Hirte im Wort eigentlich ist, sonst laufen wir Gefahr, wieder einmal vom Äußeren eingefangen zu werden. Die Anziehungskraft des Äußeren, die Schwerkraft der Erde ist nach Gesetz unüberwindlich. Wir wollen uns deshalb vor der Sentimentalität hüten, die gerade ein Vergöttern des Zeitbildes bezweckt.

Im Hebräischen heißt der Hirte »ro-e«, 200–70–5. Man spricht es aus wie das Wort für sehen, »ro-e«, 200–1–5; der Unterschied wird nur in den geschriebenen Zeichen erkannt. »Hirte« und das gleiche Wort »weiden« schreibt sich in der Mitte mit dem Zeichen Ajin, der 70, das Sehen aber mit dem Zeichen Aleph, der Eins.

Der Hirte hat seine Herde, und sein Lebenssinn ist es, diese Herde als Einheit zu hüten. Er hat dazu allerlei Hilfsmittel, zum Beispiel den Hund, aber er selbst ist der Herr, der Verantwortliche für seine Herde. So ist jeder Mensch der Hirte seiner eigenen Herde; er will seine Gedanken, seine Ideen, Träume, Begegnungen, Bücher, Gespräche, Erfahrungen zur Einheit der Herde zusammenbringen. Im Äußeren umfaßt die Herde Esel, Stiere, Kühe, Schafe, Lämmer, Ochsen, Pferde, Kamele. So enthält unser Leben vielfältige Stimmungen und Gefühlsmomente: störrische, willige, sanfte, eifrige, nachgiebige, liebliche, rührende, aufregende, bewegende; auch faule, lästige, empörende Stunden.

In der Nacht bedarf die Herde anderer Aufmerksamkeit als während des Tages. Jedenfalls ist es die Tat des Hirten, sein Leben, die Herde aller dieser Momente, als Einheit zu hüten. Die Zusammenhänge machen das Leben zur Einheit. Ein Hirte Gottes wird zum Beispiel an erster Stelle die Einheit der Geschichten, der Mitteilungen, der Worte zu erkennen suchen. In allem wird er das Wunder Gottes erkennen und sich an der Freude dieser Einheit laben. Der Mensch lebt doch nicht vom Brot allein, sondern vor allem, was aus dem Mund des Herrn geht (5. Mose 8,3). Davon lebt er, das ist seine Nahrung. Die Freude des Hirten ist, diese oft versprengt aussehende Herde zur Einheit zu bringen. Sie gibt ihm seinen Reichtum, sie gut und fruchtbringend zu hüten, ist sein Lebenssinn.

Solche Hirten sind Abraham, Isaak und Jakob mit ihrem vielfachen Vieh, kleinem und großem. So kommen Jakob und seine Söhne zum Pharao in Ägypten. Und so hütet Mose die Herde des Jethro. Von solchem Vieh bringt Israel in der Wüste Gott seine Opfer, alle Arten Opfer und alle Arten Tiere.

Vielleicht begreift man nun auch einmal wieder, was die Opfer bedeuten. Opfer, hebräisch »korban«, bedeutet im Wort nur das Sich-Gott-nähern. Alles aus seinem Leben bringt man näher zu Gott; gibt ihm so seinen Sinn. Auch die verschiedenen Arten der Sünden, der Unfälle, des Pechs, auch des Danks und der Freude sind Momente, die uns Gott näher kommen lassen. Bis wir verstehen, was eigentlich das vollkommene Opfer ist.

Die Hirten halten also ihr Vieh, um mit ihm das »korban«, das Sich-Gott-nähern zu erleben. Sie opfern jedesmal ihren alten Standpunkt im Leben, die alte Weise ihres Verstehens, ihres Verständnisses, um auf ihren Füßen nicht nur zu stehen, sondern auch zu gehen. Der Weg durch das Haus Gottes wird jeden Tag gegangen. Mit allem, was das Leben im Moment bietet.

Das Hüten der Herde ist ein Suchen nach Zusammenhängen, ein Suchen nach Einheit. Denn wie sich beim Sehen im Gesichtsfeld eine Einheit vollzieht, so sucht der Hirte die Einheit der sich in zerstreutem Zustand zeigenden Herde. Er sehnt sich nach einer inneren Einheit, die so sein sollte, wie sein »Auge«, sein »Ajin«, seine »70« die äußere Einheit zeigt. Der Hirte sucht deshalb in seinem Leben die Erlösung, das Bringen der »Eins« in die Vielheit der materiellen Erscheinungen. Die »1« in die Mitte der 33 gebracht führt zum Begriff 3–1–30, dem Begriff des Erlösers.

Deshalb erscheint der Engel, der Bote Gottes gerade den Hirten, in der Nacht, wo man sich nur tastend durch das Leben bewegen kann, wo man sich nach der Klarheit des Tages sehnt. Die Sehnsucht der Hirten nach Einheit bringt schon den Engel herbei. Daher fällt es ihnen ein, gerade in der Nacht die Geburt des Erlösers zu erwarten, gerade in der tiefsten Nacht.

Das Wort Gottes erzählt alles aus der Sicht Gottes, aus der Sicht, die wir in unserer Verborgenheit erleben. Und die wir dann übersetzen in unserer Sprache im Äußeren. Die Worte aber verbinden diese beiden Seiten, und wir staunen über die Distanz, die uns im Übersetzen erst recht klar wird. Denn wer könnte in Wahrheit sagen, ein Bote Gottes sei körperlich bei ihm gewesen, während er Vieh hütete bei Bethlehem?

Die Hirten hüten das Vieh in der Nacht; »in den Wachen der Nacht«, sagt das Wort. Die Übersetzer haben damit natürlich Mühe. Man kennt aber aus den Propheten die Nachtwachen. Es stehen in der Nacht die Priester im Haus Gottes auf der Mauer. Und in jeder Nachtwache ertönt der Ruf: »Hüter! Wieweit ist es mit der Nacht?« Und der Hüter muß dann antworten, daß es immer noch Nacht ist.

Man teilt die Nacht in drei oder vier Nachtwachen ein. Erst die letzte Nachtwache kündigt das Kommen des neuen Tages an. Man soll die Reihenfolge nicht mit den durch die Hülle der Zeit entstandenen Begriffen messen. Eher könnte man sich fragen, wie dunkel es einem selbst geworden ist. Auch am hellichten Tag. Und nicht nur dunkel, weil es finanziell nicht gut geht oder der Chef dauernd schimpft, sondern inwieweit das Leben selbst sinnlos empfunden wird, weil man in einer chaotischen, verrückten Lebensschau lebt. Wer aber im Leben den Weg zu Gott geht, ihn mit Sehnsucht suchend, dem kommt wohl der Moment, daß er anfängt, Umrisse zu sehen, daß ihm leichter wird, lichter, klarer. Dann kündigt der Wächter, der Hüter, Merkmale des Tages an.

Im Talmud heißt es merkwürdigerweise, in jener letzten Nachtwache sprechen Mann und Frau miteinander und das Kind meldet sich. Während als Zeichen der vorhergehenden Nachtwachen das Brüllen eines Löwen oder das Schreien eines Esels genannt wird.

Die Nachtwachen erscheinen hier also nicht nur astronomisch, sondern sind auch die Stimmungen im Menschen, die das Leben in seiner Verborgenheit bei ihm darstellen. Es zeigt sich in der Suche nach seinen Lebensidealen. Bestehen sie in einer guten Alters- und Krankenversicherung, sexuellen Erlebnissen, steigendem Bankkonto, Ferienreisen, einem repräsentativen Bürosessel im Direktor-Stellvertreter-Zimmer? Oder lebt er vom Wort aus dem Munde Gottes? Entsprechend sind die Stimmungen; er kann äußerlich nichts dafür, auch der Psychiater kann ihn höchstens ablenken und betäuben, also für die Stimmen im Leben, die Stimmen von den Boten Gottes taub machen. Meistens hat der Psychiater doch auch keine Ohren für die Stimmen im Verborgenen.

Die Hirten in der biblischen Gegend vom biblischen Bethlehem, Nachtwachen als Wächter auf den Mauern der Wohnung Gottes, erfahren den Engel, den Boten Gottes. Hier könnte man vielleicht sagen: »Es kam ihnen« – der Einfall, die Einsicht, die Erklärung.

Sie sehen auf einmal mit dem Boten die Herrlichkeit Gottes sie umglänzen. Das könnte jedem Menschen für gewisse Momente geschehen. Ob man dann nicht nur wach wird, sondern es auch bleibt, ist das Geheimnis Gottes, der allein uns kennt, wie wir eigentlich sind, in unserer Verborgenheit *und* in unserer Erscheinung im Flusse der Zeit.

Der Glanz ist eben die Helle, die Klarheit, die uns umfängt, wenn wir im Leben zumindest Hirten sind, wenn wir uns um Einheit in unserer Herde bemühen.

Und dann »fürchten die Hirten sich mit einer großen Furcht«. Ich weiß, daß man das überall so oder ähnlich übersetzt. Dennoch könnte man, trotz aller gelehrten Philologie, das Wort im Hebräischen einmal näher und besser betrachten. Denn das mit Furcht übersetzte Wort heißt hebräisch »jir-a«, und der Stamm, die Wurzel dieses Wortes ist identisch mit dem Wort »sehen«. Ich habe diesen Begriff »Furcht« für mich in solchen Fällen mit dem Gefühl des Staunens übersetzt. Wie wenn ich plötzlich spüre, jetzt habe ich für einen Moment einen Blick in die Ewigkeit erlebt. Einen Blick aus meiner Verborgenheit in die Verborgenheiten der Himmel, in die Verborgenheiten anderer Welten.

Ich spreche dann, deutschen Philosophen folgend, die sich mit der Sprache beschäftigen, gern von den Bergen, vom Gebirge. Denn ein Berg birgt seine Geheimnisse, geologisch vielleicht Gold- oder Wasseradern, im Wort selbst eben Verborgenheiten.

Die Hirten überfiel also ein großes, erschütterndes Staunen, ein umwerfendes Verwundern.

Ich glaube, man ist im Laufe der Zeit immer mehr den Begriffen des Zeitlichen verfallen, gefördert natürlich durch die Auslegung der Institutionen, die ihre Macht oft nur mit Zwang, Angst, Drohungen bewahren oder ausbreiten konnten. So kam es zur eher bedrohlichen »Furcht Gottes«, womit der Anfang der Weisheit bezeichnet wird. (Sprüche 1,7).

Wie aber kann auf solche Weise Weisheit entstehen? Im Hebräischen lautet das Wort, das mit Weisheit übersetzt wird, »chochma«. Und Chochma, ein göttliches Geheimnis, bedeutet eben die Quelle der göttlichen Liebe. Aus der Chochma fließt, quillt die Liebe. Die Chochma ist so verborgen, daß sie in heutiger Ausdrucksweise nulldimensional genannt werden kann. Die Hauptsache der Chochma aber ist nun eben dieses verwunderte Staunen: Wie ist das alles nur möglich?

Die Botschaft des Engels

Der Engel sagt dann: »Fürchtet euch nicht, denn ich verkünde euch große Freude.« Staunt nicht so, als ob ihr etwas Unmögliches seht, als ob das Ende eures Lebens da wäre; es ist doch eine gute Botschaft.

Im Hebräischen hat das Wort für Botschaft denselben Stamm wie »Fleisch«; Botschaft, »bessura«, 2–300–200–(5); Fleisch, »bassar«, 2–300–200. Eine Botschaft vom Himmel, aus der Verborgenheit Gottes, läßt das Gesagte hier konkret werden, materiell geboren werden. Der Prophet Elia bringt die gute Botschaft vom Kommen des Messias. Und die gute Botschaft des Engels hier ist die, daß der Messias in Bethlehem geboren wurde, der Messias für das ganze Volk.

Auch dieses Wort Volk, hebräisch »am«, wird uns jetzt nicht gleich an eine Rasse denken lassen, an eine nur biologisch bedingte Volksgruppe. »Am« wird gleich geschrieben wie »im«, beide 70–40, und das bedeutet »mit«. Volk meint also auch eine Gemeinschaft, ein Miteinander. Und es kann doch ein Miteinander von Leuten geben, die nicht nur eine gemeinsame biologische Herkunft haben. Jedenfalls könnte man nach der Einheit dieser beiden Begriffe sich sehnen.

Mir fällt dann zum Beispiel die Gemeinschaft der Heiligen ein. Dabei kann es sich ja wohl nicht um die karteimäßig erfaßten Mitglieder einer Institution handeln. Man weiß nur allzu gut, daß in solch einer Kartei von Menschen alle Nuancen vorkommen müssen. Und daß jeder Mensch im Leben auch nur eines Tages stark nuanciert sein kann.

Die Gemeinschaft der Heiligen besteht für uns aber nur in der Verborgenheit bei Gott. Hier können wir schon froh sein, wenn nur zwei oder drei in seinem Namen im auch für uns Verborgenen eine Gemeinschaft bilden.

Die gute Botschaft ist, daß »heute« ein Retter geboren wurde, der Christus, der Herr, in der Stadt Davids.

Auch diese Worte, Namen und Begriffe wollen wir von der Welt der Verborgenheiten her betrachten. Was sagen sie an der Seite des Jenseits, und wie können wir sie so erzählen, daß sie in der Welt des Diesseits in Wahrheit verstanden werden können?

Die Worte Retter, Christus, Herr, Stadt Davids scheinen in der Botschaft des Engels entscheidend zu sein. Retter ist hebräisch »moschia«, vom Wort Rettung, Hilfe, »jeschua«. Wir haben schon gesehen, daß der Name Jesus mit dem Wort Jeschua sehr nahe verbunden ist. Die Mitteilung des Engels, ein »moschia« sei geboren, ist für die Hirten wie eine Überraschung, trotz ihrer vielleicht schon lange währenden Sehnsucht. Denn diese Sehnsucht richtet sich auf etwas Unmögliches, von dem man nicht nur nicht sprechen kann, sondern das sich auch allen persönlichen, schweigend gebauten Vorstellungen als etwas ganz Anderes gegenüberstellt.

So können wir uns auch keine Vorstellung vom Leben nach dem Tod machen. Sind alle Verstorbenen gleichzeitig dort? Wie findet das Gericht statt? Gerechtigkeit muß doch eine der ersten Antworten auf die vielen Ungerechtigkeiten im Leben aller Zeiten sein. Auf solche Fragen haben manche gleich eine ganze Skala von Antworten bereit. Dem einen gefällt eine sadistische, grausame Bestrafung, der andere ist ein lieber Allversöhner. Charaktersache, kann man sagen. Dem einen sind Hölle und Fegefeuer selbstverständliche Einrichtungen, wo vor allem auch seine Feinde geröstet werden, dem anderen wäre ein gütiger, vielleicht aber auch ein gleichgültiger, etwas müder Richter angenehmer.

Ich glaube, hier sind wir an der Quelle der Unwissenheit. Wir wollen nämlich eine kausal befriedigende Antwort. Das lineare Zeiterlebnis bestimmt schon ein kausales Denken. Wir setzen unser Denken fort. Der Retter also gehört ans Ende unserer Denk- und Vorstellungsreihe. Dieses Kind aber wird nicht geboren wie andere Kinder, wo der männliche Samen sich mit dem weiblichen Ei vereint. Das wäre verständlich, dann brauchte man keine gewundenen Erklärungen und wäre auch nicht den dummen Witzen von seiten mancher Wissenschaftler preisgegeben.

Dieses Kind rettet *wirklich.* Es zieht uns aus unserer Gefangenschaft im kausalen Denken heraus und bezeugt: *Gott* ist Ursache; laßt alle linearen Reihenfolgen sein, denn es zeigt sich eine vollkommene, alle Überraschungen aufhebende Rettung. Macht euch keine Sorgen um Überbevölkerung, wenn alles hier wieder da ist. Wer wird wo wohnen? Verrückte Frage. Dennoch erinnern wir uns gern an Wohnungen, wo es uns wohl war. Aber diese Häuser existieren hier schon längst nicht mehr. Der Heilige Geist bringt uns alles unermeßlich besser, als wir es uns je vorstellen könnten, wir, mit unserer oft überspitzten Science-Fiction-Phantasie. Das Kind kommt eben nicht nur auf besondere Weise, es kommt durch den Heiligen Geist! Und da versagen alle Vorstellungen. Maria ist eine Jungfrau. Zu diesem Gebären gehören eine Welt, ein Mensch, der noch nie die Erfahrung hatte eines Treffens einer Erinnerung (das Männliche, »sachar«) mit der Empfängerin, welche die Saat umhüllt (das Weibliche, »nekewa«) und sie austragen könnte. Der Samen ist vom Heiligen Geist, erstmalig und einmalig. Alles entzieht sich dem gewohnten Denken. *Das* ist die Rettung der Welt.

Warum aber braucht die Welt diesen Retter? Wozu kam

der Schlamassel, weshalb es dann einen Retter braucht? Weil der Mensch die Liebe nicht fassen kann. Weil der Mensch die Folgen der Gesetzmäßigkeit, wie Krankheit, Leid und Tod, ohne Liebe nicht tragen kann. Wozu dann kam die Gesetzmäßigkeit? Um der Liebe zu begegnen. Wie die Braut, die dem Bräutigam begegnet.

Der Retter ist der Bräutigam, der die Liebe der erscheinenden Welt, der Braut bringt. Der Garten hat zwar den Baum des Lebens, aber die Anti-Liebe, der Anti-Retter lenkt von ihm ab. Die Liebe ist keusch, möchte sich verbergen. Der Anti-Retter bringt den Neid, durch den die Liebe verführt wird, sich verirrt.

Der Böse ist eben der, der nicht an Liebe glauben kann, der sie analysiert, zuschanden machen will. Hier ist das Mißverständnis, der Konflikt zwischen der Wissenschaft, dem Kühlen, Gescheiten, und der Liebe, die sich dann nur als Nutzen zur Lust zeigen darf. Sie wird vom Neider zu Tode analysiert.

Christus, Messias, Gesalbter

Was sagt uns nun das Wort Christus? Zuerst einmal ist dieses Wort die griechische Übersetzung des hebräischen »maschiach«, Messias also. Das könnte schon heftige Emotionen, pro wie contra, hervorrufen, also Machtwollust, Rechthaberei. Der Mensch mit dem Atem Gottes in sich aber kann nur von der Sehnsucht nach Ewigkeit, von Sanftmut, vom Gönnen alles Guten für die Kreatur, von Sehnsucht nach einer göttlichen Gerechtigkeit, einer ewigen, bewegt werden.

Was will also dieses Wort, in deutscher Übersetzung »Gesalbter«, uns sagen? Geht es hier nur um die Tatsache, daß ein bißchen Öl auf das Haupt dieses Menschen gegossen wird? Ist er schon bei oder *vor* der Geburt gesalbt? Ich denke bei solchem Salben immer: Vorsicht, daß es nicht in die Augen fließt, oder: das Haar muß dann sehr fettig sein. Es ist gleich lächerlich, wie wenn ich denke, Gott brauche geschlachtete Tiere, ihr Blut, Eingeweide, Leber, ihm behage der Geruch des verbrennenden Tieres, oder Gott möchte gern gewisse Völker mit Stumpf und Stiel ausrotten, oder er sei eifersüchtig, schnell verletzt, wutentbrannt. Vielleicht ist es wirklich einmal gut, den Wahnsinn solcher Vorstellungen beim Namen zu nennen. Aber auch eine sogenannte symbolische Erklärung ist für mich meist abstoßend. Zuviel menschliche Willkür ist dabei im Spiel und zuviel Wahn kam aus diesen Erklärungen hervor. Die Emotionalität bei Machtansprüchen und ihrer Ablehnung sollte uns doch eines besseren belehrt haben. Beispiele erübrigen sich hier, da diese Besessenheiten nur allzu bekannt sind.

Lassen wir also das Wort »maschiach«, 40–300–10–8, in aller Klarheit des Wortes zu uns sprechen. Es kommt vom Begriff des Salbens her und nennt den, der gesalbt ist. Und seit jeher wird davon erzählt, daß dieselben Buchstaben, die das Wort salben, »maschach«, bilden – Mem, Schin, Cheth, also 40,300,8 – auch die Zeichen des Wortes für Freude, erfreuen, sich freuen sind, nämlich »sameach«, 300–40–8. Und spricht der Engel dort nicht zu den Hirten von einer großen Freude, die für das ganze Volk sein wird?

Was bedeutet nun das Salben? Womit wird gesalbt? Was ist dieses Salböl? Aus der Bibel des Alten Testamentes kennen wir das Salben bei den Priestern, dem Hohepriester und dem König. Ist das nur irgendeine Zeremonie aus primitiven Zeiten?

Dazu möchte ich zuerst die Frage nach dem Öl beantworten. Das Öl, mit dem gesalbt wird, stammt von der Olive. Wir kennen sie schon aus der biblischen Reihenfolge der Früchte der Erde her (5. Mose, 8,8). Dort ist der Weizen die erste Frucht, der Erstgeborene. Dadurch erhält das Brot seine besondere Bedeutung. Die Frucht des sechsten Tages, des Freitag, ist die Olive, wie der Weizen die des ersten Tages, des Sonntags darstellt.

Man denkt dann zum Beispiel an den Ölberg, der in der Bibel der Olivenberg, Har ha-Seethim, genannt wird. Die Olive, Frucht des Freitag, kommt in der Bibel zuerst in der Geschichte des Noach vor, wo die Taube, hebräisch »jonah«, beim zweiten Ausflug ein Olivenblatt zurückbringt. Noach wird dann klar, daß die Welt wieder bewohnt werden könnte (1. Mose, 8,11). Das Ölblatt ist ein Zeichen, daß etwas Neues kommt. Ich denke auch an den Prophet Jonah, der also »Taube« heißt, und an das Zeichen des Jonah in Matthäus 12, 39–41. Die Überlieferung im Judentum erzählt, daß die Taube, als sie das Ölblatt zu Noach bringt, sagt: »Ich nehme das Bittere vom Herrn, denn ich weiß, es kommt schon das Süße.« Wir können hier auch an Maria denken, die dasselbe in ihrem Namen aussagt.

Der Freitag ist doch der Tag der Kreuzigung. Sie steht parallel zur Katastrophe mit der Schlange und der Frucht vom Baum des Wissens. Am Abend vorher, biblisch also schon der Freitag, ist Jesus in Gethsemane, einem Hain, einem Garten. Dieser hebräische Name bedeutet »Ölpresse«; »Gath«, 3–400, ist eine Presse, und »schemen«, 300–40–50, ist Öl. Was Archäologen, Philologen oder Historiker auch sagen mögen, dieser Name, dieses Wort ist nun einmal Ölpresse. Wo die Oliven zu Öl gestoßen werden.

Jesus ist dann, wie »im Zeichen des Jonah« gesagt, drei Tage und drei Nächte verschwunden. Wir ersehen aus der Bibel, daß er vom Freitag als erstem Tag, dann dem Samstag als zweiten Tag bis zum Sonntagmorgen verschwunden ist. Man könnte auch sagen, die drei Tage und Nächte seien die Vergangenheit, die Gegenwart und die Zukunft.

Ab Freitag wird die Olive gepreßt, bis Sonntag früh,

wenn der dritte Tag, der biblisch schon am Samstagabend anfängt, seine Mitte erreicht. Am Sonntag ist das Öl bereit, das Pressen nahm die Dauer dieser drei Tage und Nächte in Anspruch. Nun ist aber »schemen«, das Wort für Öl im Hebräischen, merkwürdigerweise der Stamm vom Wort »acht«, »schmonah«. Öl ist im Hebräischen 300–40–50, und »acht« 300–40–50–(5). Die »5« ist das weibliche Suffix des Wortes, gehört also nicht zum Stamm.

Es ist etwas ganz Besonderes, daß das Wort »acht« – was nach, jenseits der »Sieben« der Schöpfung kommt – mit diesem aus der Olive des Freitags gepreßten Öl identisch ist. Heißt es bei Johannes nicht: »das Wort ist Gott«? Wie sonst könnte, mit allen Wundern des Wortes, die wir schon kennen, so etwas möglich sein? Bevor biblisch-geschichtlich der Sonntag der Auferstehung erzählt wird, enthält die Sprache schon die Bedeutung vom dritten Tag nach dem Freitag, der zum astronomisch, also zeitlich unmöglichen »achten« Tag wird. Das zeitlich Unmögliche ist verborgen im Wort schon da.

Das Öl bedeckt, wie im Alten Testament gesagt, im Prinzip den ganzen Körper, die ganze Erscheinung des damit Gesalbten. Der »achte« Tag, die neue Welt umhüllt, schützt und verbirgt den alten, den vorigen Menschen. Bis dahin geht dieses Öl, dieses »Achte« *in* den Menschen hinein, oder es wird zum Leuchten und Beleuchten benutzt. *Im* Menschen also, in seiner Verborgenheit, ist dieses Neue möglicherweise schon da. Nun aber *erscheint* alles neu, jetzt sind der neue Himmel und die neue Erde da. Das ist die Botschaft des Engels an die Hirten. Der Mensch als Hirte seiner eigenen Vielheit erfährt, gerade weil er in der Finsternis der Nacht dennoch wacht, daß der Messias »heute«, also in der Gegenwart, schon geboren ist. Der Christus als der Gesalbte, als der Messias erscheint schon im Glanze des »achten« Tages, der Erlösung.

Das Wort »Herr« haben wir schon besprochen. Hier sei

nur auf das Nennen dieses Namens im Hebräischen mit dem Wort Adon oder Adonai hingewiesen. Es meint einen, der herrscht, einen Herrn also. Aber das Wort hat einen merkwürdigen Aufbau. Es ist dem Namen Adam, Mensch, in seiner Struktur sehr ähnlich, und beide Worte, Adon und Adam sind gebaut auf das Wort »ed«, hebräisch für »Dunst«, der von der Erde aufsteigt, da Gott den noch für das Wachstum fehlenden Regen hervorbringen möchte (1. Mose, 2, 5–6). Der von der Erde aufsteigende Dampf, Dunst, ist die Sehnsucht der Welt, des Menschen nach jenem Regen.

Der Regen macht die Erde fruchtbar. Er kommt aus den Wolken am Himmel. Das ist die Erscheinung, das Äußere. Der Mensch aber sehnt sich nach dem Wort aus dem Himmel. Er lebt doch nicht vom Brot allein, sondern von dem, was von Gott kommt. Er sehnt sich nach einem Lebenssinn, nach Liebe, gerade weil er die Welt der Gesetze als Ausgangspunkt für die jetzt neue Welt empfindet. Er möchte, im Bild und Gleichnis Gottes, durch die Liebe seine Seite des Inneren mit seiner Seite des Äußeren verbinden.

Und dazu braucht es das Wort Gottes aus dem Himmel, braucht es den Heiligen Geist, der dieses Wort von dort hierher bringt.

Das Wort »ed«, Dunst also, schreibt sich Aleph-Daleth, 1–4. Sobald »ed« mit seiner Sehnsucht zum Himmel »aufsteigt«, wie es in der Bibel heißt, und die Erde dabei tränkt, macht Gott den Menschen, den Adam aus dem Staub, »afar«, dieser Erde, »adamah«, und er bläst ihm seinen Atem, sein Inneres also, ein.

Wir staunen! Dieser aufsteigende Dunst erzählt von der 1–4, der Aleph-Daleth. Und der Mensch, der nun gebildet wird, heißt in der Erzählung Adam, also nach den Zeichen: 1–4–40. Und der herrschende Herr, der nach der neuen Dimension der Liebe gerade durch sie, durch Sanftmut und Gnade herrscht, und nicht nur nach dem Gesetz, nicht nach dem, was *vor* dem Regen war; denn das herrschte durch Kraft, durch Gewalt, in der Erwartung, daß der Mensch sich nach dem Neuen, nach der Liebe sehnen würde –: dieser Herr ist Adon, in den Zeichen 1–4–50.

Der Unterschied aber zwischen dieser 40 und der 50 ist im Erzählen entscheidend. Die »40« kennt man als Maß der Zeit. Wir denken an die 40 Tage am Sinai, in der Wüste, an die 40 Jahre des Weges aus Ägypten ins gelobte Land, an die 40 Tage von der Auferstehung bis zu Christi Himmelfahrt. Und die »50« läßt schon gleich denken an Jehoschua im Alten Testament, der doch »der Sohn des Nun« heißt; und »nun« ist im Hebräischen das Zeichen der 50, bedeutet auch »Fisch«.

Die »50« als Abschluß der 1–4 ist also wesentlich. Wie das Pfingsterlebnis, das zehn Tage nach der Himmelfahrt, also am 50. Tag stattfindet. Im Alten Testament ist der 50. Tag nach der Erlösung aus der Knechtschaft der Tag, an dem Gott das Wort offenbart. Das Wort Adon, Herr in diesem Sinn, ist diese 1–4–50. Und der Erdboden, Adamah, ist auch die weibliche Form von Adam, nämlich 1–4–40–(5), wobei die »5« wiederum nur die weibliche Endung anzeigt.

Nun ist das gleiche Wort 1–4–50 auch eine »Schwelle«, zum Beispiel im 2. Mose 36,24, eine Schwelle in der Wohnung Gottes. Diese Schwellen sind immer wie Zwillinge miteinander verbunden. Der Herr als Adonai und der Herr als Tetragramm, als das immer gegenwärtige Sein.

Es bleibt uns jetzt noch das Wort Stadt Davids. Hebräisch heißt sie Ir David. Eine Ansiedlung gilt als Stadt wenn sie von einer Mauer umschlossen ist. Sie stellt im allgemeinen biblisch eine Gefahr dar. Es heißt in der jüdischen Überlieferung, man danke Gott, heil aus einer Stadt herausgekommen zu sein. Die Gefahr besteht in der Ummauerung, die eine Stadt von der Welt abschließt, weil man dann meinen könnte, man sei die ganze Welt, es gäbe nichts anderes mehr. Wie man sich selber auch so wichtig nehmen kann, daß man nichts außerhalb seiner Person gelten läßt. Aber für Jerusalem gilt, trotz ihrer Mauer, der Sinn des Namens David. Wer sein Schicksal als Liebe Gottes empfindet, weiß, daß diese Liebe die ganze Welt, die ganze Kreatur umfaßt. Es ist deshalb die Stadt, welche die Liebe Davids erhält, auf dessen Sohn man doch sehnsüchtig wartet.

Ob der Engel Jerusalem meint, ist nicht einmal klar. Denn Bethlehem ist doch der Ort, wo David geboren wurde und wo jetzt der Sohn Davids geboren wird. Es geht hier auch nicht um verschiedene Städte. Es geht um den Ort des David, des Geliebten. Und *dort* wird dieser Sohn geboren.

Die Hirten brechen in der Nacht nach Bethlehem auf. Dort sehen sie dann, daß das vom Engel Gesprochene eine Tatsache ist. Und sie erzählen dort, was sie vom Engel gehört hatten.

Die Übereinstimmung von Verborgenem und Erscheinendem ist eben ein Zeichen dieser neuen Zeit.

Die Beschneidung

Das Geschehen der Geburt der neuen Welt möchte ich jetzt abschließen mit ein paar Worten zu der Beschneidung. Wie von Johannes schon berichtet, wird auch Jesus am achten Tag beschnitten. Am Tag der »mila«, der Beschneidung, wird dem Sohn auch der Name gegeben.

Ohne Beschneidung ist man ein »orel«, ein Unbeschnittener. Bei der Beschneidung wird die »Vorhaut«, »orla«, zum größten Teil weggenommen. Der verbleibende Rest wird dabei umgebogen und ist als »pria« ein wichtiger Akt der Beschneidung. Sie scheint, mit dem Nachdruck, wie sie auch hier genannt wird, eine prinzipielle Angelegenheit zu sein.

Wir verstehen nun auch schon die Bedeutung des Achten, seine, in der Sprache schon unlösbare Verbindung mit dem Salböl. Die »orla« ist im Prinzip dasjenige, was den Kern, das Wesen, die Quelle so verhüllt, daß man ihre Anwesenheit gar nicht spüren kann. Ein »orel« ist also nicht nur der anatomisch Unbeschnittene, sondern vor allem auch einer, dessen Leben derart nur auf das Äußere ausgerichtet ist, daß bei ihm gar keine Gedanken über Ewigkeit aufkommen können.

So spricht die Bibel auch vom unbeschnittenen Herzen, und niemand denkt dabei an eine unterlassene chirurgische Behandlung. Der »orel« kennt den achten Tag im Prinzip nicht. Er kann die Erlösung dann auch nur nach Gesetz, also voller aggressiver Gefühle verstehen. Das Wunder des Messias, sein Leben als Leben der neuen Welt, kann er einfach nicht fassen. Er urteilt nur nach dem Erscheinenden, sucht dort Macht und Wichtigkeit.

Die »mila«, die Beschneidung, ist also das Öffnen eines Fensters, vielleicht eines Tores, das die Sicht auf den achten Tag erlaubt, erst ermöglicht, daß man selbst, in seinem Inneren, schon den achten Tag erlebt.

Erst hier wird dann auch der Name des Männlichen ausgesprochen auch wenn man ihn schon vor der Geburt bei sich wußte. Am achten Tag ist das Äußere gleich dem Inneren, dann ist die neue Welt tatsächlich eingetroffen.

Dieser Tag der Beschneidung Jesu wurde im Kalender der Welt der 1. Januar, also Anfang jedes neuen Jahres. Es mag dann als zufällig gesehen werden, daß es dann genau der achte Tag nach jener einzigartigen Geburt ist. Da es sich dabei auch um die Geburt Gottes im Menschen handelt, könnte auch für den, der durch die »mila« im Herzen seinen achten Tag erlebt, eine neue Zählung anfangen. Dann erhält er auch seinen Namen, an dem die Welt ihn erkennen kann. Dann besteht er nicht nur durch das Fließen der Zeit, die nach sieben Tagen zu Ende ist. Mit dem achten Tag beginnt für ihn das Leben in Ewigkeit. Und sein Name steht dann auch für alle Ewigkeiten fest. Sein Schicksal ist nicht mehr nur das des Zeitlichen, er weiß jetzt von Gottes Lenkung in jeder Sekunde. Während der »orel« fortwährend hin und her geworfen wird, da er sich nur als Objekt einer willkürlichen Laune empfindet, ist der, der den Bund der »mila« erlebt, sich im Inneren der Einheit von Zeit und Ewigkeit, von Erscheinendem und Verborgenem bewußt.

Es ist Brauch, zu jeder »mila« auch den Propheten Elia einzuladen. Es steht dann immer der schönste Sitz für ihn bereit. Denn Elia verkündet doch den achten Tag. Wie die Geburt des Johannes der von Jesu vorangeht. Ein neues Zählen und Erzählen fängt jetzt an.

II
Jesu Leben in der Welt

Als Jude im christlichen Europa

In diesem Teil will ich vom Leben Jesu, wie es im Neuen Testament dargestellt wird, erzählen, und vielleicht wieder so, wie es mir spontan einfällt. Es geht mir dabei eigentlich nur um seine Begegnungen mit den Menschen im Leben.

Das Thema ist zu gewaltig, als daß man es in einem Buch erfassen könnte. Aber ich will versuchen, eine Übersicht zu geben, in der die Hauptsachen vorkommen. Ich hoffe, daß der Leser dabei spürt, daß dem Neuen Testament endlich doch einmal Recht widerfährt. Man müßte wirklich einen bösen Willen haben, wenn man dann immer noch nicht die ewigen Quellen und Wurzeln dieser Worte Gottes zu verstehen vermag.

Wenn ich alle Emotionen, die auf mich losbrennen können, beim Schreiben einkalkulieren würde, wäre ich ein raffinierter Kaufmann, der die Vor- und Nachteile einer Transaktion sorgfältig erwägt. Ich *kann* eben nicht kaufmännisch handeln. Mein Leben besteht tatsächlich aus unüberlegten, immer aber spontanen und immer nur gut gemeinten Handlungen. Die Folgen habe ich dann auch stets mit dem Gefühl getragen: ›Ganz recht geschieht dir! Wenn einer so verrückt ist wie du, dann muß er es selber wissen.‹ Aber ich konnte nie anders handeln, und ich habe immer mit gutem Gewissen zurückgeschaut. So auch jetzt.

Vielleicht werden viele Christen, aus vielerlei Gründen, sagen: »Der hat nichts verstanden!« Und ich weiß, daß viele Juden sagen müssen: »Das ist doch alles Unsinn. Der Weinreb weiß, scheint es, überhaupt nicht, daß dies alles zumindest sehr korrigiert werden muß, daß es so nicht stimmen *kann*, daß die Christen doch selber schon einsehen, daß Jesus im besten Falle ein etwas später Prophet war, der das Alte Testament wohl kannte und benutzte, oder ein Rabbi, wie natürlich viele andere.«

Und sehr viele Juden werden überhaupt nichts sagen, nur tief empört sein, daß man überhaupt diese Namen nennt, ausspricht.

Ich werde in diesem Teil auch von den Pharisäern und den Schriftgelehrten sprechen müssen. Da rechne ich ebenfalls mit nur zu begreiflichen Emotionen. Aber wenn ich die Wahrheit sage, von innen her schon sehr überlegt, und dort, wo alle sehen können, gut belegt, Wahrheit ist, dann kann das, auch wenn sie auf diese Weise gewiß noch nicht gesagt wurde, nur gut und heilsam sein. Es ist doch schön, daß man die Gelegenheit erhielt, es so zu sagen. Und daß Menschen in der Welt es dann lesen werden, läßt wiederum die Freude überwiegen.

Wir leben doch heute mehr in der Welt als vielleicht je zuvor. Früher kannte man vielerlei abgesteckte Gebiete: Dorfgemeinschaften, Stadtquartiere, Provinzen, Länder, Sprachen, Völker, Religionen. Was der andere dachte oder tat, ging, solange er meine Gemeinschaft nicht störte oder angriff, nur ihn an. Wenn er auch Unsinn dachte, ein Heide war, nun, traurig. Er soll uns nur nicht belästigen.

In unserer Zeit aber kann ich nicht sagen, daß die Leute, mit denen ich verkehre, sagen wir einmal Anwälte, Ärzte, Techniker, mich nichts angehen. Ich empfange sie zu Besuch, besuche sie ebenfalls, ich vernehme von ihnen über ihre Familie, ihre Jugend, ihren Beruf. Wie sollte ich dann glauben, daß mich aber ihre Religion nichts angeht? Vielleicht noch von der Kinderstube her denkend: »Die sind alle doch dumm, primitiv, falsch informiert aus ihrer komischen Bibel.«

Ich glaube schon lange, seit meiner Jugend, daß das nicht geht, daß das nicht ehrlich ist. Ich muß doch verstehen, was sie als Grundlage des Lebens erkennen, wie ich, wenn ich mit ihnen verkehre, ihnen auch gern Zutritt zu meinen Grundlagen des Lebens gewähre. Ich kann doch nicht einem etwas verkaufen oder bei ihm kaufen – und damit ist es dann auch aus. Ich möchte gern wissen, in welcher Welt, in welcher Wirklichkeit der Bankier lebt, der Minister, der Arzt, der Lehrer, auch wenn er selber über das alles aus irgendeinem Grund lieber schweigt, denn ich lebe doch in einer Umwelt von *Menschen*.

Sie weinen, lachen, freuen sich. Und sie beten, sie sind manchmal in Verzweiflung, dann wieder glücklich. Ich kann doch nicht mit Menschen umgehen, ohne sie als Menschen zu empfinden. Das ist für mich unmöglich. Ich könnte ein solches Leben nicht aushalten, ich würde austrocknen, apathisch werden, ein Automat, eine Maschine.

Mir wurde schon bald klar, daß wir in einer Welt des Christentums in seinen verschiedenen Äußerungen leben, daß die Grundlagen der Kultur in den europäischen Ländern nun einmal christlich sind. Ich erfuhr auch die Haltung der Leute, die Juden im allgemeinen ablehnten und merkte auch bald, daß sie das auf Grund ihrer Bibel, des Neuen Testamentes taten. Während sie doch auch die ganze Bibel kannten. Nur war ihnen das Alte Testament, die ganze Bibel des Judentums im allgemeinen etwas Überholtes, Grausames, Unverständliches. So fing ich, einfach aus Interesse für das Leben der Menschen meiner Umgebung, ganz von selber an, das alles zu überdenken.

Ich kannte natürlich auch die Ablehnung, die die Juden den Christen entgegenbrachten. Aus Erfahrungsgründen schon; man lebte oft inmitten von Verfolgungen, von Diskriminierung. Es hieß aber auch, das Neue Testament sei Ursache von alledem. Es enthalte »natürlich« allerlei Lügen, Verdrehungen, Unmögliches, Dummes. So verstand ich schon, daß an beiden Seiten heftige Emotionen das Leben bestimmten.

Aber gerade weil ich Freude erlebe, wenn ich Menschen liebe, war mir das alles ein wichtiges Anliegen. Und so lernte ich das Neue Testament kennen und empfand, daß auch die Christen es eigentlich nicht kannten, daß sie es oft von Anfang an nur emotional verstehen konnten. Ich kam hinein als Mensch, als Jude, aber ich wollte es nicht nur nach Gesetz aburteilen. Und so wurde es mir als Mensch in der Welt, so wie ich mich immer mehr als Jude erkannte, etwas wirklich Neues. Weil ich es in Liebe erfuhr, kam mir die große Wahrheit für eine neue Menschheit vor Augen. Deshalb erzähle ich schon seit mehr als zwanzig Jahren von dieser Wahrheit für alle Menschen der Welt. Und mir kam dabei meine profunde Kenntnis vom Alten Testament und vom Judentum sehr zu Hilfe. Ich sah, daß man dadurch erst das Neue Testament richtig verstehen und vielleicht erfassen kann. Darauf hat es wirklich ein Anrecht.

Die Vollmacht der Fischer

Eine der ersten Begegnungen Jesu mit der Welt, mit dem Leben, ist die mit den Fischern. Sie leben am See, auch vom See, von den Fischen.

Der Fisch, hebräisch »dag«, 4–3, ist ein Zeichen vom Leben in den sieben Tagen, besonders auch vom 7. Tag. Das alte hebräische Hieroglyphzeichen der Sieben, der Sajin, zeigt die Form eines Schiffes, mit dem Ruder schräg zwischen Deck oben und Kiel unten. Von dort stammt doch sogar unser Zeichen für das Z, das in vielen Sprachen wie ein scharfes S ausgesprochen wird.

Der 7. Tag wird wie ein Schiff gesehen, das sich auf dem Wasser bewegt. Das Wasser, hebräisch »majim«, 40–10–40, ursprünglich auch »mem« genannt, ist das Zeichen für die 40. Man erkennt die Herkunft von jener Hieroglyphe, die eine gewellte Wasseroberfläche zeigt, noch immer in unserem m.

Und das Wort für See und Meer ist im Hebräischen »jam«, geschrieben Jod-Mem, 10–40. Das Zeichen Jod, das bekannte Jota in der Schrift, gibt sich schon von seiner Form her als klein und nichtig zu erkennen. Es ist das weitaus kleinste Zeichen des hebräischen Alphabets; aber dennoch der Anfang, der Ursprung von jedem anderen Zeichen. Es hat die Form eines Wassertropfens. Dieser kommt beim Schreiben der Zeichen sozusagen vom Himmel herab. Denn alle hebräischen Zeichen hängen in gewissem Sinn an einer »unsichtbaren« Linie. Und nur der Ursprung, die Spitze, aus der dieser Tropfen tropft, steht immer gerade über dieser Linie.

Dieses kleine Jod-Zeichen wird dann auch als das neugeborene Kind erkannt. Es ist das erste Zeichen der Zehner-Reihe, eigentlich aber noch die »Null« dort. In der Reihe der Einer, die mit der »Neun« endet, ist die »9« im Hebräischen die Teth, das Zeichen für etwas Doppeltes. Und zwar im Sinn eines Alten, das etwas Neues in sich trägt. Es ist wie eine Gebärmutter mit einem noch ungeborenen Kind. Das Kind ist in ihr anwesend, für das Äußere, für die Welt aber noch verborgen. Das hebräische Zeichen ist dann auch ganz geschlossen und zeigt nur in der Mitte oben eine kleine Öffnung; um eben zu seiner Zeit das noch verborgene Kind geboren werden zu lassen.

Zufällig oder nicht, denkt man dann an die neun Monate der Schwangerschaft. Genau neun Neumonde sind erschienen, bis normalerweise das Kind dann geboren werden kann.

Als zehntes Zeichen kommt dann, wie ein Kind, diese Jod, wie eine Geburt aus der Gebärmutter, dem neunten Zeichen hervor.

Ich erzähle dies alles so ausführlich, weil ich schon fortwährend an die Mutter der Welt der Gegenwart denke. Es ist nämlich ein alter Brauch, die Reihe der Einer als die Vergangenheit zu sehen, die prinzipielle Vergangenheit der Welt überhaupt, und die Reihe der Zehner als die permanente Gegenwart, während die Reihe der Hunderter als die Zukunft an sich gesehen wird. Die Reihe der hebräischen Zeichen geht »nur« bis zur 400. Damit ist das Ende, die Grenze der für uns vorstellbaren Zukunft gegeben. Die Hieroglyphe dieses Zeichens ist dann auch das noch liegende Kreuz, wie unser Multiplikationszeichen. Das aufgerichtete Kreuz führt dann in die für uns unvorstellbare Zukunft, in die 500 hinüber. So heißt es dann auch, die Distanz zwischen Erde und Himmel sei 500 Ellen. Man erreicht eben mit dem hier Konkreten niemals den Himmel.

Die Tragödie vom Turmbau zu Babel, wo der Mensch versucht, mit Material der Erde den Himmel zu erobern! Ein Unternehmen, das zum Untergang führen muß. Der Turm bleibt unvollendet und fällt in sich zusammen.

Auch der Umfang vom Baum des Lebens wird mit diesen 500 angegeben. Das heißt, wie der Mensch den Himmel mit dem Konkreten nicht erreichen kann, so kann er auch den Sinn des Wachstums des Lebens nicht umfassen, nicht erfassen.

Die Elle ist im Wort nicht etwas konkret Meßbares. Der hebräische Ausdruck für Elle, »ama«, 1–40–5, wird genauso geschrieben wie das hebräische Wort für Mutter, »ima«, ebenfalls 1–40–5. Das bedeutet, daß die Mutter das Maß der Welt ist. Dann wird uns auch klar, daß die Bibel alles mit Ellen mißt; die Sintflut (1. Mose 7,20), die Wohnung Gottes samt ihren Geräten, den Berg von Gottes Haus in Jerusalem.

Erlebt man dann nicht die Bedeutung der Mutter der Welt neu? Sie trägt schon vor jeder Gegenwart das Kind in sich, für die Welt noch verborgen. So verstehen wir auch etwas besser den Sinn der Geburt des Kindes und des Kindes selbst. Denn *alle* Zeichen »hängen« sozusagen an diesem Kind, das der Retter heißt. Das Kind rettet uns aus der Abhängigkeit vom Gesetz und bringt uns die Sehnsucht nach Liebe. Es kommt, die Welt der Gesetze zu erlösen. Sie bleibt die Welt mit Gesetzen, ist jetzt aber eine erlöste Welt.

Alle Zeichen im Leben sind vom Zeichen des Kindes abhängig. Sie hängen doch auch buchstäblich am Jod, an der »10«, an der »Null« der Gegenwart. Aber mit dieser Null-Dimensionalität ist das Kind auch das Prinzip des Anfangs von allem, was in der Gegenwart erscheint.

Nun ist dieses Zeichen zwar ein zartes, vom Himmel, von oben herabkommendes Prinzip aller Materie-Werdung, es heißt aber Jod, und Jod ist im Hebräischen das Wort für Hand. Gewiß, wir denken dabei auch an unsere Hand hier, die etwas ergreifen, das Schwert führen, schlagen kann. Aber könnte man nicht auch an den Sinn des Handelns denken, an das Behandeln, an das verborgene Handhaben? Und an das Halten mit der Hand, also das Verhalten, Behalten in allen sprachlichen Möglichkeiten? (Während das sichtbare »Hand-Auflegen« gerade ein Verfallensein an die Götzen des Äußeren bedeutet.)

Werdet wie die Kinder!, höre ich dann. Handelt zart, verborgen, spontan, ohne Plan, ohne Gedanken an für euch vielleicht lästige Konsequenzen. Lasset die Kinder zu mir kommen. Und ich denke dann – ganz unsentimental – an das Kind in der Krippe. Ist vielleicht in meiner Verborgenheit zu spüren – und an diese Spur ist eben nicht gezielt zu kommen –, daß wir uns nach einem Handeln sehnen, das von Herzen allem das Beste gönnt und wünscht und wie das Zeichen Jod alle anderen Zeichen hervorbringt? Daß mir also dann alles schon im Verhalten kommt. Ich werde tun, sehr viel tun. Aber nicht geplant; es handelt sich dann schon von selber, wenn meine Absicht die von meinem Kinde ist. Ich selbst als Kern, wo mein Kind noch lebt. Vielleicht ist es oft verschüttet, fast erstickt, erhält keinen Atem (»neschem«) von Gott mehr; es ist aber immer drinnen verborgen noch da. So bin ich dieses Kind, wenn ich wirklich Ich bin.

Die Jod als Hand zeigt sich also als die Hand eines Kindes, sanft, aber entscheidend. Ob der Mensch deshalb unbewußt das sanfte Streicheln und Gestreicheltwerden sucht? Vor allem natürlich in seinen Handlungen, in seinem Verhalten.

Jetzt komme ich zurück zum Wort für Meer, für See, das sich im Hebräischen als 10–40 schreibt. Gegenwart also, denke ich. Und sehe, es ist das Zeichen Hand (des Kindes), die »10«. Und diese »10« verbindet sich mit der »40« der Zeit. Der See. Sein Geheimnis ist die 1–4, lebt als die Sehnsucht des aufsteigenden Dunstes, Grundlage des Wortes Mensch, Adam. Modell auch meiner Hand mit einem Daumen und vier Fingern. Und es sagt in der Gegenwart auch: Handeln wie ein Kind in der Zeit. Im Bewegen der Zeit. Denn fast immer bewegt der Wind das Wasser, bewegt der Geist die Zeit. Der Geist Gottes schwebt über den Wassern; der Geist Gottes beschäftigt sich mit, sorgt sich um die Zeit, um das Geschehen. Die Liebe ist im allgemeinen sanft, zärtlich, streichelt. Der See bewegt sich an der Oberfläche.

An diesem See leben die Fischer. Wie die Hirten ihre Herden hüten, so ziehen die Fischer die Fische aus dem Wasser. Die Hirten hüten ihre Herden, damit sie die Tiere, jedes seinem Alter gemäß, als »korban«, als Opfer, Gott näher bringen können. Für die Fischer ist ihr Leben erst sinnvoll, wenn die Fische vom Menschen für seine Mahlzeiten gebraucht, gegessen werden.

Fisch, »dag«, hat, wie wir schon gesehen haben, die Struktur der 4–3, der Zahl, die von der Siebenheit dieser Welt erzählt und dabei die 4, Zahl des Weiblichen – z. B. die 4 Mütter – mit der 3, die vom Männlichen erzählt – z. B. die 3 Väter –, verbindet. Sie verbindet damit auch das Äußere mit dem Inneren zur Einheit dieser Welt. Die Sieben ist der Mensch im Fließen der Zeit. In der Zeit fühlt sich der Mensch so frisch und froh wie der Fisch im Wasser.

Und der Fischer zieht diesen Menschen aus dem Zeitfluß heraus. Der Fisch zappelt, wie der Mensch, dem das gleiche passiert. Denn es bedeutet eine entscheidende Wende im Leben, wenn man aus der »Gefangenschaft« im Zeitfluß befreit, erlöst wird.

Wozu sind die Meere, die Seen, die Flüsse da? Gott hat die Welt doch auf die Meere gegründet und an den Flüssen befestigt (Psalm 24,2); die Stimme des Herrn ist über den Wassern, über vielen, großen Wassern (Psalm 29,3); der Geist Gottes schwebt über den Wassern (1. Mose 1,2). Für die Wasser erschafft Gott die Fische und alles, was sich in ihnen regt und bewegt (1. Mose 1,20–22). Man kennt die Äußerungen der Propheten und bei Hiob (z.B. Ezechiel 29,3 und Hiob 40, 25 und Hiob 41) über den großen Ur-Fisch, den Drachen im Fluß, den Leviathan, auf dem die Welt ruht. Und wem fiele da nicht auch Jonah und sein »großer« Fisch ein?

Der Mensch lebt in der Zeit, in der »40«, der Mem, im Wasser. Er glaubt, das sei seine Welt, *die* Welt, das Leben. Dennoch heißt der Jehoschua im Alten Testament Sohn des Nun. Und Nun ist nicht nur ein weiteres Wort für Fisch, sondern ist auch die Zahl »50«.

Mose führt Israel 40 Jahre durch die Wüste. Er »stirbt« auch am Ende dieser 40 Jahre. In das gelobte Land aber führt Jehoschua Israel. Und er ist dann auch der Sohn der »50«. Eine entscheidende Wende findet statt. Der Fisch von »nach der 40«, der Fisch jenseits der 40. Also der aus dem Wasser erlöste Fisch. Jetzt kann der Mensch ihn in sich aufnehmen, mit sich selber »eins« werden lassen.

Essen ist hebräisch »achol«, 1–20–30, und Speise »ochel«, auch 1–20–30. Aus seinem Innern, aus seiner Verborgenheit erzählt dieses Wort, daß mit dem Essen die »50«, die 20–30, mit der Eins, der Einheit des Menschen verbunden wird. Erst jenseits der Zeit erreicht der Mensch sein ewiges Leben. Nicht »nur« nach dem Tode, sondern jedesmal, wenn er gestorben ist. »Wir sind gestorben und auferstanden«, diese Worte von Paulus werden oft bei einer Taufe gesprochen. Und Paulus sagt es, während er lebt. In jeder neuen, entscheidenden Phase seines Lebens könnte der Mensch in seinem Wesen sagen: Ich bin gestorben und auferstanden!

Nach jüdischer Überlieferung wird am Tisch des Messias der Leviathan gegessen. Was heißt das? Ja, *alles* Leben in *aller* Zeit wird dann bewußt Teil des Menschen.

Man lebt dann, heißt es, in der Haut des Leviathan wie in einer Wohnung. – Wie viele Gedanken und Träume umfassen doch solche Mitteilungen!

Was bedeutet nun der Hinweis, daß diese Fischer mit ihren Netzen zu Menschenfischern, zu Seelenfischern werden? Man weiß sich keinen rechten Rat mit diesen Worten. Ihr Sinn wird aber sofort klar, wenn man bedenkt, daß der Mensch dann aus der »40« in die »50« gefischt wird, aus der Knechtschaft der Naturgesetzmäßigkeit ins echte, wahrhaftige Leben.

Ohne weiteres ließe sich sagen: aus dem Tod ins Leben.

Dieses Herausziehen aus dem Wasser kann man als Modell, als Muster jeder irdischen Geburt sehen und dabei auch an den Weg durch das Meer nach dem Auszug aus Ägypten denken. Das Wort für Jäger, »zajid«, ist, wie jedes Ziehen, mit dem Zeichen Zade geschrieben, das »Fischhaken« bedeutet. Es ist das Zeichen der Zahl 90, der »9« im Heute. Wie die »9«, die Teth, die Doppelheit des Lebens im Bild der Mutter mit dem verborgenen Kind darstellt, also die Geburt als Phase schon verkündet, so ist das Zeichen Zade die Verheißung: Jetzt wird ein neuer Mensch geboren, jetzt kommt der wahre Mensch. Dieses Zeichen ist bei vielen Worten entscheidend, die ein Ausziehen aus einer alten in eine neue Phase ausdrücken. So beim Auszug aus Ägypten, beim Hervortreten einer Pflanze aus dem Dunkel der Erde ins Licht der Erscheinung; sogar bei der menschlichen Ausscheidung; aber auch bei jedem Weggehen.

Ein Netz, hebräisch »rescheth«, erzählt auf seine Weise auch von der »9« der Geburt, besteht es doch aus den Zeichen 200–300–400.

Es geht hier also darum, daß die Jünger Jesu Fischer sind. Es fängt gerade mit ihnen an. Ihre Vollmacht ist, daß sie imstande sind, Menschen aus ihrer Gefangenschaft, aus ihrer Befangenheit in der Zeit zu befreien, sie zu erlösen.

Verführerische Zeitlichkeit

Und diese Tatsache hat natürlich, wenn man sie ernstnimmt, entscheidende Folgen. Wir sehen dann, daß die Versuchung als ein Predigen zur Macht, zur Machbarkeit im Zeitlichen und Räumlichen, sehr schwer wiegt. Es scheint schön zu sein, verlockend, Worte zu veräußerlichen und damit zu veräußern. So aber zeigt sich, daß man selbst noch im Wasser lebt und kein Fischer sein kann. Es sei denn, man ziehe sich wie Münchhausen selbst am Schopf heraus. Und ich denke auch an die vielen Märchen, Legenden und Mythen über die Wesen im Wasser. Denn die Weiblichkeit im Menschen hat auch die Neigung, das Zeitliche als sein schönes Haus zu betonen. Die Seejungfern, Meerweiber, Nymphen – verführerischen Wesen, welche die »Männer«, das Verborgene, das Innere also, in den Sumpf locken und dann in Hohngelächter ausbrechen, wenn ihre Opfer dort ersticken.

Die Sache ist wirklich ernst. Wohin man auch blickt, überall ist ein dem Zeitlichen, dem Erscheinenden Verfallensein die Regel. Der Fischer ist dann eben »ein Symbol«, denn man kennt die Bibel nur noch als geschichtliches Buch. Neben römischer, ägyptischer, chinesischer Geschichte gibt es auch die biblische Geschichte. Und man will sie beweisen. Archäologie und alle Arten von Bibel-Wissenschaften haben sich schon bis zum Platzen aufgebläht.

So lebt man im Wasser, klammert sich an die Zeit. Kein Wunder, daß man den Raum genauso behandelt. Ich meine zum Beispiel das, was man die Geographie der Bibel nennt. In der Bibel vorkommende Berge, Täler, Seen, Meere, Flüsse, Städte, Länder werden ohne weiteres wie die hier erscheinenden geographischen Phänomene behandelt. So hat man das Rote Meer als Selbstverständlichkeit eingeführt, obwohl die Bibel das »Jam Suf« kennt, das Meer von der Grenze, das Meer vom Ende, dem Worte gemäß. Man denkt natürlich, auf dem Weg von Ägypten nach Kanaan liegt doch ein Meer und das ist eben das Rote Meer. Peinlich nur, daß in »jenen Zeiten« ein ganzes Volk imstande war, durch ein tiefes Meer zu wandern; da hat man sich scharfsinnig einen »kleinen Arm« ausgedacht, wodurch die Hebräer mit etwas Glück ohne allzu naß zu werden, ziehen konnten. Und statt des Stabes von Mose und Gottes Wort kamen dann zufällig ein Sturm und eine Ebbe zu Hilfe.

Man stutzt einen Moment, wenn man liest, die Hebräer seien »damals« eine etwa 600 000 zählende Armee von Männern über zwanzig Jahre gewesen; da kamen ja dann noch die Frauen, Kinder, Dienstleute, Vieh usw. hinzu. Klar, daß man das mit einer Prise Salz (cum grano salis) nehmen möchte. Ich aber sage, es waren zu Beginn exakt 603 550 und am Ende der Wanderung exakt 601 730. Denn ich möchte nur zu gern aus dem Wasser gefischt sein und das Wort dann in seiner Einheit erkennen. Und ich weiß, daß unsere Ewigkeit gerade mit dieser ewigen Erinnerung zusammenhängt.

So kann ich natürlich auch das Neue Testament unter keinem anderen Aspekt erleben. Wenn ich anfinge, auf einer Landkarte das Leben Jesu zu illustrieren oder die

Reisen des Paulus, dann machte ich aus ihnen Götzen. Wie auch sehr viele Juden den Mose und die Ägypter eindeutig historisch sehen; natürlich auch Abraham, David oder Nebukadnezar. Die Gefahr ist gerade, daß die Seejungfern uns auf das Äußere, auf das Historische weisen und locken: ›Komm, folge mir nur, du kommst dann in ein schönes Reich. Du kannst mich dann haben und als König neben mir auf dem Thron sitzen!‹ Mir aber sind Legenden lieber und näher, wie zum Beispiel die, daß das Haupt des Paulus, als er in Rom enthauptet wurde, dreimal aufsprang und drei Brunnen an jenen Orten entsprangen.

Daß Abraham *auch* buchstäblich historisch da war, wie auch Noach, Henoch, Enosch und Adam, ist mir keine Frage, ist mir eine Gewißheit. Und es ist mir eigentlich schrecklich egal, ob seine oder der anderen irdische Existenz wissenschaftlich fundiert belegbar ist oder nicht. Ich kann mich mühelos als Kind von Abraham empfinden, oder von Noach, sogar als Kind von Gott. Was sie alles erlebt haben, erlebe ich auch, erleben wir alle im Leben. Unser Leben ist doch auf das Wort Gottes begründet. Und genauso wenig interessiert es mich, was historisch von Maria, von Jesus, von den Fischern gesagt wird. Wie ich in der Zeit aus meiner Quelle im Innern lebe, dort meine Ewigkeit weiß, so werden natürlich alle Personen und Orte der Bibel in der Zeit erschienen sein.

Ich schätze mein Leben jedes Tages, jeder Stunde, aber ich weiß, daß es nicht nur das und damals war. Denn ich bin doch da, in einem ewigen Jetzt. Und ich weiß, daß jene Tage und jene Stunden unentbehrlich waren und sind. So sind natürlich alle diese Dinge historisch, weiblich, hier auch erschienen. Ich suche aber die Einheit vom Ewigen und dem hier Erscheinenden, von Ewigkeit und Zeitlichkeit, von Bräutigam und Braut. Und der Weg, der mir Gott näherbringt, führt auch immer mehr zur Freude jener Hochzeit.

Fast von selber kommt es mir jetzt, von der Versuchung Jesu zu sprechen. Zuerst sollten wir den Begriff Versuchung aus dem Wort kennenlernen. Wir sprachen vorher doch auch von der Versuchung der Zeit, wodurch man sich so frisch und fröhlich empfindet wie ein Fisch im Wasser.

Das Wort für Versuchung, »nissajon«, 50–60–10–6–50, ist vom Stamm »nes«, 50–60, und das bedeutet »Wunder«, Zeichen. Die Versuchung ist, daß man das Wunder in der Zeit feststellen möchte. Man wird also von der Schwerkraft von Zeit und Raum angezogen. Das Weibliche hat hier die Wirkung einer Dirne. Es geht mit jedem, der ihm Lohn gibt, der es befriedigt, so wie das Männliche dann auch seine Befriedigung hat.

So verhält es sich, wenn man alles unbedingt jetzt schon ins Zeitliche, sogar *nur* ins Zeitliche zerrt. *Hier* möchte man alles festnageln, das Meer als Rotes Meer, den Sinai oder den Garten Gethsemane oder den Galiläischen See oder Bethlehem. Alles andere heißt dann vage Mystik. Von einer Einheit von Herr und Gott will man dann nicht wissen.

Die Versuchung ist immer die der Weiblichkeit, der Zeit-Erscheinung. Man kennt die Frau dann nicht im Sinne der Jungfrau Maria oder anderer Frauen in der Bibel, sondern als Dirne, auch namenlos, als Hure von Babel oder als die legendäre Lilith.

Die Versuchung Jesu wird in Matthäus 4 etwas anders erzählt als in Lukas 4. Das könnte uns gleich verführen, nach allerlei äußeren Erklärungen für die Verschiedenheit zu suchen. Als ich die Geburt Jesu nach Lukas erzählte, war ich mir natürlich bewußt, daß Matthäus das alles anders erzählt. Bei ihm kommen die Hirten nicht vor, aber die Weisen oder Magier aus dem Osten spielen eine entscheidende Rolle. Und Markus und Johannes erzählen die Geburt in dieser Art überhaupt nicht. So weichen die Evangelien hie und da beträchtlich voneinander ab.

Ich denke an unsere vier Finger und den Daumen. Jeder der vier Finger hat seine Länge, seine Funktion. Und dennoch sind sie mit dem Daumen zusammen die Hand. Es hat keinen Sinn, den Grund der Abweichungen zu untersuchen. Wir wissen, daß sie nun einmal verschieden sind. So nehmen wir auch das Leben als von Gott gegeben hin. Und wenn wir eingreifen wollen, bemerken wir, daß wir nur sehr teilweise Einfluß auf das Schicksal ausüben können. Am Ende sind wir hier doch sterblich. Ob in zehn oder in hundert Jahren.

Natürlich kann man der Versuchung erliegen, hier wichtig sein zu wollen, und dann wird man die Unterschiede genau untersuchen. So analysiert und seziert man dann die Bibel, als sei sie ein Objekt, das mit Göttlichkeit nichts zu tun hat.

Der Versuchung geht voraus, daß Jesus vom Geist in die Wüste geführt wird. Was sagt das Wort der Bibel über die Wüste aus? Hebräisch, also jenseitig in *jeder* Sprache, verborgen in allen Sprachen, die Gott hier schenkt – keine ist doch vom Menschen konstruiert –, lautet Wüste »midbar«, 40–4–2–200. Und dieses Wort ist unmißverständlich mit »sprechen«, »daber«, 4–2–200, nah verwandt.

Die Wanderung durch die Wüste, »auch« 40, dort dann Jahre, ist eigentlich ein fortwährendes Gespräch; von Gott mit Mose, mit Israel usw. Der Weg in der Wüste hat einen Sinn. Er führt aus der Knechtschaft in das gelobte Land. Er ist eben die Zeit, die »40«, die Mem, das Wasser. Das Gespräch ist Sinn des Lebens. Der Mensch hat im Leben Fragen. Gott antwortet. Oder Gott teilt etwas mit, und der Mensch reagiert darauf. Die Stimmen, die wir im Zeitlichen immer hören wollen, sind dort in den Stimmungen – wie es im Deutschen sich sprachlich von selbst zeigt – immer im Leben anwesend. Manchmal als Verstimmungen, manchmal als Bestimmungen. »Medaber«, ebenfalls »sprechen«, wird genau wie »midbar«, Wüste, geschrieben.

In der Wüste findet das Gespräch statt. Und dann mischt sich der Satan, so scheint es, unvermeidlich ein. Ein Gespräch, ein Leben, kann auch schiefgehen. Es ist die menschliche Freiheit, der Versuchung zu erliegen. Zum Beispiel, wenn man im Gespräch mit Gott eilig hier etwas erreichen will. Ungeduld des Herzens. Anziehungskraft des Weiblichen, des hier fließend Erscheinenden.

Versuchung Jesu

Jesus ist vierzig Tage und Nächte in der Wüste. Er ißt nicht und trinkt nicht. Wie auch Mose während vierzig Tagen und Nächten am Sinai. Das Fasten bedeutet, daß man nichts von der Welt zu sich nimmt. Und »es hungert ihn«. Der Hunger, der vom leeren Magen herkommt, ist im Wort zugleich auch der Hunger nach dem Wort Gottes. Und diesen Hunger meint die Bibel auch im Alten Testament, wenn von »Hungersnot« die Rede ist.

Auch Jesus, als er »die Zeit«, die »40« erlebt, hungert nach jener Nahrung. Da kommt der Satan und sagt, daß er als »Sohn Gottes« jetzt doch den Steinen gebieten könne, sich in Brot zu verwandeln. Die Versuchung ist also, er könne jetzt etwas im Zeitlichen geschehen lassen. Als Reaktion zitiert Jesus aus 5. Mose 8,3: »Der Mensch lebt nicht vom Brot allein, sondern von einem jeglichen Wort, das aus dem Mund Gottes geht.« Klarer könnte es nicht gesagt werden: ›Mein Hunger ist ein ganz anderer.‹ Er hätte auch sagen können: ›Mein Reich ist nicht hier.‹ Wie könnte er versucht sein, *hier* etwas zu tun, da er doch weiß, daß es vom Vater in der Quelle schon längst und immer getan wird!

Dann nimmt der Satan ihn nach Jerusalem mit, stellt ihn auf das Dach des Hauses Gottes und fordert ihn auf hinunterzuspringen, da er doch der Sohn Gottes sei. Und er zitiert nun seinerseits das Wort Gottes aus Psalm 91,

11–12, wo davon gesprochen wird, daß Gott den Engeln schon befehlen werde, ihn auf den Händen zu tragen.

Wäre es nicht eine Kleinigkeit, hier eine Art Wunder zu zeigen? Die Menschen würden wirklich staunen. Er hätte die Gelegenheit, in der Zeitlichkeit zu zeigen, wer er ist. Aber Jesus antwortet: »Du sollst Gott, deinen Herrn, nicht versuchen.« (5. Mose 6,16).

Denn Gott gibt doch schon hier jedem aus seiner ewigen Quelle, was er braucht. Hier etwas Zeitliches zeigen, irgendein Kunststück? Ich bin doch kein Fakir, kein Yogi, kein Schamane!

Und dann nimmt der Satan ihn mit auf einen hohen Berg und zeigt ihm alle Reiche der Welt und ihre Herrlichkeit und, da er ihn nicht verführen konnte, sagt er jetzt: Wenn du vor mir niederfällst und mich anbetest, kannst du durch mich all dies besitzen.

Nun also soll er die Alternative sehen. Er kann alles vielleicht sogar leicht erhalten, wenn er nur den Herrn der Zeitlichkeit anerkennt. Wie die Schlange im Anfang darauf hinweist, durch sie, auf ihrem Weg, könne man alles erobern und alles besitzen. Wirklich eine Alternative. Des Menschen Freiheit ist unbegrenzt. Die Liebe Gottes geht bis ins Äußerste. Jesus aber antwortet auf diese für viele Menschen sehr schwere Versuchung, der die meisten erliegen: »Den Herrn, deinen Gott sollst du anbeten und ihm allein dienen.« Im 5. Mose 6,13 steht wörtlich: »Den Herrn, deinen Gott ehrfürchte, und ihm diene, und in seinem Namen schwöre.« Jesu Antwort ist also: Es gibt überhaupt keine Diskussion darüber, dein Angebot ist ein Schlag in die Luft, ist eine Seifenblase, genauso schillernd. Ich kenne nur den Herrn, unseren Gott. Wer ihn einmal erfahren hat, ist vollkommen immun gegen all deine Verführungen. Denn was ist Zeitlichkeit schon? Sinn hat sie doch nur in Einheit mit der Ewigkeit. Du hast, das verstehe ich schon, nichts anderes als diese Versuchung mit der

Zeitlichkeit. Wir sprechen jeder eine andere Sprache. Ich habe die Welt der Zeitlichkeit durchschaut, ich bin doch gerade hier, um sie zu erlösen. Deshalb bin ich auch auf die Fischer gestoßen. Sie werden mit mir die Menschen aus der Zeitlichkeit herausziehen und die Ehe mit der Ewigkeit eingehen lassen. Der Bräutigam ist ja schon von vor dem Anfang her bereit.

Dann verschwindet der Satan, und Engel, Boten Gottes, kommen zu ihm. Du mußt nur jeder Versuchung das »Nein« entgegensetzen können, dann schickt Gott gleich seine Boten und erfüllt dich.

Auf die drei Schichten der Versuchung, die hier beschrieben werden, fällt der Mensch, der Adam, naturgemäß herein. Es sind die Versprechen der Schlange, hebräisch »nachasch« (50–8–300), auf die Adam, im Prinzip also jeder Mensch, mit der Frucht vom Baum der Erkenntnis eingeht und fällt. Wir wollen eigentlich immer zuerst wissen, ehe wir etwas glauben. Sei es ein Wissen im Sinne der Wissenschaft, sei es ein Wissen im Sinne der Emotion, ob andere das auch tun, was eigentlich »man« dazu sagt.

Jesus, der jenseits dieser Gesetzmäßigkeit in die Welt kommt, aus der Jungfrau Maria durch den Heiligen Geist, worüber jeder, vom Gift der Schlange beeinflußt, lachen muß, wovon »man« sagt: Das geht doch nicht, das kann doch nicht sein, ist deshalb jetzt im Menschen da, und das ist eben auch schon Erlösung. Wir könnten jetzt, wenn wir das Neue Testament als Worte Gottes erleben, unsere eigene Ausnahmesituation, unsere Ausnahmemöglichkeit erleben, wodurch es innerhalb des Horizontes unserer Möglichkeiten auch dieses eigentlich Unmögliche gibt.

Die Schlange erzählt alles, was der Messias auch verspricht; nur baut die Schlange den Weg mit dem Material der Zeitlichkeit. Sie erzählt als »nachasch«, 50–8–300, also 358, schließlich auch den Christus, hebräisch »maschiach«, 40–300–10–8, also 358. Und der Satan, hebräisch »satan«, 300–9–50, schießt sogar zu weit und stürzt in den Abgrund. Vielleicht versteht man jetzt auch das Wort Antichrist als diese 359 des Satan.

Um der Versuchung zu widerstehen, schon in der Möglichkeit und in der Hoffnung auf Gott – »führe uns nicht in Versuchung, sondern erlöse uns von dem Bösen« –, ist im Menschen auch diese Geschichte der Bibel integriert. Das Kommen von Jesus in die Welt und sein Leben in der Welt erzählen es schon.

Wunderbare Speisungen

So komme ich jetzt zu einem anderen Geschehen, das uns vielleicht einen weiteren Weg zum besseren Verständnis des Neuen Testamentes öffnen könnte. Es eignet sich vielleicht dazu, nicht nur andere, neue Aspekte zu erkunden, sondern zeigt auch, welch unerwartete Zusammenhänge jedes Wort der Bibel mit allen anderen Worten zu einer unvorstellbaren, erstaunlichen Einheit zusammenfügen.

Ich denke jetzt an die wunderbaren Speisungen. Erst der Fünftausend und dann, wie nur in Matthäus und Lukas erzählt, der Viertausend. Die der Fünftausend kommt, in fast gleichlautenden Worten, in allen vier Evangelien vor.

Was bedeuten diese Speisungen, und was können uns die Zahlen dort erzählen? Denn es steht in der Bibel doch kein Wort »nur« zufällig; im Sinne unwichtiger Füllwörter oder nur als Überbrückung gedachter Plaudereien. Im Judentum heißt es, daß die Worte »Höre Israel« im 5. Mose 6,4 und weiter, Worte, die sehr eindrucksvoll und entscheidend von der Einheit Gottes und des Herrn und von der liebenden Hingabe des Menschen an Gott sprechen, fast ausrufen, daß diese Worte genauso wichtig seien wie die Mitteilungen über die Genealogie von Esau und seinen Frauen im 1. Mose 36. Die meisten wohl würden das

Aufzählen der verschiedenen Söhne Esaus von dessen verschiedenen Frauen als völlig bedeutungslos überspringen, wohl kaum je eine Predigt erwarten über »Die Kinder Disons waren: Hemdan, Esban, Jethran und Theran« (1. Mose 36,26). Und doch sind diese Worte für das Gefüge des Weltalls unentbehrlich; wie es ja auch nicht gleichgültig ist, ob es einen Streifen eines minimalen Zehntausendstel eines Millimeters im Herzen, in der Milz, in der Gehirnrinde nun gibt oder nicht. So ist auch jeder Sekundenbruchteil im Leben wichtig. Herz und Hirn dürfen nicht auf einmal aussetzen.

Es ist aber wiederum auch nicht so, daß wir *alles* wissen sollten, es eventuell für den Computer speichern könnten, es geht vielmehr darum – und das lernt man im Laufe des Lebens –, daß wir spüren: Das Weltall hat schon sein unvorstellbar gewaltiges Gefüge, der Körper ist ein großes Wunder, das sich immer neu zeigt, mein Leben hat schon einen Sinn. Oder ich lebe sinnlos in der Welt; und dann geht sie für mich unter.

So entwickelt sich, wächst im Menschen ein Vertrauen in Gott, zumindest in eine Allmacht. Und dieses Vertrauen weiß dann von einem sinnvollen Zusammenhang, wenn auch vieles für uns noch unerklärbar ist und Zufall benannt wird.

Nun, ich denke erst einmal im Zusammenhang mit den Speisungen an die Tausender, die erst »5« und dann »4« sind. Und ich bemerke, daß diese Zahlen merkwürdig oft wiederholt werden. Als ob sich ein Modell, eine Struktur hervordrängte und uns sagen wollte: Paß auf, wir sind entscheidende Momente in deinem Dasein!

Und dann fällt mir auf, daß im Leben Abrahams etwas Merkwürdiges, meist Unverständliches vorkommt, nämlich der Krieg der Könige im 1. Mose 14. Und im 1. Mose 14,9 wird explizit erzählt, daß es »vier Könige gegen fünf« sind. Ihre Namen werden ohne Zählung schon im Anfang genannt. Diese Konfrontation ist so wichtig, daß Abraham am Ende für die geschlagenen »5« eingreift, die Gefangenen befreit, und die »4« schlägt. Nach dieser Schlacht kommt Malchizedek das erste Mal in der Bibel und im Alten Testament auch das einzige Mal vor. Erst im Hebräerbrief erscheint er wieder mehrere Male. Also, die »5« siegt am Ende über die »4« durch das Eingreifen Abrahams.

Man denkt dann auch, wenn man das Hebräische der Bibel auch ein wenig innerlich kennt – das Innere des Wortes und sein eigenes Sehnen nach Innigkeit –, daß der »Dunst«, »ed«, von dem wir schon einige Male sprachen, als 1–4 geschrieben wird, und daß die »1« dort entscheidend wichtig ist. Man sieht das im Wort Adam, 1–4–40, von dem, wenn die »1« weggelassen wird, nur das Wort »dam«, Blut, übrigbleibt. So wie das hebräische Wort für Wahrheit, »emeth«, 1–40–400, zu »tot«, »meth«, 40–400, wird, wenn die »1« wegfällt.

Und ich denke an den einen Strom, der aus dem Garten Eden fließt, sich dann aber in vier Teile teilt; und auch an das Erzählen der Zahlen vom Baum des Lebens und dem Baum der Erkenntnis, die in ihren Zeichen exakt die »1« und die »4« vorstellen.* Ihre Wurzeln sind gemeinsam, also die »5«, die 1–4 stammen aus einer Wurzel. Durch die Schlange und des Menschen Fall werden die beiden getrennt, der Baum des Lebens »vorläufig« unerreichbar und nur der Baum der Erkenntnis, die »4«, bleibt funktionieren. Die »5« Könige sind geschlagen, die »4« Könige haben gesiegt, Gefangene und Beute gemacht. Bis Abraham kommt und die »5«, die Einheit von beiden Bäumen, vom Sein und Werden, wieder herstellt; mit 318 Mann, lesen wir (1. Mose 14,14). Die Kommentare im Judentum sagen,

* Siehe dazu mein Buch »Zahl, Zeichen, Wort. Das symbolische Universum der Bibelsprache«, Thauros Verlag.

diese 318 Mann seien der Knecht von Abraham, der Elieser. Dieser Name, geschrieben als 1–30–10–70–7–200, ist eben genau 318. Übersetzt bedeutet dieser Name nichts anderes als »mein Gott ist Hilfe«, die Hilfe meines Gottes.

Und ich bedenke jetzt weiter, daß Joseph in seiner Deutung von Pharaos Traum von den Kühen und den Ähren am Ende (1. Mose 41,34) sagt, der Pharao solle den Ertrag der fetten Jahre teilen, »4« Teile für Ägypten und »1« Teil, den fünften, der aufbewahrt werden soll für die mageren Jahre.

Wenn die Hebräer aus Ägypten ziehen, heißt es im 2. Mose 13,18, daß sie »chamuschim« gingen. Dieses Wort übersetzt man im allgemeinen sehr dürftig, eigentlich falsch. Die Übersetzer zeigten damit, daß sie vom Geheimnis nichts wußten, es auch nicht wissen konnten, weil ihr Inneres es nicht wissen wollte. Übersetzt wird »chamuschim« zum einen mit »gerüstet«, zum anderen mit »in Reihen zu fünf«. Eigentlich meint dieses Wort, wie es in vielen Erzählungen auch mitgeteilt wird, daß von fünfen nur einer erlöst wurde; also »ein Fünftel« zog aus. Die »4« blieben zurück, wurden geschlagen.

Ich denke hier an den Ausdruck »die Quintessenz«, der das gleiche sagt. Was zurückbleibt, ist wie eine Hand ohne Daumen, ein Mensch ohne Kopf. Das Hieroglyphen-Zeichen der 400 ist, wie schon erwähnt, das liegende, noch nicht aufgerichtete Kreuz. Es ist die letzte Ausdrucksmöglichkeit hier. Während die 500 schon die Distanz zum Himmel durchschritten hat. So könnte man sagen: Die »5«, mit der Auferstehung von Christus, hat dann über die »4«, die Kreuzigung, gesiegt.

Denn gerade nach diesem Sieg kommt Malchizedek, der gerechte König, zu Abraham; jener Malchizedek, von dem keine irdische Herkunft genannt wird und der keine irdischen Kinder hier hat. (Hebr. 7,3).

Schade, daß die »4« die »5« angreifen; daß der Baum

der Erkenntnis, der Baum mit dem exakten Wert der »4«, die Zeitlichkeit, das Äußere, sich immer trennen will von der »1«, dem Inneren, dem Geheimnis, dem Intimen, dem Verborgenen. Denn die »1«, der Baum des Lebens, ist das Sein, das ewige Sein; und die »4« als Zeitlichkeit, als das Äußere, ist das Werden, das Wachstum. Wenn sie eins wären, diese beiden, das Sein und das Werden, wäre doch der Sinn des Lebens erfüllt, herrschte doch die Freude über die große, unmögliche Überraschung.

Denn dies ist die Einheit von Herr und Gott, die Einheit, die im »Höre Israel« im 5. Mose 6 verkündet wird.

Auch hier melden sich die beiden Zahlen. Der Name Gott, hebräisch Elohim, 1–30–5–10–40, ist eine Einheit von »5« Zeichen. Mit diesem Namen fängt die Bibel an. Die ganze Schöpfung ist von Gott, von Elohim gemacht. 1. Mose 1. Wir sahen aber schon, daß Gott auf einmal seinen Namen als Herr einführt. Das Geschaffene konnte nicht wachsen. Es fehlte noch das Wort von oben, der Heilige Geist wurde vom »Bild und Gleichnis Gottes« noch nicht ersehnt.

Die Welt hier, im Wachstum der Zeit, braucht die Liebe, die Barmherzigkeit. Und diese ist Gott im Namen Herr. Dieser Name ist das Tetragramm, die 10–5–6–5, hat also »4« Zeichen im Erscheinen des tiefsten Geheimnisses von Gottes Verborgenheit. Und wenn nun diese beiden eine Einheit bilden, wie im deutschen Wort Herrgott, dann sind die »5« und die »4« vereint. Dann sind das Sein und das Werden im Glauben an Gott eins. Dann ist das Gericht nur gut.

Wir sehen, die Speisung der 5000 und die der 4000 gehören zusammen wie Gott und der Herr. Deshalb kommen sie auch beide vor. Es würde etwas Entscheidendes fehlen, wenn das Neue Testament nicht beide kennen würde. Der Heilige Geist vergißt nicht, was fundamental ist. Und daß es so erzählt wird, ist gerade das Zeichen, daß alles von Gott, vom Heiligen Geist ist. Menschliches Besserwissen bedeutet, wie von Adam erzählt wird, die Axt anlegen, um die gemeinsame Wurzel zu spalten. Dann kommt es zum Krieg der »4«, des Werdens, des Äußeren, gegen die »5«, das Innere, das Ewige. Nur Herrschaft als Machtausübung ist die Waffe der »4«. Bis die »5« sich rührt, aufsteht, geschlagen und gefangen wird. Dann kommt Abraham, der Stammvater der 42 Generationen, der dreimal vierzehn, mit seinem Knecht Elieser, mit »die Hilfe ist mein Gott«. Und schließlich Malchizedek, am Anfang wie am Ende.

Wir wollen jetzt aber auf diese beiden Speisungen zurückkommen. Es ist klar, die Menge der Menschen, die Jesus folgt, hungert, dürstet, ist müde. Und beide Male ist die Frage, wie man im Moment den Leuten helfen kann, damit sie nicht davonlaufen oder verkommen. Man befindet sich an einem öden Platz, die Nacht fällt ein. Die Jünger machen Jesus auf das Problem aufmerksam.

Dann wird festgestellt, was im Moment an Nahrung anwesend ist. Das sind bei den 5000 nur fünf Brote und zwei Fische. Bei den 4000 sind es sieben Brote und etwas Fisch, ohne daß eine Zahl genannt wird. Die Menge wird nun mit diesem »Wenigen« gespeist, indem Jesus sich zuerst zum Himmel wendet, die Speise segnet, das Brot bricht, und es den Jüngern reicht mit der Bitte, es an die Menge weiterzugeben. Als alle gesättigt sind, bleiben bei der Speisung der 5000 von den Überresten zwölf volle Körbe, bei der Speisung der 4000 sieben volle Körbe zurück.

Wozu diese genauen Angaben des Wenigen, von dem ausgegangen wird, und des großen Überflusses, der zurückbleibt? Und diese Zahlen werden in allen Evangelien, die das erzählen, genau wiederholt.

Nun, wir haben schon gesehen, was das Verlangen nach Nahrung bedeutet. Der Mensch lebt eben nicht vom Brot allein, sondern wartet auf die Worte Gottes. Er wartet auf etwas, das ihm den Sinn des Lebens enthüllen könnte, den Sinn des Leids, der Krankheit, des Glückes, der Freude und vor allem des Todes und des großen Nichts.

Die erste Verwirrung ist dann auch , daß man von einer magischen Vermehrung der materiellen Nahrung ausgeht; Jesus, eine Art tauglicher Techniker, ein brauchbarer Ökonom. Alles mutet man ihm zu, vor allem Zauberei, Hokuspokus.

Ich denke unwillkürlich an die Vermehrung des Öls bei der Frau durch Elia in 2. Könige 4,1–7. Oder an die im Talmud erzählte Geschichte vom Wunder mit dem Öl beim Hohepriester Mattitjahu, worauf das jüdische Chanukafest gebaut ist. Denn es ist Jesu Hinwendung zum Vater im Himmel, das Beziehen des Brotes, der materiellen Anwesenheit hier, zum Ewigen, zur Quelle. Der Segen für das Brot, der vom Wunder spricht, daß Gott das Brot aus der Welt hervorkommen läßt, verbindet ebenfalls das hier Erscheinende mit der Quelle der Ewigkeit. Das Brechen des Brotes zeigt, daß man das Geheimnis der Zeit in sich selber kennt: Zeit auch in ihrer Zerteilung als Einheit von Gott. Im Segen wird der Herr mit Gott als Einheit erkannt.

Nun erhalten die Jünger, die »Zwölf«, dieses Brot, diese Nahrung vom Himmel, die »12« des ganzen Menschen, der ganzen Menschheit, des ganzen Weltalls. Und diese reichen das Brot weiter und dann kommt es zu denen, welche die »5« sind. Oder zu denen, welche die »4« sind.

Das Wort tausend lautet im Hebräischen »eleph«, 1–30–80; gleich geschrieben wie der Buchstabe »eins«, die Aleph, 1–30–80. Beide erzählen von der »Eins« auf allen Ebenen, denn beide sind 111; die Eins also in den Einern, den Zehnern und den Hundertern. Das Zeichen Aleph zeigt auch eine Dreiteilung. Die Jod, der Wassertropfen, das Kind oben, und die gleiche Jod, aber ungefähr im Spiegelbild, unten. Und beide verbunden durch den

Haken, die Sechs, das Zeichen des Menschen. Die Jod oben gehört zu den Einern, ist männlich, die Jod unten gehört zur Zukunft, wenn das Weibliche, die Welt, erlöst ist. Und die Waw, der Haken, der verbindende Mensch, ist das Heute, ist die Reihe der Zehner, das ewig fortdauernde Jetzt.

So ist die Tausend der *vollen* Einheit gleich, der Einheit von allen drei, der Vergangenheit und der Zukunft, verbunden durch das Jetzt.

Die 5000 ist also keine willkürliche Zahl. Sie ist die »5« in allen Zeiten, die ewige »5«. Und so sind die 4000 die »4«, wie sie immer anwesend ist, als eine Permanenz in der Welt und im Leben.

Das Wort geht weiter. Jesus gibt es, nachdem er es von der Quelle im Ewigen weiß und so auch erlebt, zuerst seinen Schülern, den »zwölf«. Auch hier denke man nicht nur an die erscheinende Zahl 12, sondern mehr an die »12« der Welt, die »12« von Zeit und Raum. Und diese »12« ist die Vermischung zur Einheit von »3« und »4«, also das 3 × 4. Während die »7« nur die Anwesenheit von »3« und »4« nebeneinander darstellt.

In der »7« ist die »3«, das Männliche, noch neben der »4«, dem Weiblichen. In der »12« sind das Männliche und das Weibliche sozusagen einander verlobt, sind auf dem Weg zur Einheit der »13«. Das hebräische Wort »echad«, »eins«, erzählt in seinen Zeichen dann auch die »13«, nämlich als 1–8–4.

Jetzt können wir vielleicht verstehen, daß bei den 5000 auch zwölf Körbe übrigbleiben. Für die ganze Welt der »12«, für die gesamte Kreatur. Das Männliche und das Weibliche, die »3« und die »4«, sind verlobt, warten auf den Dreizehnten, auf die vollkommene Einheit. Das Wesentliche und das fließende Zeitliche haben sich verlobt. Sie warten auf das definitive Kommen *und* Sein des Messias.

Und die »7« Körbe, die bei den 4000 übrigbleiben, sind dann das Sein von Ewigkeit und Zeitlichkeit nebeneinander. Man wartet auf das »Achte«, und kann nur hoffen, daß die »3« und die »4« ineinander verschmelzen, daß die ganze Welt es in allen Zeiten und an allen Orten erfährt und erlebt. Und daß man dann vom Kommen des Dreizehnten weiß, der alles zur Einheit verbindet.

Dieses »Achte«, das »nach« der »3« und »4« nebeneinander erwartet wird, ist aber auch der Anfang der Phase »des Kindes«. Denn so wie »3« das Männliche und »4« das Weibliche ist, so ist die »5« auch die Zahl des »Kindes« im Menschen. Denn tatsächlich bringt jene »Zahl« des Kindes die »7« von Mann und Frau zur »12« von allem.

Allerdings ist hier eine Phase im Leben der Welt eingeschaltet – auch als das Geheimnis der Pythagoräer bekannt –, die besagt, daß neben $3 + 4 + 5 = 12$ auch $3^2 + 4^2 = 5^2$ gilt, also $9 + 16 = 25$. Das will sagen: Wenn das Männliche sich *ganz* kennt, alles erlebt, was es zu erleben vermag, und dies auch vom Weiblichen gesagt werden kann, dann erst wäre »das Kind« hier durch und durch verstanden.

Das Ewige, das Wesentliche in seiner Fülle, bringt mit der erfüllten Zeitlichkeit, dem Erscheinenden, dann das volle Verständnis vom Kind als Geburt; und zwar nicht im Sinne der biologischen kausalen Kontinuität, sondern als Erfüllung der Ewigkeit, wo der Heilige Geist die Zeit an sich – ohne das kausale Nacheinander –, also als »Jungfrau«, besucht. Ein anderer Aspekt dessen, was ich im ersten Teil besprochen habe.

Nun möchte ich noch versuchen, etwas von den fünf Broten und den zwei Fischen bei den 5000 zu erzählen, und von den sieben Broten und etwas Fisch bei den 4000.

Ich beschreite dazu einen Pfad, der wohl bekannt ist, von den vielen aber, die den breiten Weg vorziehen, ängstlich gemieden wird.

Wir erinnern uns an das hebräische Wort für Brot,

»lechem«, 30–8–40. Das ganze Wort erzählt 78. Und die fünf Brote erzählen dann in ihren Zeichen die Zahl 390. Und dies ist die dem Wort gemäße Zahl des »Himmels«, »schamajim«, 300–40–10–40; im Verborgenen erzählt 390 also vom Himmel. Hier, im Erscheinenden, haben fünf Brote wohl gewiß nichts mit dem Himmel zu tun. Wer die Zeichen kennt als aus dem Nichts kommend – Anfang jedes Zeichens ist doch der »Tropfen« des Jod –, weiß schon, daß er es nie logisch-kausal verstehen kann. Wohl aber kann er vom Resultat zum Ausgangspunkt zurückschauend staunend erkennen, daß die fünf Brote, die zufällig dort da sind, vom Himmel her der Anfang einer jeden Sache hier sind.

Denn Jesus kommt das Wort, als »zufällig« im Zeitlichen empfunden, im Wesen vom Himmel. Wie die Taube als Heiliger Geist.

Und das Erzählen der 390 ist auch »Öl«, Salböl, »schemen«, 300–40–50, wie wir schon gesehen haben. Diese fünf Brote, von denen erzählt wird, sind hier als zufälliger Überrest anwesend. Der Himmel, das Salböl des Messias, hat es hier so, in jener Zahl, erscheinen lassen.

So ist im Zeitlichen auch immer zufällig etwas oder jemand da. Man klage dann nicht, es sei zu wenig, es sei zu dumm. Gerade dieser geringe Überrest genügt zum Anfangen. *Wenn* man nur anfängt; Gott sieht schon zu, daß alles kommt, was man braucht, und noch viel, viel mehr. Dann erhält man eine erstaunliche Fülle. Alles wird gesättigt, erst einmal man selber, aber auch die ganze Welt wird satt, befriedigt. Und es bleibt für andere Zeiten, für andere Welten noch unvorstellbar viel übrig. Im ersten Fall zwölf Körbe, die 3 × 4, im zweiten Fall sieben Körbe, die 3 + 4, in beiden Fällen eine merkwürdige Begegnung des Ewigen mit dem Zeitlichen.

Das Wort Fisch, »dag«, 4–3, kennen wir schon, auch seinen Sinn und seine Bedeutung. Die beiden Fische im

Falle der 5000 sind also die 2 × 7. Diese »14« kennen wir auch schon aus dem Namen David, dem »von Gott Geliebten«. Und zugleich denken wir wieder an die 3 × 14 in den 42 Generationen von Abraham bis Joseph.

Ich habe anderswo schon darauf hingewiesen, daß der Stern, den die drei Weisen aus dem Osten sehen, hebräisch »kochab« ist, 20–20–2. Also »zufällig« genau 42. Die zwei Fische bei den 5000 sind also wie die 14. Und »etwas Fisch« bei den 4000 zeigt den Weg, das Bewegen des Sternes, bis er mit den 3 × 14 als 42 erfüllt über Bethlehem stehenbleibt.

Man könnte hier vielleicht den Wahn-Sinn erkennen, der diesen Stern astronomisch – es muß natürlich ein sich bewegender Komet sein – feststellen will, sogar »wissenschaftlich«. Ebenso könnte man fragen, wo Gott genau zu plazieren sei, wo das Paradies »war«, wie das mit Mose im Kästchen und der Miriam hier zugegangen ist, wo doch in der ägyptischen Geschichte von einem Mose überhaupt nichts bekannt ist; nur »später« weiß man es eben aus der Bibel.

Die sieben Brote bei den 4000 erzählen, auf dem gleichen Weg erlebt, dann 7 × 78, also 546. Und das ist gerade die Zahl, bei der nicht nur die »3« und die »4« in der »7« nebeneinander stehen, sondern auch die Vereinigung vom Namen Gottes als dem Herrn des Seins, der von sich sagt »Ich bin«, mit dem, der von der Welt »Er ist« angesprochen wird, also in der dritten Person.

In der ersten Person, wie er sich selber »Ich bin« nennt, hebräisch »Ehjeh« (2. Mose 3,14), ist das Wort 1–5–10–5, also 21. Und in der dritten Person, wie der Mensch, die Welt ihn kennt, ist das Wort, das Tetragramm, 10–5–6–5, also 26.

Und eben dieser Name vom Sein ist die Einheit des »Ich« und des »Er«, also die 21 mal 26. Und das ist die Zahl 546, von der die sieben Brote erzählen. Der Weg der 4000 erzählt das Sein des Menschen, von Gott in ihm und von ihm in Gott. Es ist die Vermischung des »Ich« mit dem scheinbar außen stehenden »Er«. Entsprechend will es sagen: Suche alles, was im Worte erzählt wird, einen Ausdruck findet, auf deinem Weg im Leben erst einmal in dir. Deine Verborgenheit enthält schon alles vom Wort; im Erscheinenden in der Welt und in deinem Leben erscheint auch alles nach diesem Modell des Wortes. Der Mensch, du, jeder, lebt vom Brot des Himmels, von allem, was aus dem Mund des Herrn hervorgeht.

Wir sehen dann, daß die Jünger es auch schwer haben, dies zu verstehen. Wie sie trotz allem, was bei den Speisungen geschah, immer noch an konkrete Brote denken, wenn Jesus vom Sauerteig spricht (Matthäus 16,7–11). Sie trennen noch das Zeitliche, das Erscheinende, vom Ewigen, Verborgenen. Die »4« bringt immer die Gefahr dieser Trennung mit sich.

Jesus spricht dort vom Sauerteig der Pharisäer und Sadduzäer, vor dem man sich hüten soll. Das gesäuerte Brot bläht sich auf, wächst ins Riesenhafte. Der Sauerteig gibt dem Erscheinenden, dem Zeitlichen einen derartigen Nachdruck, daß man dadurch die Einheit mit dem Ewigen, mit dem Verborgenen leicht und schnell vergißt. Das ungesäuerte Brot dagegen ist das Brot des Auszuges aus jener Knechtschaft. Auch dort soll jeder Sauerteig entfernt werden, sonst käme nicht die Erlösung aus der Knechtschaft im Zeitlichen.

Verstehe also die Bedeutung des Wortes, benachdrucke nicht das aufgeblähte Erscheinende, das Äußere. Du wirst sonst niemals das Wort in seiner Ewigkeit verstehen, es wird dir sonst nie klar werden, daß *Gott* das Wort ist. Du wirst dich immer wieder in der Vielheit im Erscheinenden verstricken und kannst dann nicht einmal ahnen, welche Wunder dir seit jeher nah sind. Immer schon wäre die Erlösung bald, geschähe gleich. Du weißt aber nicht, daß es so ist. Du bist blind, siehst deshalb nur das Äußere; du hast das Innere, dein echtes Heim veräußert, verkauft. Du hast es verraten, und konntest nicht einmal wissen, was du getan hast. Denn das aufgeblähte, wichtigtuerische Äußere hat dich stark beeindruckt.

Begegnungen mit Kranken

Beim Nicht-einsehen-können kommt man leicht auf das Blindsein als Krankheit. Denn mit gesunden und scharfen Augen kann man dennoch an nicht vorhandener Einsicht leiden. Der braucht das gar nicht zu erkennen, er könnte sogar denken, er sei voller Einsicht. Jetzt will ich deshalb einen anderen, sehr wichtigen Aspekt aus dem Leben Jesu in der Welt besprechen: sein Verhältnis zu Kranken und Krankheiten. Gerade die Kranken scheinen ihm ja in Massen nachzulaufen.

Man hat dann gern Vorstellungen von Ländern, in denen unvorstellbar primitive hygienische Zustände herrschen, überdies noch regelmäßige verheerende Hungersnöte.

Aber dann hat man Jesus aus seinem Leben verbannt, in irgendein primitives, unzivilisiertes Altertum. Dann ist man ihn auf anständige, wissenschaftlich fundierte Weise los.

Was nun sind diese Krankheiten im Wort? Was ist ihr Kern, ihre Verborgenheit? Ich meine dabei nicht, daß man die Kranken irgendwie psycho-somatisch betrachten sollte. Der psychische Teil ist genauso äußerlich, wissenschaftlich wahrnehmbar wie der somatische Teil. Es geht hier um den für uns verborgenen Kern, es geht um die Einheit des Wortes. Wir sollten uns lieber fragen, was die Bibel, Worte des Heiligen Geistes, eigentlich mit diesen immer wieder anwesenden Kranken meint. Aus welchem Grund suchen Menschen also Jesus? Tun sie es nicht-bewußt, also nicht-gezielt? Dann wissen sie gar nicht, daß sie Jesus suchen. Sie suchen dann nämlich in ihrem Leben einfach Jeschua, Hilfe, wo alles Menschliche, Natürliche, Gesetzmäßige keine Antwort geben kann. Hilfe ist, wie schon gesagt, nur vollkommen da, wo alles Naturgesetzmäßige aufhört, helfen zu können. Und diese Momente hat jeder Mensch, manchmal sogar täglich.

Die Kranken erwarten unbewußt: Wie du, entgegen aller berechenbaren Gesetzmäßigkeit in die Welt gekommen bist, so kann nur deine Welt, kannst du mir jetzt helfen. Nicht nur bei einer unheilbaren physischen Krankheit, sondern in allen Situationen, wo meine Stimmung oder Verstimmung mir sagt, es geht nicht weiter, es hat alles keinen Sinn, ich habe keine Lust, die Leute sollen meinetwegen alle in die Luft gehen, die Welt interessiert mich nicht mehr, alles ist Quatsch. Damit meint und weiß man in seinem Wesen, daß nur die Hilfe, die Jeschua von Gott jetzt noch helfen kann.

Und damit läuft man dann dem Jesus nach, gehört man zu den Scharen, die stets um ihn herum sind. Denn diese Situation kommt täglich vor. Nur die, welche immer nur von logisch-kausalen Wegen wissen, alles auf diese Art erzwingen wollen, gehen wie die Besessenen in die Schweine und in den See.

Was sagt das Wort blind im Hebräischen, im Verborgenen, im Jenseitigen? Es heißt dort »iwer«, und dieses Wort hat die gleichen Zeichen, in der gleichen Reihenfolge, wie das Wort Haut oder Fell, das »or« ausgesprochen wird. Es sind in beiden Fällen die Zeichen 70–6–200. Und dieses Wort kommt in der Bibel zum ersten Mal vor, nachdem der Mensch durch die Schlange die Frucht vom Baum der Erkenntnis zu sich nimmt. Er entdeckt dann nämlich seine Blöße. Er schämt sich. Sein Äußeres ist ab jetzt nicht mehr dem Inneren gleich. Er zeigt jetzt seine Gespaltenheit, den Bruch in seiner Einheit.

Und diesen Bruch in sich selbst will er bedecken. Man soll nicht mehr sehen, daß er die Gottesähnlichkeit draußen verloren hat. Dann bedeckt er die Scham mit dem Feigenblatt. Die Feige ist die Frucht des vierten Tages, die Frucht der Vielheit. Das zeigt sich auch in der Vielheit der Kerne in dieser Frucht, die dennoch süß schmeckt. Es heißt in der Überlieferung dann auch, jener Baum der Erkenntnis sei der Feigenbaum. Bei ihm steht der Mensch, und er nimmt ein Blatt dieses Baumes, um seine Blöße zu verbergen.

Vor jener Tat, heißt es, sei der Mensch vom Licht umhüllt. Licht ist hebräisch ebenfalls »or«, nur wird es anders geschrieben, nämlich 1–6–200. Und als Gott dann vom Menschen auf seine Blöße aufmerksam gemacht wird, gibt er ihm, diese Blöße zu bedecken, ein Hemd, eine Hülle von Haut, von Fell, ebenfalls von »or«, aber nun von »or« als 70–6–200. Die »1« vom Licht hat sich geändert in die »70« vom Fell. Die Vielheit, das Omega, ist an die Stelle der Einheit, dem Alpha, getreten.

Die Vielheit der Feigenkerne hat die Einheit des Wesens weggenommen. Die Vielheit der Zeitlichkeit und des Sich-im-Raum-Befindenden ist an die Stelle der Einheit des Seins getreten.

So ist also das Blindsein gleich diesem Fell, dieser Haut; beide 70–6–200, anders gesprochen, aber gleich geschrieben. Wie die Haut das Innere, das Verborgene, das Wesen des Menschen verhüllt, so hat »blind« auch zwei Bedeutungen: das physische Blindsein und das innere Blindsein. Deshalb wird das Wort dann nicht als »or« gesprochen, sondern als »iwer«. Und wir sind nun sowohl mit den äußeren, den zeitlichen Blinden konfrontiert als auch mit den Blinden im Inneren, im Wesentlichen.

Der Blinde ist im Wesen also der, welcher nur die Oberfläche, die Haut wahrnehmen kann. Alles andere existiert einfach nicht für ihn. Er weiß davon noch weniger, als ein Farbenblinder von Farben weiß. Es ist eine wesentliche Angelegenheit und nicht auf kausale Art heilbar. Keine *Absicht* hilft – wie Jesus ohne eine Absicht von Joseph und Maria hier erschien.

Entsprechend verhält es sich auch mit den anderen Krankheiten. Wir wollen deshalb einmal das Wort taub betrachten. Im Hebräischen ist es »cheresch«, 8–200–300, und bedeutet nicht nur physisches Taubsein, sondern auch ein Stillmachen, ein Verschweigen, etwas nicht herausgeben, sogar Böses sinnen, verheimlichen. Es ist also etwas, das einem dann ohne Zutun kommt. Wie der, der nur das Äußere sieht, gar nicht anders *kann*, selbst wenn er anders möchte. Der Taube hat ein Verheimlichen in sich. Es kann nicht zu ihm durchdringen, es verheimlicht sich vor ihm.

Im Deutschen kennen wir den Begriff betäuben. Auch das überkommt einen. Nur sehr selten will man sich auf Dauer betäuben; schon für eine befristete Zeit, eine Operation. Im Betäuben ist auch ein Sich-taub-machen, ein Sich-verschließen, sich etwas verheimlichen. Man möchte nichts davon wissen, nichts darüber hören. Man steckt seine Finger in die Ohren, um nicht hören zu müssen.

So sehen wir, daß vielerlei Menschen taub sind für allerlei Auffassungen; diese finden bei ihnen keinen Zutritt. Man kann lange reden, der andere hört auch zu, aber man bemerkt, daß er nicht einmal weiß, wovon man redet. Es geht bei ihm einfach nicht hinein. Er hat das Gehörte bei sich zum Schweigen gebracht, still gemacht. Viele Leute wollen im Prinzip nichts von der Bibel wissen, nicht von Gott hören. Sie können, wie manche oben gemeinte Blinde, die innerlich nicht sehen wollen, sich ebenfalls innerlich verschließen. Sie wollen nur hören, was ihnen logisch-kausal paßt.

Und dann denke ich an die Stummen. Im Hebräischen ist ein Stummer ein »Ilem«, 1–30–40. Er kann bewußt schweigen, nicht reden, wie zum Beispiel ein Trappistenmönch. Es kann auch sein, daß er physisch nicht sprechen kann; aber auch, daß er keine Worte findet. Zacharias, den Vater des Johannes, ließ der Engel verstummen. Man kann nicht mitteilen, was einen bewegt, nicht einmal, daß man nichts ausdrücken kann.

»Olam«, Welt, Ewigkeit, schreibt sich 70–30–40; wo beim Stummen die »1«, die Aleph, steht, begegnet »olam« mit der Ajin, der »70«, der griechischen Omega. Der Stumme kann von der Vielheit des Lebens, der Variation, der Nuancierung der Sprache nichts oder nur in unartikulierten Lauten etwas kundgeben.

Als Mensch kann man vielleicht über ein gewisses Ereignis verstummen, sonst aber normal reden. Der Stumme kann nichts von alledem äußern, was ihn vielleicht bewegt. Aber der im Wesen Stumme hat zum Leben in der Welt überhaupt keine Beziehungen. Auch wenn er sonst viel redet: über das Essen, über das Wetter, über Sex, über Geschäfte, über Politik. Bei ihm ist alles andere nichtexistent, ist alles verstummt. Die Welt, das Hiersein, ist ihm sinnlos, darüber gibt es bei ihm keine Vorstellung, keinen Tagtraum, es ist alles wie tot.

Das sind die Stummen im Wesen. Sie sind oft auch die im Wesen Tauben.

Wir kommen nun zu den Gelähmten, den Lahmen. Was sich physisch als Gehbehinderung darstellt, ist im Wesen ein Aufhören des Weges. Der Weg geht nicht weiter, man stockt, ist unschlüssig geworden, *kann* nicht weitergehen.

Das Wort im Hebräischen gibt tiefere Einsicht in das Wesen des Lahmen. »Piseach«, 80–60–8, gleich geschrieben wie »pesach«, Passah, das auch ein Überspringen meint, eine Ausnahme von der Regel, ein Überspringen der Regel. Kausal sollte die Reihe weitergehen, wie der Weg weitergehen sollte. Aber auf einmal geht es nicht weiter. Im Passah ist der Weg in den Tod, der doch der natürliche Weg wäre, gestoppt. Der Tod wird übersprungen, und der Weg geht nach diesem Ereignis auf neue Weise weiter. Zum Beispiel in der Auferstehung oder in der Hölle. Jedenfalls nicht linear, nicht kausal aus dem Leben bisher und jetzt weiter.

Der Lahme bemerkt also *in* sich, in seinem Wesen, es geht nicht weiter wie bisher. Ich denke an den, der an sein Bett gefesselt daliegt. Ein deutliches Bild in der Welt der Erscheinungen. Im Wesen kann das aber auch bedeuten, daß jener Mensch an seine Eigenschaften gebunden ist. Im Hebräischen ist Bett, »mitta«, dem Laute nach dem Wort »midda«, Maßstab, Eigenschaft, sehr nah. Man denke nur an das Procrustes-Bett. Die Eigenschaften des Gastes sollten denen des Landes, wohin er kommt, passen. Und dann fängt das Zerren, das Schneiden, das Dehnen an. Bis der Gast tot ist, wenn er paßt. Hier sagt Jesus nur unter anderem: »Nimm das Bett und trage es«. Also *du* bist es, der die Eigenschaften trägt, und nicht sie dich.

Das ist dann eine Wende auf dem Weg dieses Menschen. Er konnte nicht weitergehen, weil er zum Beispiel seine Sünden, seine Verfehlungen als Hindernis sah, sie ihn lähmten. Das Aufheben seiner Sünden war das Signal zum neuen Leben. *Er* ist jetzt derjenige, der im Wesen seine Eigenschaften als von ihm selber abhängig erfährt. Das ist seine Begegnung mit Jesus, mit dem Empfinden, die Hilfe kann nicht auf dem Weg der erwarteten, der berechenbaren Kausalität, normal, weitergehen. Wie Jesus, wie die Jeschua, die Hilfe vom Heiligen Geist in die Jungfrau Maria kommt, so geschieht ihm jetzt ein einmaliges, einzigartiges Wunder. Er sieht sich einem Geschehen gegenübergestellt, das ihm vollkommen neu ist.

»Normal« kann der Gelähmte nur kausal, d. h. wissenschaftlich, geheilt werden. Danach geht er so oder so doch dem Tod entgegen. Die Heilungen von Jesus sind aber Genesungen im Wesentlichen, in der Quelle, im Ewigen, also auf einer ganz anderen Ebene. Dann ist dem Menschen erst richtig ein Weg, sein Weg frei gemacht worden.

Denn es ist doch die Qual vieler, daß ihr Leben keinen Sinn kennt, jeder Tag durch das Gefühl der ewigen Wiederkehr, der ewigen Wiederholung verödet. Bis er Anzeichen eines Altersschwachsinns spürt und nur noch weiter vegetiert. Diese Menschen sind im Wesen alle lahm.

Alle, die in ihrer Quelle blind, taub oder stumm sind, sehen nur das Äußere, ahnen nichts von einem Inneren. Manche haben vielleicht aus ihrer Verborgenheit einmal sehen können, sind aber erblindet. Andere haben nie geahnt, was man im Leben alles vernehmen könnte, sind taub. Und die innerlich Verschlossenen können nichts von dem, was zu hören ist, in ihrem Wesen vernehmen, können dann auch nicht das Wunder der Sprache als Einheit erfassen, das Wunder des Wortes in seiner unendlichen Vielfalt. Das sind die Stummen, oft sogar die Taubstummen im vollen Sinne des Wortes.

Durch die Spaltung des Lebens, durch die Herrschaft der vier Könige über die fünf, kann man äußerlich blind, taub, stumm, gelähmt sein, ohne daß man es innerlich ist; oder umgekehrt. Und wenn es an beiden Seiten ist, selbst dann kann man sich dessen nicht bewußt sein. Denn das innere, das verborgene Kranksein ist eine Situation des totalen Lebens. Man kann es hier auf keine Art feststellen.

Und gerade dann könnte der Mensch, eben nicht-bewußt, Jesus begegnen. Ein unvorstellbar schönes Glücksgefühl, eine Stimmung der inneren, der totalen Freude könnte ihn überkommen. Diese Stimmung drückt dann aus, daß ihn die Begegnung tief und für ewig ergriffen hat.

Aussatz und Aussätzige

Wir hören auch von den vielen Aussätzigen. Es hat natürlich keinen Sinn, die Arten des Aussatzes in Übersetzungen näher zu spezifizieren. Der Name im Hebräischen für Aussatz im allgemeinen ist »zora-ath«, 90–200–70–400. Der Stamm »zora«, 90–200–70, sagt: »das Böse sprießt hervor«. Denn »zar«, 90–200, ist, wie wir schon gesehen haben, »Leid«, »Druck«, »Starre«, und »ra«, 200–70, ist »böse«.

Im Jenseitigen will das Wort also sagen: Böses kommt als Leid hervor. Und der Teil »ra« des Wortes ist ein Hinweis, daß das Böse dabei ins Äußere durchbricht. Im Prinzip ist eigentlich jede Krankheit »zora-ath«. Durch sie zeigt das Böse sich im Äußeren, erscheint es. Die Krankheit mag im Äußeren jeden Namen tragen, sie ist immer »zora-ath«.

»Zora-ath« ist ansteckend. Das erscheinende Böse zieht, wie die Anziehung der Erde, gesetzmäßig alles an, gibt allem eine Schwere, macht alles schwierig. So sieht man oft als – sehr einseitige – Übersetzung für dieses Wort Lepra. »Ansteckend« meint, daß so die Wirkung jeder Krankheit ist, schon indem man von ihr spricht, sich über Krankheiten unterhält, daß sie also suggestiv wirkt. Gesundheit aber ist nicht nur eine Abwesenheit von Krankheit, sondern dem hebräischen »briuth«, 2–200–10–6–400, gemäß ein »Brunnen«, woraus Leben und Lebenssinn geschöpft werden kann. Schöpfung meint dann auch ein Schöpfen aus dieser Quelle des Seins. Während ein Kranker, ein »choleh«, 8–6–30–5, eigentlich sagt: »Das ist allgemein, ist keine Kunst, das kann jeder.«

Das Kranke äußert sich im Zeitlichen, während das Gesunde im Wesen ist, in der Quelle. Das hebräische Wort für Schöpfen, »bara«, 2–200–1, hat die gleichen Zeichen wie das Wort Brunnen, »be-er«, 2–1–200.

Kein Wunder also, daß es so viele Aussätzige gibt, die in ihrer Verzweiflung von innen spüren, daß ihnen nur aus der Quelle des Seins Hilfe kommen kann, also Jesus in ihrem Wesen suchen. Sie spüren, daß das »normale«

Heilen nur ein Verschieben der einen Krankheit zugunsten einer nächsten bedeutet, daß man in einer Kette von Kausalitäten gefangen ist, woraus nur *das* helfen kann, was eine richtige Hilfe, eine echte Jeschua ist –: jemand, der die Kausalität durchbrechen kann, jemand, der etwas vollkommen Neues in die Welt brachte. In eine Welt, die eben nicht eine bekannte Ursache hat, sondern eine Welt, die in dieser Hinsicht jungfräulich ist.

Im 3. Mose, 12–15 ist die Rede von allen Arten »zora-ath«. Dort spielt der Priester eine große Rolle bei den von Aussatz, »mezora«, 40–90–200–70, Befallenen. Durch sein Betrachten dieser Krankheiten werden die Möglichkeiten der Heilung und die Feststellung von ansteckend oder nichtansteckend bestimmt.

Der Priester tut mit dem Kranken selber gar nichts. Er bringt »nur« für ihn ein »korban«, nämlich die Existenz des Kranken zu Gott. Priester, »kohen«, bedeutet im Wort auch »wie sie«. Er ist im Verborgenen des Menschen »wie sie«, wie die Engel, wie die himmlischen Heerscharen. Sein Agieren im Menschen bedeutet, daß des Menschen Inneres lebt. Also vom Inneren her, vom Priester her, wird seine »zora-ath« beurteilt. Vom Inneren her nähert er sich mit seinem Opfer, mit seinem Weg Gott.

Es gibt also einen Weg im Alten Testament, auf dem festgestellt werden kann, daß Krankheiten durch ein Geschehen im Verborgenen, im Wesen, heilbar sind. Die Begegnung mit Jesus im Neuen Testament zeigt sein selbstverständliches Priestertum, und noch entscheidend viel mehr. Denn Jesus konstatiert nicht etwa die Entwicklung der Krankheiten. Eine Begegnung mit ihm, ein Wort von ihm, ändert alles in einem Augenblick. Also keine Beurteilung der Krankheit, sondern ein Geschehen, jungfräulich, jenseits aller Kausalität, jenseits jeder Erfahrung.

Ist Kranksein dann vielleicht verwandt mit den Besessenheiten, denen wir doch auch begegnen als etwas, das ausgetrieben, geheilt werden muß? Die Besessenen fordern Jesus auf, sie zu befreien, wie auch die Kranken ihn um Heilung bitten.

Wieder ist es eine zentrale Angelegenheit im Menschen. Auch hier werden wir unterscheiden müssen zwischen dem, was an der Oberfläche erscheint, und dem, was das Wort auch von der anderen Seite, also im Prinzip des Hebräers, des Jenseitigen aussagt.

Besessenheit und Dämonen

Am besten kann man die Besessenheit als ein Besessenwerden verstehen, als ein Machtergreifen durch Wesen, die sich im Menschen festzusetzen suchen.

Im Äußeren kann man sich die verschiedenen Erscheinungen der Besessenheit schon vorstellen. Psychiater und Ärzte können davon einiges erzählen. Es geht uns aber um das Wort im Inneren, die Quelle des sich zeigenden Phänomens in der Sprache. Dämonen besetzen den Menschen. Im Hebräischen gibt es ein Wort für Dämon, das uns gleich entscheidend weiterführt. Es ist das Wort »sched«, 300–4; Mehrzahl »schedim«.

Die Geschichte ihres Entstehens kann uns vieles klären. Man muß diese Geschichte in der jüdischen Überlieferung akzeptieren, wie man im Christlichen auch Geschichten akzeptiert, die in der Bibel nicht vorkommen. Ich weise auf Anna und Joachim hin sowie auf verschiedene Bräuche, die sich von derartigen Geschichten herleiten. Viele sind sogar in unser Denken eingedrungen oder unserer Lebenspraxis einverleibt worden.

Als Gott den Menschen als seine letzte Schöpfungstat am sechsten Tag machte, damit den Sinn und den Höhepunkt der Schöpfung erreichte, regte sich, wie erzählt wird, doch noch etwas. Adam war ein derartig erstaunliches Wesen in der Schöpfung, daß der Gedanke entstehen konnte: Das Naturgesetzliche hat jetzt einen Punkt erreicht, wo dieses Geschöpf selber die Macht übernehmen kann. Gott hat etwas gemacht, das ihm tatsächlich ebenbürtig ist. Es könnte sich also ohne weiteres von Gott befreien, es kann selber die Welt regieren, sogar Gott ausschalten, wie auch Gott zuvor ohne den Menschen alles machte und regierte.

Wir brauchen nicht lange zu suchen, um auch in der Bibel solche Aufstände gegen Gott zu finden. Der Turmbau zu Babel ist zum Beispiel ein derartiges Geschehen. Und wenn man etwas tiefer schaut, kann man in Nimrod, dem Anführer der vier Könige, den Empörer erkennen. Der Name Nimrod enthält schon den Begriff des Aufstandes. Und auch der Pharao möchte sich mit Gott messen, ohne ihn überhaupt näher kennenlernen zu wollen. Zu denken ist auch an Nebukadnezar, wie er bei Daniel vorkommt. Gar nicht zu reden von den gefallenen Engeln und Luzifer. Geschichten, die man in den Worten der Bibel zuerst vergeblich sucht.

Als also der Mensch, Krone der Schöpfung, da ist und Gott nun erwartet, daß durch ihn eine neue Dimension in die Welt kommt, die Dimension der Gnade, der Liebe, die alles aus der Gefangenschaft der unendlich scheinenden Naturgesetzlichkeit erlösen werde, regt sich der Geist eben dieser Gesetzlichkeit und sagt: Nein, nichts Neues, das stört nur unsere Ruhe, unsere Macht! Es ist der Geist, der sich gegen Gottes Willen regt, am äußersten Punkt erreichter Allmacht der Liebe Raum zu schaffen, die dem allen erst einen Sinn gibt. Die Gesetzmäßigkeit beansprucht die Macht, ohne Ende, unendlich.

Und da möchten diese Geister einen zu äußerster Perfektion gesteigerten Menschen zustandebringen, einen Über-Menschen. Und sie fangen an, diesen Geist zu materialisieren, zu verdichten, bis an die Grenze zur Körperwerdung.

Da greift Gott mit seiner Allmacht ein. Sein Name als Allmächtiger lautet im Hebräischen »Schaddai«. Man kennt ihn auch als eine Zusammenfügung der Worte »scheomar dai«, »der sagte: Genug!«. Gott setzt in seiner Allmacht jetzt eine Grenze; keiner kann diese Grenze überschreiten.

Weil dieses Super-Wesen im Kommen ist, greift Gott in seiner Allmacht ein. Um der Liebe willen, damit Gnade sein kann.

Das ist der Grund, warum man im Brauch im Judentum am Freitag eilt, den Abend zu erreichen. Man weiß, am Freitagnachmittag wollen nach Naturgesetz diese Geister kommen, um *ihren* neuen Menschen, den Super-Menschen zustandezubringen.

Wir begreifen nun, daß deshalb auch die Kreuzigung am Freitagnachmittag stattfindet. Dieser neue, dieser Supermensch, will doch gerade die Dimension der Liebe verhindern; deshalb muß Jesus umgebracht werden. Die Gemeinschaft, die das Gesetz verkörpert, die Römer, soll es vollbringen.

Zeigt sich hier nicht auch der Antichrist aus der Offenbarung des Johannes, den Gott nicht zuläßt? Der im letzten Moment noch vernichtet wird? Und das Tier, das Super-Wesen des Gesetzlichen, das gehindert wird, weiter zu wüten? Ich denke auch an die berüchtigte Zahl 666 aus jener Offenbarung, die eine Vollkommenheit des Begriffes »6« ausdrückt. In allen drei Zeiten, in Vergangenheit, Gegenwart und Zukunft ist die »6« anwesend. Und die Erfüllung des sechsten Tages, wo sich alles aus diesem Tag mit allem verbindet, die Zahl 36 also, kommt in ihrem vollen Wert, d. h. das Wachstum zur 36 ganz genommen, addiert von der 1 bis und mit der 36, gerade bis zur Grenze der 666.

Gott, so wird erzählt, hat diesen sechsten Tag, den Freitag also, nicht ganz zu Ende gehen lassen, ihn für den

Menschen, der doch an jenem Freitagnachmittag aus dem Garten Eden vertrieben wurde, »verkürzt«. Wenn der Sabbath anfängt, ist der Mensch schon außerhalb des Paradieses. Weil er die Frucht vom Baum der Erkenntnis in sich aufgenommen hat, *kann* er nicht mehr im Garten Eden leben.

Der Brauch ist dann so, daß man dem Freitag keine vollen 24 Stunden gibt, sondern ein Stück des Freitags wird nun dem Sabbath zugefügt. Damit dieser Super-Mensch keinen Zeitraum hat, hier zu erscheinen. Gott hat den Menschen rechtzeitig aus dem Paradies vertrieben, um ihn in der Zeitlichkeit des siebten Tages zu verstecken.

So ist es Brauch im Judentum, am Freitagnachmittag nichts mehr zu unternehmen. Denn jedes Unternehmen stünde dann unter dem Einfluß jener Super-Intelligenz. Man bereitet eigentlich nur noch den Sabbath vor.

Und um diesen Geistern zu zeigen, daß ihr Reich der Gesetzmäßigkeit zu Ende ist, bestätigt Gott, daß alles in der Schöpfung jetzt vollkommen ist, erfüllt, und segnet diesen siebten Tag. *Nichts* soll mehr geschehen! Kein Super-Mensch kann mehr eindringen. Gott zeigt, daß nun die Welt der Liebe eingetreten ist. Schon am Freitagabend, wo, biblisch, der sechste Tag zu Ende ist und der siebte angefangen hat.

Nach Gesetz sollte die Frau, die das Gespräch mit der Schlange hatte und von ihr die Frucht vom Baum der Erkenntnis annahm, bestraft werden. Wie die ganze weibliche Welt, die Welt der Hülle, die Welt des Zeitlichen, die Welt der Erscheinungen. Aber es kommt mit diesem siebten Tag eine neue Welt. Die Erscheinung, das Äußere wird nicht bestraft. Im Gegenteil, die Gnade, die Vergebung herrscht.

Denn es wird erzählt, daß am Anfang des Sabbath die Sonne nicht untergeht, es bleibt alles hell und klar. Und als Zeichen der Gnade für die Frau, die Weiblichkeit bleibt das Licht in der Welt.

So entstand der Brauch im Judentum, daß die Frau am Freitagabend die Braut ist, die Königin. Sie deckt und ordnet den Tisch, sie zündet die Kerzen an, sie wird geehrt. Am anderen Tag, am Samstag, kommt der Bräutigam, weil am Ende des Sabbath der Prophet Elia, der Verkünder des Sohnes Davids, des Messias, kommt, um den jenseits unserer Zeit liegenden achten Tag zu bringen.

All dies habe ich hier erzählen müssen, um die Dämonie zu erklären. Der allmächtige Gott griff also am Freitagnachmittag ein, um die Liebe, die Gnade zu retten, um jenes Biest, den Antichrist, diese Superintelligenz, zu verhindern. »Schaddai«, Gott in seinem Namen des Allmächtigen, 300–4–10, greift ein. Dadurch geht die Allmacht der Gesetzmäßigkeit zu Ende, werden ihr Grenzen gesetzt. Gott sagt tatsächlich »dai«, »genug jetzt«!

Und diese Begrenzung der Allmacht der Dämonie, des Antichrist, des großen apokalyptischen Tieres, zeigt sich im hebräischen Wort für Dämon. Dämonen waren und sind in der Zeit immer im Vormarsch, sie wollen die Allmacht erobern. Die Naturgesetzmäßigkeit will *alles* erklären, alles beherrschen. Es gibt keine Macht als die Macht der Gesetze; es ist die Macht dieser Intelligenz, dieses Ansammeln von Wissen. Dämonen sind also auf dem Weg zur Allmacht. Sie sind auf dem Wege zum »Schaddai«, 300–4–10. Da greift Gott ein. Wie auch in jedermanns Schicksal, wenn einer diese Grenze zu überschreiten droht. Deshalb auch die Begrenzung der Lebensjahre in der Welt der Erscheinungen.

Gott läßt das letzte Zeichen seiner Allmacht, die kleine, winzige Jod, nicht zustandekommen. Das Zeichen des geborenen Kindes, die »10«, das Handeln, wie es ein Kind tun würde, läßt Gott bei diesem Wesen nicht zu. Und so bleiben sie bei 300–4, dem Wort »sched«. Mit dem Kind, mit der Jod, wären sie »Schaddai«, allmächtig geworden.

Es heißt nun, daß diese Geister sich an den Menschen

heften, von ihm Besitz ergreifen wollen, wenn sie einsehen, daß es hier keinen Raum für sie gibt. Denn sie wollen doch Super-Menschen werden, sie wollen der Antichrist sein. Der braucht keine Liebe; der will allein mit dem Gesetz herrschen. Und so besetzt er den Menschen. So versucht er ihn, so versucht er auch Jesus. Da sieht er aber bald, daß das Gesetz nicht verfängt, weil das Wort Gottes regiert.

Aber beim Menschen versucht er immer, eigentlich gesetzmäßig, die Macht zu ergreifen. Und wenn das gelingt, heißt dieser Mensch dann besessen. Die »schedim« erhoffen trotz aller Niederlagen immer den Sieg.

Besessenheit heißt deshalb im Hebräischen ein »Besitzergreifen der schedim«, der Besessene ein »achuz sched«, einer, von dem ein »sched« Besitz ergriffen hat, oder »achuz dibbuk«. »Dibbuk«, 4–2–100, von »hidawek«, 5–4–2–100, anheften. Ein »sched« hat sich einem Menschen angeheftet.

Vielleicht verstehen wir jetzt etwas besser, was Besessenheit ist. Das Wort im Jenseitigen sagt uns auch, daß der Besessenheit eine Grenze gesetzt ist, durch Gott als »Schaddai«. So bleibt für den Übermut der Gesetzmäßigkeit nur der »sched« übrig. Und der kennt und spürt die Verwandtschaft mit den Menschen, die ihr Leben ganz auf ihre oder auf die menschliche Intelligenz bauen.

Die Intelligenz an sich ist nicht böse. Nur wenn sie zu weit geht, wird sie zurückgepfiffen. Und das ist eine Charaktersache, eine Angelegenheit des totalen Seins, also die Verborgenheit des Menschen berücksichtigend. Hat der Mensch nur die kühle, kalte Mathematik im Sinn? Oder geht ihn auch das Schicksal der Kreatur an? Und ist er bereit, um der Liebe willen anderen Freude zu machen, anderen ihr Glück zu gönnen und sich an der Freude der anderen selber auch zu freuen?

Man kann die Intelligenz anwenden, um Menschen gerade glücklich zu machen. Sie kann aber auch für sehr egoistische Motive benutzt werden, alles im Wege Stehende dann kühl überlegt vernichtend. Der Egoismus ist dann meist von zeitlichen Zielsetzungen bedingt. Man will seine Lüste befriedigen. Obwohl diese Lüste fast nur zeitlich sein können. Man will sein Vaterland groß, reich und mächtig sehen. Dabei können Gedanken an Ewigkeit kaum mitreden. Intelligenz, dazu eingesetzt, um zum Beispiel einen Feind, einen potentiellen Angreifer schon im voraus zu schwächen oder gar zu vernichten, kann leicht zur Besessenheit führen.

Massenpsychose, Massenhypnose. Man sieht die aufgeregten, die aggressiven Redner auf Tribünen stehen und hört die Massen brüllen, bereit, jeden Feind fanatisch zu zerreißen. Wer denkt dann nicht auch an die Fußballfans, welche die Fans des Gegners am liebsten zertrampeln wollen?

Solche Besessenheit kann auf vielerlei Gebieten auftreten. Es geht dabei immer um Ziele in der Zeitlichkeit. Auch wenn der Mund manchmal von ewigen Zielen spricht. Aber gerade die ewigen Ziele sollte man getrost Gott überlassen. Er lenkt doch unser Leben aus der Ewigkeit. Wenn wir nur im Zeitlichen gut tun. Nicht dabei auf Applaus rechnen. Das echte Gute geschieht ohne Aufsehen. Sogar der Beschenkte sollte nicht wissen, woher dieses Gute ihm kam. Es soll um nichts, umsonst getan werden. Gnade, hebräisch »chen«, 8–50, ist Stamm des Wortes »umsonst«, »be-chinam«, 2–8–50–40. Wie lateinisch »gratia«, Gnade, Stamm ist vom Worte gratis.

Aber man denkt an seine Lust. Lust ist, auch wenn in der Masse erlebt, egoistisch bedingt. Und dann kommt die Besessenheit, melden sich die »schedim«. Sie wollen den Gedankengang kausal perfektionieren. Also kalt, gradlinig intelligent sein. So kann zum Beispiel auch die Philosophie, in ihren Anfängen noch vollkommen rein, in dämonische Besessenheit entarten, wenn sie ihr Ziel im Fortwirken der Zeitlichkeit sieht. Sie beginnt dann, eine für Menschen unverständliche Sprache zu sprechen, und funktioniert nur noch mit einer Art Hyper-Intelligenz. Dann wird sie aggressiv auf alle, die diese Art Sprache nicht verstehen, vor allem auf die, welche, wenn auch schüchtern, auf die Möglichkeit der Ewigkeit hinweisen. Und sie macht die, welche sich einer solchen Wissenschaft verschrieben haben, depressiv. Denn sobald die Grenze des von Gott gewollten Menschen überschritten wird, fühlt der Mensch in seinem Sein, daß sein Leben in Sinnlosigkeit zu versanden droht.

Es gibt so Besessene, die in der Esoterik zu weit gehen, oder mit der Astrologie, oder mit den PSI-Phänomenen. Es gibt religiöse Besessenheit, politische, finanzielle, wissenschaftliche, erotische und sexuelle Perversitäten, man findet Besessenheit bei Schachspielern, Gesundheitsaposteln, kurz, in jedem Zweig des Lebens. Es geht immer um das Überschreiten der Grenze. Gott ruft dann »dai«, »genug«. Niemals erreicht der Antichrist sein Ziel. Niemals kommt man über die »6« hinaus, im besten Fall erreicht man die gerade noch erreichbare 666. Und im Wesen weiß man vom Ende dieses Unwesens.

Ich denke jetzt auch an die beiden Besessenen in Matthäus 8. Sie bitten Jesus: »Willst du uns austreiben, so laß uns in die Herde Säue fahren.« Und natürlich stellt sich dann die Frage: Warum gerade Schweine? Ich möchte hier auf 3. Mose, 11 hinweisen und besonders auf Vers 7. Das Schwein zeigt eine Zwiespältigkeit: Sichtbar hat es schon die Merkmale des Rechten, aber im Innern fehlen sie. Der Besessene zeigt große Intelligenz, großes Wissen, gewaltige Kenntnis im Kausalen; innen aber, in seinem Sein, zeigt sich eine falsche Ausrichtung, die verborgene Absicht, sich doch als der Super-Mensch durchzusetzen.

Mit dem Schwein, wie es hier erscheint, besteht kein direkter Zusammenhang. Lassen wir auch hier das Wort in seiner jenseitigen Bedeutung sprechen. Schwein ist hebräisch »chasir«, 8–7–10–200; das bedeutet aber auch »umkehren«, »zurückkehren«, »wiederholen«. Die Besessenen möchten über den Tod, den sie erwarten, hinweg, zurückkehren, umkehren. Sie kommen, wie es im Evangelium heißt, aus den Gräbern hervor und sind sehr gefährlich. Der Besessene ist schon ein Toter. Keiner kann, wo sie sind, auf seinem Weg vorbeikommen. In ihrer Aggression lassen sie niemanden seinen Weg gehen.

Das Austreiben geschieht in die Schweine hinein, und das Wort sagt doch »umkehren«, »zurückkehren«, »wiederholen«. Ihr Leben stirbt mit den Schweinen in den Wassern, in der Zeit. Aber »sie kehren um«, das Leben kommt zurück. Man könnte dann an das Wort denken: »Wir sind gestorben und wir sind auferstanden.«

Sonst entstünde der Eindruck, die Armen, diese Besessenen, sind nun mit den Säuen für immer ertrunken. Aber die Besessenheit kann im Wesen geheilt werden. Durch die Begegnung mit Jesus, mit dem der Naturgesetzlichkeit Entzogenen, zeigt sich, daß auch der Besessene im Wesen geheilt werden kann, wenn er nur die Sehnsucht behält zurückzukehren. Das ist doch ihre Bitte: »Laßt uns in jene Schweine fahren«, also: Wir wollen »chasir« sein, »choser«, umkehren. Unser jetziges Leben in seiner Besessenheit vom Zeitlichen muß zurückkehren. Es muß das Ende des nur Zeitlichen im Wasser, in der Zeit erleben. Dann werden wir uns wie neugeboren empfinden, wir werden alles wiederholen. Jetzt aber neu und rein, nicht von der Herrschaft des Zeitlichen besudelt, verunreinigt.

Über das Wasser gehen

Vom Leben Jesu in der Welt gäbe es noch vieles zu erzählen. Mir kamen im Schreiben diese Aspekte. Doch möchte ich kurz noch einige weitere Ereignisse nennen.

Ich denke dann als erstes an das Gehen Jesu auf den Wassern des Sees.

Wasser in seiner Erscheinung ist, wie wir schon sahen, im Wesen das Erlebnis von Zeit. Der Buchstabe Mem, das Zeichen 40 heißt doch auch Zeit. Und die Zeit wird fast immer mit jener 40 gemessen, festgestellt.

Wo jeder versinken würde, ertrinken, da geht Jesus über die Zeit, auf der Zeit. Er ist nicht den Gesetzen des Zeiträumlichen unterworfen, er ist von jenseits. Schon seine Ankunft hier entzieht sich dem Gesetzmäßigen. So kann er, von seinem Wesen her, die Winde, den Geist, die Geister lenken, und auch die Zeit unter sich halten. Er ist kein Produkt der Zeit, er steht über der Zeit. Sein Weg ist ein Weg vor allem auch jenseits der Zeit.

Petrus droht zu ertrinken. Sein Glaube ist nicht so groß, daß er als Mensch es Jesus nachmachen könnte.

Jesus bewegt sich sonst auf dem Schiff über die Wasser. Das Wort für Schiff ist im Hebräischen »ania«. Und »ich« lautet »ani«. Das Schiff ist die Hülle der Erscheinung des »Ich«. So bewegt sich alles in der Zeit, wenn das Ich die Führung hat. Viele aber wagen sich nicht hinaus, oder sie ertrinken, wenn sie selber durch die Zeit gehen wollen. Denken wir auch an Jonah, der sich für seine Flucht einen Platz in einer »ania« kauft. Dieses »Ich« aber enthält die vielen Leute der Welt. Und weil Jonah auf seiner Flucht vor Gott im Schiff ist, geht alles ganz anders, als Jonah es plante.

Man könnte sich angewöhnen, die Bibel als Worte Gottes zu erleben. Dann zeigen sich oft überraschende Aspekte aus dem Wesen des Wortes, aus seiner Quelle bei Gott.

Umgestaltung in der Wolke: Verklärung und Saul vor Damaskus

In diesem Sinne möchte ich noch ein anderes Beispiel aus dem Leben Jesu in der Welt besprechen. Was geschieht mit Jesus bei der »Verklärung«? Eigentlich steht im Wort »Umgestaltung«, eine Wandlung also. Bei Lukas steht, daß sein Aussehen sich änderte. Und dann erscheinen die »schon längst« Verstorbenen, Mose und Elia, und unterhalten sich mit Jesus. Am Ende sind Mose und Elia durch eine Wolke verschwunden. Nur Jesus mit seinen drei Jüngern bleibt konkret wie vorher.

Unsere Naturgesetze lassen eine Umgestaltung nicht zu. Die Jünger glauben auch, als sie Mose und Elia sehen, sie sollten drei Hütten, für jeden eine, errichten. Sie nehmen an, Mose und Elia könnten nun hier bleiben. Sie kennen das Leben in seinem Wesen noch nicht. Sie wissen nicht, daß das Leben in dem, was man hier Tod nennt, erst recht zu leben anfängt. Wie wir alle uns auch nur vorstellen, das Leben gehe nach dem Tod linear weiter. Und der Gestorbene sei froh, einmal wieder hierher zurückkehren zu können.

Die Wolke, die so oft in der Bibel im Alten und im Neuen Testament vorkommt, bittet darum, auch im Wort ganz verstanden zu werden. Was ist die Wolke, die hier eine Rolle spielt? Das hebräische Wort für Wolke ist »anan«, 70–50–50. Und das Wort für »antworten« ist »anah«, 70–50–5.

Ist das Erscheinen Gottes in der Wolke nicht gleichzeitig seine Antwort? Und die Stimmung des Menschen im Erleben einer Wolke dann auch Gottes Stimme in ihm? Denn wir wissen seit jeher, daß alle Worte, die zum Beispiel Mose in einer Wolke vernimmt, uns doch nur aus dem Heiligen Geist mitgeteilt werden können. Denn kein anderer Mensch konnte die Worte hören. Und man würde es gewiß ablehnen, wenn Mose gesagt hätte, er und er allein habe das von Gott gehört.

Dann die Wolkensäule, welche die Hebräer durch das Meer und durch die Wüste führt. Sie bleibt von selber stehen oder zieht weiter. Und die Wolke zwischen den beiden Cherubim am Deckel der Lade des Bundes von Himmel und Erde. Gott wohnt in dieser Wolke und spricht von dorther.

Die Wolken bringen Regen. Und ich weiß, das Wort Gottes ernährt den Menschen, er hungert nach diesem Wort, wie die Erde nach Regen. Der Regen zeigt sich im Zeitlichen, diese Wolke im Ewigen. Zeiträumlich hat Mose aus einer Wolke heraus nichts gehört. Im Innern aber, sagt die Bibel, ohne weiteres.

Die Wolke enthält in sich den Regen, also Wasser, Zeit. Manchmal ist das Wasser derart spärlich da, daß man gar keine Wolke sieht. Erst wenn es sich zu einer gewissen Dichte konzentriert, wird die Wolke sichtbar.

Zeit, Wasser, kann also derart erscheinen, daß man sie gar nicht wahrnimmt, und auch so, daß man sie als Wolke »sieht« und also eine Antwort vernehmen kann, jedenfalls erwarten. Zeit kann aber auch im Fluß oder im Meer sein. Dann bewegt vielleicht der Wind das Wasser. Man erkennt oder vermutet den Geist als Lenker der Zeit; seines Schicksals oder des allgemeinen.

Und Wasser, Zeit, kann auch zu Schnee und Eis frieren. Es zeigen sich dann Kristalle. So kann man Struktur, Harmonie in der Zeit erkennen. Die Wolke aber zeigt die ganz leichte Struktur der Zeit. Sie hat keine feste Form. Einmal hat sie für kurze Zeit die Form eines Menschenkopfes, bald danach aber die eines Balken, dann wieder zeigt sie ein Gebirge. Auf diese Weise kann sie Regen spenden. Das heißt, wenn Gott aus der Wolke spricht, sei dir die Form egal. Du erwartest doch das Wort vom Himmel, das dir in der Welt des Fließens der Zeit wie ein

Einfall, wie ein Zufall kommt. Jedenfalls »fällt« es von einem dir unbekannten Oben.

Gott in der Wolke will sagen, der Geist bestimmt schon die Form der Wolken. Wie der Wind ihre jeweilige Form ändert. Die Wolke als Grenzerscheinung des Wassers, Wasserdampf, zeigt den Übergang aus dem Nichtsichtbaren ins Sichtbare, das Werden der Zeit. Und der Mensch lebt dann gerade aus den Worten Gottes. Deren Ursprung ist niemals starr; wie man gewohnt ist, vielerlei fließende Formen in den Wolken zu erkennen.

Wie die Himmelfahrt Jesu in einer Wolke geschieht (Apostelgesch. 1,9). Man kann dann nicht sagen, wie genau es vor sich ging. Es hat keinen Sinn, sich eine Theorie darüber zu bilden. Theorien sind starr.

In diesem Zusammenhang möchte ich darauf eingehen, was dem Saulus auf dem Weg von Jerusalem nach Damaskus im Norden geschieht (Apostelgesch. 9). Seine Absicht ist es doch, die Leute, die vom Weg des starren Bildes abweichen, gebunden nach Jerusalem zur höchsten Instanz zu führen. Auf seinem Weg erscheint ihm der schon längst gestorbene Jesus und fragt ihn: »Saul, Saul, warum verfolgst du mich?« Welcher Gegensatz: Der gegen jedes Naturgesetz geborene Jesus und der an das starre, unvermeidliche, unausweichbare Gesetz glaubende Saul! Und dann bemerkt Saul, daß er erblindet ist. Die Worte »Warum verfolgst du mich?« haben bei ihm die Stimmung erweckt: ›Was tue ich eigentlich? Ist die Welt ein starres Gebilde? Was heißt dann Gnade?‹

Er erkennt, daß seine Starre ihn blind gemacht hat. Er kannte doch nur die Außenseite, die Haut, »or«, 70–6–200; die Innenseite aber ist lebendig. Ihm wird auf einmal die Geschichte der Bibel im Alten Testament klar, die Propheten, wo alles sich doch fortwährend lebhaft ändert. Jetzt versteht er, daß seine Oberflächensicht ihn blind, »iwer«, wie »Haut«, 70–6–200, gemacht hat.

Jene Stimme – Worte Jesu – hatten ihm doch mitgeteilt, nach Damaskus zu gehen, zu einem Mann mit Namen Ananias, der ihm helfen werde. Hebräisch lautet dieser Name Ananjah, 70–50–50–10–5, und bedeutet »Wolke-Herr«, also »der Herr in der Wolke« oder »in der Wolke ist der Herr«. Die Heilung des Saulus, der später Paulus heißt, beruht darauf, daß er Gott in der Lebhaftigkeit des Geistes erkennt. Ein Leben mit starren Bildern aber führt zur Blindheit, zur Aggression der Rechthaberei.

So ist die Umgestaltung Jesu, jene Verklärung, ein Zeichen des der starren Form Nicht-unterworfen-seins. Weder im Raum – er ist einmal hier und einmal dort – noch in der Zeit. Er lebt so, daß Mose und Elia, die viele biblische Jahrhunderte vorher waren, hier und jetzt mit ihm sein können. Die Jünger können es nur auf irdische Weise starr sehen. Sie akzeptieren schon die Anwesenheit von Mose und Elia; aber dann wollen sie sie hier behalten, wollen Hütten für sie errichten. Erst die Wolke zeigt ihnen, daß der Mensch auch ein anderes Leben hat, ein verborgenes, ganz persönliches. Und dort lebt das Leben eine Vielfalt.

Sind wir nicht alle hier Schüler, Kinder des Ewigen? Gott ist doch in uns, wie wir in Gott sind. Dem Menschen wird nun klar, daß er sich nicht nur nach seinem erscheinenden Leben erkennen soll; viel mehr enthält er in sich. Innerlich können vielerlei Umgestaltungen geschehen, die sein Leben ändern, daß er dadurch schon hier einen Vorgeschmack der Ewigkeit erfährt.

Sonst ist der Mensch schnell geneigt, das hiesige Geschehen als einziges zu sehen, seine innere Persönlichkeit einfach zu übersehen. Vieles im Neuen Testament offenbart uns, daß das Leben mehr ist als die eine, bislang einzige Seite. Das ist auch der Sinn der vielen Gleichnisse.

Das hebräische Wort für Gleichnis, »maschal«, 40–300–30, bedeutet auch »herrschen«. Es will sagen, das Leben wird durch beide Seiten in einem beherrscht.

Dieser Hinweis soll hier genügen. Das Neue ist doch die Geburt von jenseits, durch den Heiligen Geist, und dennoch das Leben im Diesseits. *In* dieser Welt, aber nicht *von* dieser Welt.

Wenn es nur in der Welt der Zeitlichkeit diesen Jesus gegeben hätte, könnte man sagen: ›Gut, das war einmal so; sehr interessant. Aber was haben *wir* heute mit all dem zu tun?‹

Diese einseitige Sicht von Jesus führt dann bald zu starren Bildern, zu Theorien. Und damit einher geht die Lust an der Macht, die Rechthaberei, der Zwang.

Deshalb ist es wesentlich, die Worte der Bibel als von einer anderen Seite her stammend, aus einem Jenseits zu empfinden. Ich weiß, dieses Empfinden ist eine Gnade. Es kann weder studiert noch erworben werden. Jeder Mensch aber, heißt es, könnte aus eigener Lebenserfahrung wissen, daß es einen Geist gibt, daß vieles in seinem Leben aus Träumen, Einfällen, Zufällen, Begegnungen zustandekommt. In jedem könnte so das Gefühl wachsen, er sei einmalig, nicht nur genealogisch, kausal bestimmt, sondern auch einzigartig. Man könnte dann verstehen, daß die Geburt durch den Heiligen Geist in der Bibel das ewige Modell des Menschen ist. So auch der Name »Ben Adam«, Sohn des Menschen.

Jeder Mensch bedenke deshalb, die Worte des Heiligen Geistes von den Worten im Zeitlichen zu unterscheiden. Die Worte gelten an beiden Seiten. Was aber bedeuten sie in unserem Inneren? Und wer vom Unterschied der beiden Seiten in ihrer Einheit und in der Einheit des Wortes nicht weiß, der weiß auch nichts von der Liebe Gottes und von seiner eigenen Liebe, auf die Gott wartet. Dessen Leben ist dann sinnlos, langweilig; eigentlich wartet er nur noch auf den Tod, der ihn dann jedenfalls von dieser Art Leben befreit.

Pharisäer und Schriftgelehrte in uns

Es ist also entscheidend wichtig, daß man von den beiden Seiten im Leben weiß. Deshalb will ich nun von denen erzählen, die Jesus nicht verstehen. Diese Gegner, wie die Bibel sie beschreibt, sprechen eine ganz andere Sprache als Jesus. Sie scheinen ihn nicht verstehen zu *können*. Man redet aneinander vorbei. Ich meine die Pharisäer und Schriftgelehrten, wie sie dort heißen.

Wäre die Bibel nicht Wort Gottes, könnte man diese Leute natürlich irgendwo ins Zeitliche und Räumliche plazieren. Dann »waren« es Leute »damals«. Man hätte dann den Sündenbock für sein schlechtes Gewissen und könnte seiner Aggressivität freien Lauf lassen.

Die Pharisäer und Schriftgelehrten erscheinen aber im Wort Gottes, das heißt, sie leben im Ewigen, in der Quelle. Also auch bei jedem von uns in seiner Verborgenheit, im großen Reich, von dem wir nicht wissen können, im Nichtbewußten. In allen Zeiten, also auch heute, gibt es Menschen, die in beiden Seiten leben. Aber in allen Zeiten gibt es auch die Sünde, daß man nur das, was man wahrnimmt, als Wirklichkeit akzeptiert und gerade seine persönliche Verborgenheit, seine Gefühle, Hoffnungen, Wachträume, Wünsche kaum beachtet. Für diese Leute gilt das, was sie »historisch« an der Bibel nennen, als nahezu einziges.

So entstehen die vielen Mißverständnisse. Denn nach meiner Überzeugung kommen aus ihren Reihen die Pharisäer und Schriftgelehrten im Laufe aller Zeiten.

Ich kann hier auch kaum einen Unterschied zwischen Juden und Christen sehen. Auf allen Seiten gibt es also diese Pharisäer und Schriftgelehrten. Historisch ist nicht einmal festzustellen, was das Neue Testament mit den Schriftgelehrten meint. Natürlich gibt es immer Leute, die auf diese Art vorgehen. Aber sie irgendwo und irgendwann feststellen zu wollen, ist ein ebenso dummes Unterfangen wie den Joseph in Ägypten oder den Ort des Turms von Babel oder die Spur der Hebräer im »Roten« Meer.

Es gibt sie aber, und wie, in uns, in unserem Leben. Wie es in uns auch den Amalekiter, den Edomiter, den Ägypter, den Juden, den Israel-Menschen gibt. Das fluktuiert in unserem Inneren, ändert sich wie die Form einer Wolke. Die Geister, die Winde, die uns täglich durchwehen, ändern die Intensität dieser in uns lebenden Völker, Gemeinschaften, fortwährend.

Und so hat jeder Mensch auch Pharisäer und Schriftgelehrte in sich. Viele Leute werden dem widersprechen und sagen, nur damals habe es die Pharisäer und diese komischen Schriftgelehrten gegeben. Heute gebe es Wissenschaftler, Politiker, Kapitalisten, Kommunisten. Das wären heute ganz andere Probleme, heute sorge man sich um die dritte und die vierte Welt, um die Verschuldungen, um die Nobelpreise.

Das alles sind gerade Äußerungen von Schriftgelehrten, würde ich darauf antworten. Man könnte denken, heute seien es die Theologen. Nun, gewiß gibt es sie auch unter ihnen; aber auch unter den Mystikern, den Künstlern. Auch Theologen sind Menschen mit allen möglichen Variationen, mit allen Nuancierungen.

Im Innern des Menschen spricht Gott aus der Wolke. Dort kann der Mensch in allen Zeiten leben und überall in der Welt, ohne sich dessen bewußt zu sein.

Wer also sind diese Pharisäer und Schriftgelehrten dann eigentlich? Wie erscheinen sie im Menschen? Das hebräische Wort für Pharisäer, »peruschim«, kommt vom Wort »porasch«, 80–200–300, das »sich absondern« bedeutet. Von wem sondern sie sich ab? Vielleicht von der Welt, vom Leben. Wir erfahren, daß sie eine Art Hochmut, Pedanterie, Besserwisserei kennzeichnet. Sie passen sehr auf, ob auch das Äußere gut aussieht, daß sie nicht von anderen befleckt werden.

Sie leben in der Welt, als ob alles schon erreicht, schon gewußt wird. Sie sondern sich also von der Realität ab. Denn es ist nicht so, in Wahrheit ist das Leben noch gar nicht so vollkommen. Und das wissen sie auch. Deshalb vielleicht ihr Nörgeln, ihre Aggression.

Dies ist eine Haltung, die im Zeitlichen jeden Menschen befallen kann. Manche erstarren in einer solchen Haltung, andere haben sie hie und da.

Was sind dann die Schriftgelehrten? Die Übersetzer des Neuen Testamentes ins Hebräische haben mit diesem Wort Schwierigkeiten. Sie spüren die Peinlichkeit, daß Leute von einer falschen Übersetzung abgestoßen werden könnten. Die einen schreiben »sofrim«, Mehrzahl von »sofer«, das »Schreiber«, eventuell »Schriftsteller« meint. Und ein »jodea sofer« ist ein Schriftkundiger im Sinne des Sich-auskennens in Schriften. Ich selber dachte oft an den »Talmid Chacham«, das einfach mit Gelehrter übersetzt wird. Diese Leute werden im Judentum aber oft sehr verehrt, weil sie wissen, daß zur Gelehrsamkeit viel Sanftmut und Bescheidenheit gehört. Also verstand ich lange Zeit nicht, wer jene Schriftgelehrten waren oder sind. Denn sanfte, weise Leute dazu zu machen, empfand ich als unwahr.

Bis mir dann im Laufe meines Lebens anfing klarzuwerden, daß damit diejenigen gemeint sind, welche die Worte der Bibel nach ihrer äußeren Bedeutung als der einzig möglichen zu kennen vorgeben. Ob sie es nun aus willkürlichen Übersetzungen so tun oder aus dem hebräischen Text, ist nicht entscheidend. Auch im Hebräischen gibt es natürlich, wie in jeder Sprache, die Möglichkeit, nur die Außenseite eines Wortes zu kennen. Ich sah, diese Leute ahnen nicht einmal, daß jedes Wort auch eine reiche Innenseite hat. Sie sind oft berühmte Philologen, Kenner der Grammatik des Hebräischen, sogar auch Kenner des Arabischen, Aramäischen, Syrischen. Je mehr sie wußten, desto herzlicher lachten sie – aber sehr ablehnend –, wenn man darauf hinwies, daß die jüdischen Weisen, für viele auch Heilige, sich gerade von dieser inneren Seite ernährten, ihr Glück unvergleichlich war. Dann hieß es: ›Ach, diese Leute von damals hatten noch keine Ahnung von den modernen Sprachwissenschaften, von unseren mit Computern erreichten Vergleichen und Strukturen!‹

Ich glaube also, die Schriftgelehrten gefunden zu haben. Sie kommen bei den Juden vor wie bei den Christen oder Moslem. Und überall gibt es auch, verborgen, jene, denen die Worte der Bibel heilig, ewig sind.

Es ist eben die große Sünde, die im Menschen tobt, wenn er anfängt, dem Äußeren zu verfallen, und wenn er meint, alles sei im Zeitlichen schon erreicht. Nur die lästigen Ketzer, diese Abtrünnigen, wollen dem nicht zustimmen. ›Wir sagen es doch klar, aber sie wollen nicht hören‹, heißt es dann. Sie kennen die Bibel auswendig, wissen ihr Rechthaben aus Versen zu beweisen.

Tatsächlich sind Pharisäer und Schriftgelehrte einander sehr nah. Man kann sie ohne weiteres in einem Atem nennen. Was in den Worten der Bibel in der Quelle erzählt wird, lebt in allen Menschen im Strom der Zeitlichkeit, der aus jener Quelle bei Gott fließt. Alle haben also diese Geschichten in sich, und alle begegnen auch der Versuchung, sich den Pharisäern und Schriftgelehrten anzuschließen.

Verführerisch, jetzt zu denken, es handle sich also um die sogenannten Fundamentalisten unserer Zeit. Dem aber ist nicht so. Auch unter den Fundamentalisten gibt es stille und wahrhaftige Menschen, aber auch aufgeregte Wichtigtuer, Aggressive, Verrückte. Man sollte nicht so schnell urteilen. Im Menschen gibt es vielleicht sogar täglich viele Nuancierungen. Er weiß wirklich oft nicht, was er tut. Der Pharisäer und der Schriftgelehrte lebt in jedem Menschen, wie der Jude, der Kanaaniter, wie alle Völker der Bibel, wie alle Gemeinschaften im Worte Gottes.

Ich hoffe, man fängt inzwischen an zu verstehen, wie wichtig es im Leben ist, die Unterscheidung zu verstehen, die Gott in der Schöpfung macht. Die Bibel fängt doch mit ihr an. Sie ist die Hauptsache, der Sinn der Schöpfung.

Gott, Elohim erschafft Himmel und Erde, er unterscheidet dann zwischen Licht und Finsternis, zwischen den Wassern oberhalb und jenen unterhalb des Firmamentes. Dann zwischen den Meeren und dem Trockenen, zwischen den Gräsern und Kräutern und den bleibenden Bäumen. Zwischen dem großen Licht des Tages und dem kleinen Licht der Nacht und den Sternen. Dann zwischen den Vögeln und den Fischen. Am sechsten Tag dann die Unterscheidung von allen Tieren und Gewürm und den Menschen.

In all diesen Wesen ist, was man nennt, lebendige Seele, hebräisch »nefesch chaja«, auch im Menschen. Dann kommt aber im 1. Mose 2,4 ein zweiter Name von Gott hinzu; jetzt heißt er »der Herr Gott«, hebräisch Adonai Elohim, geschrieben 10–5–6–5 und 1–30–5–10–40.

Gerade aller Zweiheit in der Erscheinung gegenüber kommt jetzt die Einheit einer Zweiheit in Gott selber. Gott, in dessen Bild und Gleichnis der Mensch doch erschaffen ist. Auch er steht im Leben allen Arten der Zweiheit, des Dualismus gegenüber und weiß, daß er dennoch selber eine Einheit ist. Sogar die beiden Bäume im Garten Eden sind »zwei«; dennoch heißt es, sie seien aus *einer* Wurzel. Die Wurzel trägt die beiden Bäume, die unsichtbare Wurzel. Und nicht die Bäume tragen die Wurzel. So zu denken, das wäre eine Verrücktheit.

Und dieser »Herr Gott« gibt dem Menschen *seinen* Odem, und bringt dem Menschen damit die göttliche Einheit von »nefesch« und »neschamah«, von lebendiger Seele und göttlichem Atem (1. Mose 2,7). Der Mensch hat alles Gesetzmäßige in sich *und* das Neue, das Göttliche.

Die große Frage im Menschen ist nun: Erlebt er diese

Einheit, oder herrscht bei ihm das Geschehen mit dem Widersacher, der biblischen Schlange, der »nachasch«? Der Widersacher, der die Liebe, das Neue verhindern will, *nein* zu ihm sagt, es also ver*nicht*en, *nicht* zustandekommen lassen will.

Diese »zwei« im Menschen zeigen sich durch den Widersacher fortwährend im Konflikt. Es ist ein Konflikt, der sich im Inneren des Menschen abspielt. Sehr oft setzt sich die »nefesch« durch, die gesetzmäßig im Menschen vorhandene Seele, die auch in allen Tieren lebt, wo man sie heute Instinkt, Lebensinstinkt nennt.

Ich habe schon darauf hingewiesen, daß das hebräische Wort »nefesch« 50–80–300 geschrieben wird. Und daß die Affinität zur Schlange, »nachasch«, sich schon in den entscheidenden, den prinzipiellen Zahlen zeigt. Denn »nachasch« wird 50–8–300 geschrieben. Die Proportion der Hauptzahlen ist die gleiche: Beide Male sind die *echten* Zahlen 5–8–3.

Und dann versteht man auch den Begriff »fallen« im Hebräischen besser. Fallen, »nofel«, wird 50–80–30, also genau 5–8–3 geschrieben. Der »Fall«, die Sünde, hat also mit dieser Schwäche, der Verführbarkeit der »nefesch« zu tun.

Die »neschamah« hat Gott deshalb allein dem Menschen gegeben, seinen eigenen Atem, Gottes Atem, schon mit dem neuen Namen, dem Namen »Herr Gott«. Der Mensch kann dadurch die Einheit in allem erkennen. Jetzt ist Gott im Menschen, wie der Mensch durch sein Ausatmen in Gott ist.

Hier denke ich an das biblische Wort: »*Gott* ist das Wort.« Gott atmet uns also das Wort ein. Der Heilige Geist, hebräisch »ruach ha-kodesch«, kann dem Menschen das Wort bis ins Höchste des Jenseitigen einblasen. Vergessen wir nicht, daß »ruach« nicht nur »Geist« ist, sondern auch »Wind«. Der Geist wird also geschickt, geblasen.

All dies erzähle ich so ausführlich, weil wir so die Sünde der Pharisäer und Schriftgelehrten in allen Zeiten besser erkennen können.

Der Mensch mit seiner »neschamah« kann also sündigen, denn er hat die Einheit schon in sich. Ein Tier mit der »nefesch« *kann* gar nicht sündigen. Einer Katze, die einen Vogel frißt, einem Wolf, der ein Lamm reißt, können wir eigentlich nicht richtig böse sein; wenn uns ein solches Geschehen auch sehr aufregt. Nur der Mensch mit Gottes Atem, mit Gott dem Herrn in sich, kann sündigen.

Das eben ist die Sünde der biblischen Pharisäer und Schriftgelehrten. Deshalb sind sie so aggressiv zu Jesus, deshalb quälen sie ihn mit ihren lächerlichen Fragen. Denn nur der, dem allein das Erscheinende wichtig ist, der das Wesen als solches gebunden, verboten hat, kann derartige Bemerkungen machen und solche Fragen stellen. Auch wenn sie einen in Ruhe lassen, kann man leicht die Fassung verlieren, wenn man sieht und hört, was Menschen alles tun und glauben, was ihnen heilig ist.

Soll nun alles Erscheinen negiert werden?

Ich habe doch auf die Einheit hingewiesen, die der Mensch auch selbst lebt. Die Einheit seines Lebens von seiner verborgenen, nicht-bewußten Quelle und seines Lebens in der Welt, in der Gesellschaft, in der Erscheinung. Er ist und bleibt *ein* Mensch; vielleicht aber einer, der ständig die Sünde wider den HeiligenGeist begeht.

Hier gibt uns ein Geschehen aus dem Leben Jesu einen entscheidenden Hinweis. Ich denke an die Geschichte, die in drei der vier Evangelien vorkommt, wo der Zinsgroschen im Mittelpunkt steht. Die Gegner von Jesus, die ihn bei Sünden oder Übertretungen ertappen und eigentlich den Behörden, den Römern, ausliefern möchten, um ihn endlich los zu sein, kommen zu Jesus, begleitet von Leuten des Herodes, und schmeicheln ihm als einem, der doch fromm sei und immer nur das Gute wolle. Man lese selbst die Verse, zum Beispiel bei Matthäus 22,15–22.

Sie stellen ihm also die Frage, ob man der Obrigkeit, dem Kaiser, die Steuern zahlen solle. Denn Jesus weist doch in allem stets auf Gott und Ewigkeit. Man könnte annehmen, er würde sagen: ›Kinder, es geht doch um das ewige Leben, was kümmert uns diese irdische Obrigkeit, wir haben andere Ideale. Soll doch der Kaiser in die Luft gehen! Habt ihr meine Lehre noch immer nicht verstanden?‹

Jesus aber läßt sich eine Münze zeigen und weist auf das Bildnis des Kaisers auf der Münze. Die Münze zeigt, daß der Kaiser der Herr, daß alles mit seinem Bild geprägt ist, daß alles hier ihm gehört. Und Jesus sagt dann die bekannten Worte: »So gebt dem Kaiser, was des Kaisers ist, und Gott, was Gottes ist!«

Viele Theologen sagen, die Pharisäer wollten damit den einfältigen Jesus in eine Falle locken. Äußert er sich herablassend über den Kaiser, dann treten die Schergen des Herodes hervor und tun die schmutzige Arbeit. Jesus aber, ein kluger Opportunist, durchschaut sie und hütet sich, etwas Abfälliges über den Kaiser zu sagen. Am Ende müssen die raffinierten Pharisäer betreten abziehen. Ein Pluspunkt also für den gescheiten Jesus. So oder ähnlich lauten die meisten Erklärungen zu dieser Stelle.

Vielleicht spürt man schon, was ich jetzt meine und warum ich diese Geschichte bis hierher aufbewahrt habe.

Denn es geht doch gerade um unser Verhältnis zur ganzen Welt der Erscheinungen, zu allem, was in der Welt und in uns als Realität lebt. Der Kaiser bedeutet in der Bibel die Herrschaft von Rom: die Herrschaft der Welt der Gesetze. Deshalb kennt die Bibel im Neuen Testament als ersten Brief von Paulus den an die Römer. Römer nicht nur damals und dort, sondern Römer im Menschen immer und überall.

Dieses immer und überall lebende Rom ist im Judentum Edom, der Zwillingsbruder Jakobs, also Israels. Viele Theologen regen sich auch auf über den »Betrug« des Jakob, der den Segen für Esau, der auch Edom heißt, stiehlt. Denn sie sehen nur die äußere Seite des Geschehens, sie wissen nicht, daß das Wort auch eine andere Seite hat, jene nämlich, die die Einheit des Wortes erst hervortreten läßt. Wer sucht, der findet; dessen Befinden ist dann glücklich.

Esau, hebräisch Esow, 70–300–6, bedeutet eigentlich »das Gemachte«. So wird sein Name bei der Geburt auch gedeutet. »Gemacht« ist er also, der Fertige. Mit Haaren bedeckt bedeutet: Er hat schon viele Begegnungen hinter sich. Man nennt in der Kabbala alle früheren Welten die Welten der »Könige von Edom« und weist auf ihre Nennung in der Bibel, 1. Mose 36,31–39, hin.

Nun habe ich schon öfters gesagt, »zuerst« war die Welt Gesetzmäßigkeit, herrschte das Gesetz. Bis Gott seinen Namen neu nannte als Herr, und dann der Herr Gott in der Welt war. Wenn man nur die Phase der Gesetze in der Weltgeschichte zeigen möchte, dann hat man *das Ganze* veräußert, verkauft, verraten. Dann ist man eben ein Schriftgelehrter. Die Phase des Gesetzes ist *in* uns, das sind wir selber. Wie auch die Phase der Liebe in der Welt nicht »nachher« kommt. Wenn sie in der Bibel »nachher« erscheint, will das sagen, *in* uns ist sie immer schon da, weil sie in der Quelle, weil sie bei Gott da ist. Dann fließt das Muster der Quelle schon in jeder Zeit, durch jeden Menschen.

Rom also ist in der Quelle Edom. Im geschichtlichen »heidnischen« Rom hat es prachtvolle, herrliche, heilige Menschen gegeben. Wie auch im »alten« Ägypten, wie überall in der Welt. Diese Völker sind alle in uns, sie leben in der Quelle bei Gott. Ihre Namen aber, die Worte, können schon von ihren beiden Seiten erzählen.

Es geht bei dieser Frage nach dem Kaiser um unser Verhältnis zur Welt des Diesseits, unserer Wirklichkeit, in der Rom herrscht, Edom. Sollen wir die Welt der Gesetze einfach verleugnen, sie vom Tische wischen? *Das* ist die Frage der Pharisäer an Jesus. Denn weist er nicht selbst darauf hin, daß er der Sohn Gottes ist, von der Jungfrau Maria geboren, vom Heiligen Geist gezeugt? Für den kann natürlich diese Welt, die wir kennen, nur lästig sein, nur störend und nur als kleine Nebensache abgetan werden.

Sie wollen ihn herausfordern zu sagen, diese Welt zähle nicht, alles gehe doch nur um das Jenseits, um das, was *nach* diesem Leben kommt. Die Schergen des Herodes sind in der Welt der Zeitlichkeit das große »man«, das nur dieses Leben kennt, das Zittern vor dem Gedanken an ein Nachher. Denn die Pharisäer anerkennen auch nur das Leben hier. Nur tun sie so, als ob hier schon das Ewige da sei. Und sie sind überzeugt, daß es nur für sie gilt. Sie haben sich von der Realität der ganzen Schöpfung abgesetzt, vom Leben der ganzen Kreatur. Sie verachten die Römer als mißratene Kinder von Edom, sie fühlen sich tatsächlich auserwählt.

Und sie wollen Jesus los sein, weil dieser auf die Welt der Wirklichkeit, auf die Welt des Wortes hinweist. Sie wollen und können dadurch die Propheten nicht verstehen, weil diese auch schon auf die Einheit des Wortes hinwiesen. Den Pharisäern ist das Wort nur einseitig bekannt, sie wenden es nur für diese Welt an.

Ich glaube nicht, daß Pharisäer als solche je da waren. Aber wohl ist mir klar, daß die allgemeine Auffassung, also das große »man«, in seiner Emotionalität immer so spricht und will. Jesus findet gerade bei dieser großen Masse, die sich oft ins Hysterische hineinsteigert, kein Verständnis. Im Prinzip weiß er von der Unentbehrlichkeit des Diesseits in der Einheit des Wortes, in der Einheit des Lebens.

Die Tragödie ist doch gerade, daß die Pharisäer der

Masse ihn nicht verstehen können. Sie wissen schon von einem Jenseits, im Gegensatz zu den Sadduzäern, die ein Jenseits logisch-kausal ablehnen. Aber jene Pharisäer der Massen haben sich in ihrem Hochmut der Auserwählung von allem anderen abgesetzt. Der Hochmut hat sie blind gemacht für die Einheit des Wortes, für die Einheit Gottes und für die Einheit des Menschen in Gottes Bild und Gleichnis.

Und sie ziehen enttäuscht ab, wenn Jesus antwortet, man solle dem Kaiser geben, was eben des Kaisers ist, aber auch Gott, was Gottes ist. Also die Einheit des Lebens von Diesseits und Jenseits, von Äußerem und von Innerem, die Einheit vom Herrn, dem Tetragramm, und von Gott, dem Vater aller Kreatur. Es ist eben immer die Gespaltenheit, die den Menschen im Sinne der Alternative denken und handeln läßt.

Die Pharisäer in der Bibel gehen von der falschen Voraussetzung aus – mithin auch der Mensch im Strom des zeitlichen Erscheinenden –, daß Jesus nicht diese Welt hier meint, sondern nur auf ein Jenseits hinweist, auf eine ferne Zukunft. Und sie nehmen diese Welt dann für sich als Eigentum. Sei es, daß sie in ihrem elitären Auserwählungswahn sich absondern von der ganzen Realität der Kreatur, sei es, daß sie sich diese Welt als Wirkungsfeld für ihre Machtvorstellungen reservieren. Dann kommt es natürlich bald, wie in der Welt der Naturgesetze, zu Kämpfen, wo der Tüchtigste, der Fähigste überlebt. Immer ist das ein Verlieren der Einheit; wenngleich man mit dem Mund die Einheit vom Herrn und Gott betont. Dein Ja sei ein Ja, dein Nein ein Nein. Der Mund kann schon alles sagen; aber wenn es in deinem Wesen, in deiner Quelle, dort, wo du nicht bewußt anwesend sein kannst, nicht demgemäß ist, dann ist dein Ja kein wahres Ja, dein Nein kein wahres Nein.

Als Mensch in seiner echten Freiheit könnte man sich

schon klar darüber sein, daß man oft auch bei sich nur darauf schaut, was als der breite, allgemeine Weg bekannt ist, und nicht auf den persönlichen Pfad, der einmalig ist. Am Ende strömt alles doch zu Gott in Zion. Und Zion ist das hebräische Wort für Zeichen und gerade nicht *nur* ein irdischer, historischer und geographischer Ort. Am Ende kommen alle, jeder auf seinem Weg, dort ins Ziel. Auch wenn einer vielleicht aus einer entgegengesetzten Richtung wie ein anderer den Weg anfing. Mit dem Gefühl einer tiefen Bescheidenheit, weil das Ziel das Gegenüber, das Himmelreich verspricht.

Wagen wir, uns in Wahrheit zu fragen, inwiefern wir selber Momente dieses Pharisäertums und der Schriftgelehrtheit im Leben kennen? Sie bei anderen zu suchen, im Sinne des Denkens in Alternativen, ist leicht.

Institutionen und Bräuche

Wir wissen alle, daß wir mit Institutionen konfrontiert sind. Und die sind schließlich, wie sie sich selber auch nennen mögen, Erscheinungen in der Zeitlichkeit. In ihnen lebt die Emotionalität der »nefesch«, und so auch oft Machtgefühle, die Notwendigkeit sich zu behaupten und der Zwang zur Rechthaberei.

Wir wissen ganz gut, daß wir, wie wir selber den Körper brauchen und ihn pflegen, auch Körperschaften im Diesseits benötigen. Und wie der Körper das Erscheinen im Zeitlichen aus der Quelle des Ewigen ist, so möchten wir auch, daß unsere Institutionen das verkörpern, was unser Leben im Ewigen ist.

Hier aber tritt gleich die Bedeutung der Aversion der Pharisäer und Schriftgelehrten gegen Jesus zutage. Denn sie wollen dem Hier Nachdruck verleihen und das Ewige im besten Fall zu ihren Zwecken hier benutzen. Jesus aber weist immer wieder darauf hin, daß das Hier aus der

Quelle der Ewigkeit kommt, und daß es sich um den Menschen in seiner Verborgenheit handelt. Das Hier kann sich nicht selbständig machen. Es geht ohne die Verbindung zum Ewigen verloren. Aber auch das Ewige sehnt sich nach dem Hier, um es mit dem Regen, dem Worte Gottes zu befruchten. Es hofft auf die Empfangsbereitschaft des Hier, der Erde, des Zeitlichen für die Saat, für das Wort.

Ob die Institutionen hier bestehen können, hängt von den Menschen im Ewigen, in ihrer Verborgenheit ab. Und nicht nur von den Menschen jetzt im Zeitlichen und von ihrer Verborgenheit, sondern von allen Menschen, die hier vielleicht gar nicht in diesen Institutionen leben, auch von denen, die früher, sogar viel früher hier im Zeitlichen lebten.

Denn das Verborgene ist die Quelle von allem Sein. Es spendet in jedes Zeitliche Gottes Muster von der Welt, wie er es in seinen Worten durch den Heiligen Geist auch herkommen läßt.

Es kann also ganz gut sein, daß gewisse Institutionen hier in gewissen Zeiten gar nicht so gute Menschen als Vertreter haben. Die Institution wird auch von Menschen in der Welt belebt, die selber nichts davon wissen. Und gewiß auch von Heiligen aus allen Zeiten.

Wenn eine Institution hier erscheint, ist es so, wie wenn ein Körper hier erscheint. Dann respektiere man ihn als Geheimnis, als ein Versprechen. Und fange nicht gleich an, ihn zu analysieren, ihm das Leben nicht zu gönnen, ihn zu kritisieren. Man erwarte mit Geduld, was kommt; man dulde auch zeitliche Ungerechtigkeit. Man bedenke vor allem die Gefahr des Pharisäertums, sich selber besser zu dünken, sich vom Leben der Realität abzusondern oder sie, wie die Schriftgelehrten, mit einseitiger, zeitlicher Bibelkenntnis abzulehnen, sie eigentlich vernichten zu wollen.

Eine Institution hier ist eine Wirklichkeit, sie ist als

Körper hier geboren. Gott weiß schon, in seiner Quelle des ewigen Seins, daß sie immer wachsen könnte, daß sie, wenn sie falsche Wege geführt wurde, immer bereuen kann und umkehren. Ein Pharisäer wird gleich schauen, ob es seiner Macht schaden könnte, was man von ihm und seinem Kleid sagt. Er wird als Masse nur geführt durch Emotionen, nur durch Naturgesetze.

Und man bedenke, was der Sinn des Menschen, der Sinn von allem Leben hier ist, und urteile nicht in einer verzehrenden Ungeduld des Herzens.

Ich glaube, diese Worte gelten für alle Institutionen, wenn man sie im Sinne der Worte des Neuen Testamentes betrachtet. Es gibt Phasen, wo das Pharisäertum stärker, andere, wo es schwächer ist. Der Mensch aber ist das Zentrum, worum es geht. Und der Mensch kann im Laufe der Zeiten neu geboren werden, wenn sein früheres Leben hier gestorben ist. Und dann kann eine Institution durch das Leben eines einzelnen Menschen auch neu werden. Im allgemeinen wird dieser Mensch es bewußt nicht einmal bemerken, und die Institution kann auch nicht wissen, ob eine Änderung, ein neues Leben für sie eingetreten ist.

Denn das Wahre geschieht eben im Verborgenen, in der Quelle des Seins. Diese Verborgenheiten sollten wir im Leben vielleicht etwas ernster nehmen. Wir lesen oft, daß Jesus auf Berge steigt, manchmal hohe, sehr hohe Berge. Dann erinnere man sich auch der anderen Seite des Wortes Berg. Reden wir nicht auch von »bergen«, »verbergen«, also von Verborgenheiten im Sinne der Gebirge? Und im Hebräischen ist das Wort für Berg, »har«, 5–200, auch der Stamm vom Worte Schwangerschaft, »harajon«, 5–200–10–6–50. Aus einer Schwangerschaft wird neues Leben geboren. Aus der Verborgenheit ebenfalls.

Es geht um die Einheit des Wortes, um die Einheit Gottes. So meint das hebräische Wort Thorah nicht »Gesetz«, wie es meist unbewußt verlogen übersetzt wird, sondern es kommt vom Wort »schwängern«. Gott schwängert mit seinem Wort die Welt, den Menschen. Alle Menschen, die ganze Welt. Wenn man aber dieses Wort pharisäisch falsch, also einseitig gebraucht, wird der Thora Unrecht zugefügt.

So nennt man die »zehn Worte«, wie sie im Hebräischen heißen, »assereth ha-dibroth«, oft auch »das Gesetz«. Obwohl dieses Wort im Dekalog nicht vorkommt. Auch hier ein Zeichen vom Sich-absondern-wollen, vom Sich-besser-fühlen, ein Zeichen von Rechthaberei, eines Kampfes um die Macht.

Alle solche Auswüchse, nicht-bewußte Unwahrheiten, entstanden durch den Expansionsdrang und den Selbsterhaltungstrieb der »nefesch«. Das Gesetz ist das erste, woraus die Sehnsucht nach Liebe und Gnade erwachsen kann. Das Gesetz ist für den, der sich nicht nach Liebe sehnt, grausam. Wer nur im Gesetz lebt, wird sich am Untergang des Feindes freuen.

So kamen die Streitigkeiten, Unterdrückungen, die Verlogenheiten, die Listen, um fliehen zu können, um sich als Schwächerer zu verteidigen, sich dennoch zu behaupten. Das ist genauso wenig zu verhindern, wie man in der Natur verhindern kann, daß ein Löwe ein Zebra reißt und frißt. Und man weiß, dem wird man nie ein Ende setzen können. Es sei denn, der Messias kommt wirklich, gegen jedes Naturgesetz, und läßt den Wolf mit dem Lamm wohnen, den Löwen mit dem Rind.

Die »nefesch« allein kann sich dazu nicht entwickeln. Die Reihenfolge der Generationen *kann* den Messias nicht bringen. Dazu braucht es die Jungfrau, die ein Kind gebiert, dazu kommt der Heilige Geist, der den Neuen zeugt. Und so wird die »nefesch« unter dem Naturgesetz dies alles nicht verstehen können, wird sich dem naturgesetzmäßig auch widersetzen. Sie müßte die Offenständigkeit zur Gnade haben, um das Neue empfangen zu können.

Das Neue kommt nach der Erfüllung der Schöpfung. Es kann hier nichts wachsen, wenn Gott nicht im Namen des Herrn, des Seins in allen Zeiten erscheint. Gott im Namen des Tetragramms, woraus er eigentlich immer schöpft, und das Wasser, die Zeit, die »vierzig«, der Welt schenkt. Das Wasser fließt dann, die Zeit fließt.

Und im Fließen der Zeit kann die Sehnsucht nach der Liebe erwachsen. Und diese Sehnsucht nach dem Neuen kann das Durchbrechen der Naturgesetze zustandebringen, kann der Jungfrau ein Kind durch den Heiligen Geist bringen. Die Sehnsucht nach Liebe erweckt gerade ein Sich-sehnen nach dem Unmöglichen.

Eine Konsequenz aus der Mitteilung, man solle dem Kaiser geben, was des Kaisers ist, der Gesetzmäßigkeit, was ihr schon gehört, ist auch das Brauchtum, die Tradition, die erscheinen läßt, was aus der Quelle der Ewigkeit fließt. In der Erscheinung kann man nur annehmen, daß sie aus einer Quelle des Nichtbewußten fließt.

Was aber ist diese Quelle im Verborgenen des Menschen? Lebt in seiner Verborgenheit ein guter oder ein böser Geist? Der Mensch hat in seiner Quelle im Sein alle Personen der Bibel in sich. Zu welcher fühlt er sich am meisten hingezogen und welche stoßen ihn ab? Des Menschen Freiheit ist doch gerade um der Liebe willen da. Nach Gesetz sollte auch die Freiheit programmiert sein, geplant. Nach Gesetz sollte auch der Messias als ein verdienter Lohn kommen; oder um die Feinde zu bestrafen. Also gar nicht »jungfräulich«; vielmehr sollte er als Konsequenz in der Reihenfolge figurieren. Dann wäre der Sohn Davids schon genehm. Aber dann sollte auch Joseph aus Nazareth der Erzeuger des Kindes sein. Und nicht der alle Gesetzmäßigkeit umstoßende Heilige Geist.

Die Freiheit des Menschen, die Phase von Gottes Atem, der »neschamah«. Jetzt zeigt sich, wovon du angezogen wirst. Vielleicht von Babel? Bedauerst du den König Nebukadnezar, und lachst du über die Verwüstung von Gottes Wohnung auf Erden? Ist dir die Hure Babel sympathisch? Nicht die biblische, denn die ist dir, wie alles in der Bibel, fremd und gruselig.

Aber neigst du in deinem Leben zum Chaotischen? Bist du besessen davon, die Feinde auszurotten? Predigst du, wie erleichtert, den Untergang der Welt durch Luftverschmutzung, durch Kernenergie? Dann zeigt sich, daß du in deinem Nichtbewußtsein, in deiner Verborgenheit dieser Hure Sympathie schenkst.

Die Freiheit ist die eigentliche Verantwortung des Menschen.

Was tut er mit seiner »neschamah«, wohin fühlt er sich gezogen? Demgemäß bilden sich auch seine Bräuche. Vielleicht möchte er, daß gewisse Leute hier schon verdammt und vertilgt werden sollten. Denn hier urteilen meint nur, daß man dann hier verurteilt werden kann, vom Himmel her, von Gott.

Es sind also nicht die Bräuche, die du hier kritisieren, be-urteilen kannst. Es sind die Menschen. Und denen kannst du nur in Liebe entgegentreten, wenn du dich den Liebenden, den Echten in der Bibel nahe fühlst, ihr Leben in deinem erkennst. Der Mensch kann sich ändern, kann bereuen, Buße tun. Nicht im Äußeren, nicht demonstrativ. Wer wirklich umkehrt, wird davon nicht sprechen. Man wird schon bemerken, daß ihm etwas Fundamentales geschah. Oder man bemerkt es hier nie. Dann weiß er, daß Gott es weiß. Sonst wäre er kein wahrer Umgekehrter.

Immer also geht es um den Menschen. Er kann im Leben aufgrund seiner Freiheit umkehren. Wenn Gott will, werden sich dann seine Bräuche ändern. Es muß aber gar nicht sein. Denn wie seine äußere Erscheinung von Gott so gewollt ist, können es auch seine Bräuche sein. Der Mensch, der die Liebe erkannt hat, wird auch den Sinn der

Treue verstehen. Die Worte Glauben, Vertrauen und Treue sind nicht nur im Hebräischen identisch. Denn aus ihnen erwächst die Sehnsucht nach Liebe, und Liebe *kann* niemals untreu sein.

Der Mensch, der so empfindet, hat die Gnade, sich von den Gestalten in der Bibel angezogen zu fühlen, die ihr Leben dort in der Quelle Gott zugewandt haben. Er wird dadurch auch die Einheit im Wort suchen, und sein Empfinden wird ihm das Gefühl geben, auf dem Wege des Findens zu sein. Dann kommt ihm die Sehnsucht nach der Einheit des Wortes, des Geschehens im Zeitlichen und dem im Ewigen, klarer vor Augen.

Denn auch bei allen Bräuchen gilt es, nicht nur Bräuche in der Erscheinung zu haben, sondern Gott zu geben, was Gottes ist, also die Quelle von allem zu suchen. Nicht im Sinne des Turmbaus zu Babel, ausgehend vom hier Erscheinenden die Quelle erreichen zu wollen, sondern zu glauben, überzeugt zu sein, daß Gottes Treue schon den Sinn des Ganzen schenken wird.

Immer also gilt es, die Quelle als solche zu empfinden und dann die Freude erleben, daß sie fließt und uns beschenkt. Gott ist unser Vater im Himmel, der uns schon unser tägliches Brot in der Zeit schenkt. Brot als Nahrung des Menschen, und nicht nur Brot, um sein Tier zu befriedigen. Wenn auch die Sorge um das Tier dem Menschen anvertraut ist. Das Tier wird vom Menschen, durch den Menschen zur Erlösung geführt.

Jesu Antwort auf die Frage der Pharisäer in Anwesenheit der Vertreter Roms ist die Einheit von beiden Seiten. Niemals die eine der anderen vorziehen. So ist es bei den Institutionen, so bei den Bräuchen.

Man vergewaltigt die Realität, wenn man behauptet, es gehe doch nur um den Geist, um die Vernunft. Gerade vom Leben in der Quelle her bekommt die Kreatur hier einen Körper von Gott. Die Welt als unwichtig anzusehen, hat nur zur Folge, daß man Gefahr läuft, von der Welt eingefangen zu werden und in ihr unterzugehen.

Judenheit und Christenheit

Es bleibt uns jetzt noch die Frage, was das Neue Testament mit den Juden meint, die dort doch eine wesentliche Rolle spielen. Vom Anfang an bis zum Ende. Da müßte dann auch das Verhältnis der Christenheit zur Judenheit und umgekehrt zur Sprache kommen.

Ich hoffe nun, daß man die Bibel als Worte Gottes kennt, und die Juden nicht mehr nur nach ihrer äußeren Erscheinungsform beurteilt, sondern sich jetzt auch fragt, was das Wort in der Bibel von ihnen sagt. Was bedeutet in der Quelle des Seins, in der Verborgenheit der Jude? Ich habe davon schon einiges gesagt. Der Name kommt von »Gott loben«, der Jude ist also in der Erscheinung im Zeitlichen der Glückliche. Wenn sein Lob in der Quelle wahrhaftig ist, dann wird er sein Loben nicht laut demonstrieren, sondern eher im Sinne der Bergpredigt tief beglückt im Leben stehen. Wenn eine Einheit hier ersehnt wird, kann sich das auch im Erscheinenden manifestieren.

Was hat dann jene Trennung der Wege hervorgebracht? Natürlich wollen wir nicht in Geheimnisse eindringen. »Das Verborgene ist für den Herrn unseren Gott, und das Enthüllte ist für uns und für unsere Kinder« (5. Mose 29,28). Wohl aber können wir das uns Offenbare betrachten, uns selber in Wahrheit begeben.

Die Trennung kann hier nur entstanden sein, weil die »nefesch«, das Naturgesetzmäßige, eine überwiegende Rolle gespielt haben muß. Denn im Prinzip sind alle Mitteilungen im Neuen Testament auch für jeden Juden in der Welt nicht nur akzeptabel, sondern auch eine freudige Überraschung, eine Erfüllung all dessen, was der Mensch aus der Bibel im Alten Testament kennt. Wie konnte es geschehen, daß schon im Kern eine Art Distanzierung und bald dann auch Feindseligkeit entstand?

Es hat wohl mit jener Konfrontation schon in der Quelle zu tun. Ein Zusammenprallen von Gesetzmäßigkeiten, ein dann unvermeidliches Ringen um die Herrschaft. Vielleicht haben beide Seiten zuerst die Phase des Gesetzes erlebt, und es könnte sein, daß man sich am Ende die Augen ausreibt und sich fragt: Was haben wir eigentlich getan? Denn gerade durch die Erfahrung der Grausamkeit des immer herrschenwollenden Gesetzes, kann die Sehnsucht nach der anderen Seite des Lebens erwachsen, nach der Seite, wo Liebe und Gnade durchbrechen wollen.

Denn im Leben des Erscheinenden kann es sein und ist auch zu erwarten, daß sich die Elemente des Pharisäertums und die der Schriftgelehrsamkeit melden. An beiden Seiten. Wenn man nämlich dem Hochmut des Besserwissens erliegt, auf den anderen mehr oder weniger irritiert herabschaut, ist gleich die Schlange da, die dir zuflüstert: ›Nimm jetzt die Macht, du kannst den anderen zwingen, ihn quälen, unterdrücken. Er wird dir dann schon Recht geben!‹

Man erobert dann das Diesseitige, vergißt die ewige Quelle, vergißt die Einheit der Worte Gottes. Und diese Eroberung ist die große Versuchung, die große Verführung. Das Christentum wurde vom heidnischen Rom anerkannt, die Kaiser wurden seit Konstantin sogar Christen. Der Beweis war geliefert: Der Stärkere, der Erfolgreiche hat recht.

Auf der Seite des Judentums war es ebenfalls eine Angelegenheit des Rechthabens. Man hatte dort die Liebe vergessen, sie vielmehr für die Rechthaberei eingetauscht. Es bleibt für uns natürlich ein Geheimnis, auf welche Weise dies alles geschah. Die Fakten im Offenbaren sind in großen Zügen wohl demgemäß.

Gerade der Nachdruck auf Erfolg und Mißerfolg sonderte die Menschen vom Leben ab, ließ die Pharisäer-Mentalität siegen. Und dann bestätigen natürlich bald die Schriftgelehrten mit ihren einseitigen, deshalb oft grundfalschen Interpretationen der Bibel, ihre Unentbehrlichkeit. Auf beiden Seiten.

Man bedenke, der Tempel wird zum zweiten Mal verwüstet. Die Juden wissen zum Teil nur allzu gut, daß es wegen ihrer Sünden geschah. Wenn auch der wohl größte Teil von einer militärischen Niederlage sprach, Schuldige suchte und auf eine Gelegenheit wartete, sich einmal an diesen Römern zu rächen.

Es war jetzt ein Kampf um die Macht entstanden, ein Kampf voller Emotionen, Instinkte also, der die Quelle des Seins einfach verdrängte. Und so kam dann die Geschichte vieler Jahrhunderte, in denen das Gesetz des quantitativ Stärkeren herrschte, mit Verfolgungen, Lügen und Grausamkeiten.

Die Seite des Schwächeren hat auch das Äußere zur Beweisführung benutzt. Kein Mensch konnte darauf kommen, was zum Beispiel mit der Geburt gemeint war, mit all dem anderen vom Leben Jesu in der Welt. Obwohl das alles doch im Wort so leicht hätte erfahren werden können. Im Talmud wird das alles sogar noch lächerlich gemacht. Man fragt sich dabei, wie Menschen mit normalem Verstand, die sonst so Gewaltiges erzählen, zu solchen Argumenten kommen können. Es ist, als ob sie von der Gnade ausgeschlossen worden wären. Konnten sie so ihre ewige Quelle vergessen? Wie konnte es dazu kommen?

Man erkennt dann überall die Reaktion auf Verfolgungen, Vertreibungen. Natürlich werden Leute dann so empfindlich, daß man bei den Verfolgern nichts Gutes mehr sieht. Es herrscht nur eine emotional bedingte Ablehnung. Und gleichzeitig konnte die Christenheit nicht verstehen, daß die Juden so hartnäckig weiterhin alles von ihnen ablehnten.

Irgendwie muß im Judentum wohl die Gefahr empfunden worden sein, dieses Reich des Messias gleich hier im Erscheinenden zu gründen. Mit Macht, mit Zwang, mit Phrasen. Man nahm Jesus im Wort der Bibel gleichartig mit der Erscheinung hier. Man setzte das Historische ohne weiteres mit dem Ewigen gleich. Es wurde kein Unterschied mehr zwischen dem Zeitlichen und dem Ewigen gesehen. Die Worte Jesu, daß er diese Welt verlasse, um dann von dort, vom Ewigen wiederzukommen, wurden als eine Vertröstung auf später nicht so wichtig genommen.

Man hat im Taumel der Macht proklamiert, alles sei hier schon jetzt erfüllt. Die Judenheit wird gefragt haben: ›Und warum gehen Sterben, Tod, Leid, Krankheit dann weiter? Der Messias bringt doch eine neue Welt, Sonne und Mond werden neu, Wolf und Lamm werden zusammen wohnen? Ihr *sagt* es nur, und ihr wißt leider allzu gut, daß es noch nicht da ist. Die Quelle, die Bibel wird hier erfüllt werden, bis ins letzte Wort. Aber man kann nicht behaupten, hier sei schon das ewige Reich. Es wird gewiß auch hier erscheinen, weil es in der Quelle erlebt, erfüllt wurde. Ihr seid hier doch nicht identisch mit der Quelle. Ihr zeigt eine große Ungeduld eures Herzens. Vertraut auf Gott, ihr glaubt doch an Gott, ihr seid ihm doch treu. Vielleicht seid ihr in der Versuchung der Schlange gefallen.‹

So ungefähr müssen die Gedanken wohl gewesen sein. Und die Praxis der Christenheit, nicht nur den Juden gegenüber, sondern auch im Kampf untereinander, sagt schon genug aus.

So ist auch die Judenheit in der Geschichte öfters gestrauchelt, weil auch dort die Unterscheidung von Heiligem und Profanem nicht verstanden wurde. Weil auch dort der Gedanke der Einheit allzu oft verschwand, und man den Erfolg hier schon gleichstellte mit dem Heiligen. Immer noch wird gestorben, immer noch sind Kriege und Gerüchte von Kriegen an der Tagesordnung. Der Staat

Israel ist solch ein Zeichen der Ungeduld, des Bestrebens, hier jetzt mit Macht alles wahr zu machen.

Natürlich will man der ganzen Menschheit hier schon das Schönste, das möglich ist, schenken. Und natürlich auch den Juden hier ein ruhiges und glückliches Leben. Aber genauso den Arabern, den Russen, den Deutschen, den Amerikanern. Wir wollen den Geringsten gerne beschenken und empfinden dabei vielleicht unbewußt, daß wir Gott damit Freude schenken.

Aber das Proklamieren, alles sei hier und jetzt schon erfüllt, muß eine Sünde sein. Wir sehnen uns immer noch nach dieser Erfüllung, nach der Auferstehung der Toten, nach dem neuen Himmel und der neuen Erde. Christus *ist* auferstanden. In der Bibel, in der Quelle des Lebens. Das ist die Gewißheit, daß dieses Geschehen auch im Fluß der Zeit erscheint. Jetzt schon für manche in der Freude der Einswerdung, einmal wohl für die ganze Welt, für die ganze Kreatur in der ewigen Freude des Eins-Seins.

Ich glaube deshalb, daß sowohl bei den Juden wie bei den Christen das prinzipielle Mißverständnis, sogar die Sünde des Pharisäertums und der Schriftgelehrtheit im allgemeinen noch vorherrscht. Natürlich nicht aus bewußter und gewollter Gegnerschaft, sondern weil die Welt noch zu stark unter dem Einfluß der Emotionalität des Kampfes von allen gegen alle steht. Man ist für das eine Land und dann gegen das andere, für den einen Block und befürchtet, oft zu recht, die Bedrohung vom anderen. Die Welt ist noch zu stark in reiche und arme Länder aufgeteilt, wo der Reichtum oder die Armut fast immer nach der materiellen Produktion und ihrem Konsum gemessen wird.

Der Wolf und der Löwe herrschen noch und flößen immer noch Angst ein; die Schwachen müssen sich mit List, also taktisch, vor ihnen in acht nehmen. Wir leben noch in der Welt, in der die »nefesch« es sich hie und da leisten kann, großzügig zu sein. Aber immer mit dem Gefühl, sich besser zu verbergen, sobald der Streit eine neue Spiralwindung der Emotion erreicht. Schließlich gibt es trotz Lebensverlängerung in vielen Ländern, trotz Zunahme des Wohlstandes immer noch den Tod, Armut und Hunger in der Welt.

So sind dann auch die ersten Kontakte zwischen beiden Seiten noch beherrscht von jenen Gefühlen aus der Vergangenheit, wo der Instinkt, der Expansionsdrang, die Macht die Emotionalität beherrschten. Es sind deshalb noch hauptsächlich Gespräche zwischen Schriftgelehrten. Schüchtern bekennt die eine Seite Schuld, und die andere Seite hört das dann gern. Daß die andere Seite auf andere Weise ebenfalls Schuld bekennen sollte, wird geflissentlich übersehen.

In diesen Kontaktaufnahmen spielen die Schriftgelehrten gern die Besserwissenden, die Belehrer, die Älteren. Die andere Seite spielt die treuen Belehrten, die Unwissenden, die Jüngeren. Oft mit dem versteckten Gefühl der Erwartung, die anderen würden ihnen am Ende dann bekennen, daß sie mit Jesus als Christus, als Messias doch recht hatten. Und sie freuen sich, wenn manche Juden bestätigen, Jesus sei gewiß auch ein Prophet gewesen, sogar wohl auch ein Rabbi. Schriftgelehrte sind schon befriedigt, wenn *ihnen* einmal recht gegeben wird. Weil sie in ihrer Überheblichkeit gern vergessen, daß es sich bei Jesus eben nicht um einen Propheten handelt, sondern um etwas ganz aus der Reihe Springendes, um ein einmaliges Wunder, wie schon die jungfräuliche Geburt eines ist. Und an Rabbis, guten und bösen, fehlt es sowieso nicht, jetzt nicht und nicht in allen Vergangenheiten. Für die Juden ist ein wahrhaftiges Anerkennen von Christus gleichbedeutend mit dem Der-Kirche-rechtgeben, also mit einem Verrat im höchsten Grade. Denn man betrachtet Christus als das Wappen jener Institution, die so viel Lüge, Elend und

Mord in die Welt gebracht hat. Man sieht nur das Äußere, die Haut; durch die Emotionalität, das Gift der Schlange, kann man gar nicht an die Worte in der Quelle, im Sein denken.

Denn eigentlich kennt das Judentum seit jeher die große Sehnsucht und die freudige Erwartung des Messias. Messias ist das hebräische und Christus das griechische Wort für denselben Gesalbten. Und die Geschichte im Neuen Testament erzählt genau das, was man vom Wunder des Messias erwartet.

Man könnte leicht sagen, diese Entwicklung sei Folge der Eile der Christenheit, das Reich der Ewigkeit hier schon zu proklamieren, in der Welt des Äußeren, und übersehen zu haben, daß es die Quelle des Seins gibt, daß es um die Ehe von Braut und Bräutigam geht, von Äußerem und Innerem. Man hat vergessen, was es bedeutet, daß die Bibel Wort Gottes und *Gott* das Wort ist. Vergessen wurde, daß man in dieser Welt der Verfolgte sein *muß*, weil die Zeitlichkeit niemals von sich aus die Ewigkeit verstehen wird. Es sei denn, die Gnade kommt als ein Durchbruch durch alle Gesetzmäßigkeit.

Deshalb werden die Schriftgelehrten nie einsehen können, was die Konsequenzen aus dem Neuen Testament sind; daß diese Konsequenzen die Gnade versprechen, das Erwecken der Liebe im Menschen, seiner Sehnsucht nach dieser Gnade. Und eben nicht letztlich sein Gefühl: Also, seht ihr, wir haben *doch* recht gehabt.

Wenn diese neue Dimension nicht durchbricht, ist alles menschliche Unternehmen vergeblich. Man bleibt hier der Verfolgte, der Vertriebene, bis plötzlich die Gnade durchbricht. Und das geschieht gewiß, weil es doch im Wort Gottes schon erfüllt ist.

Man sollte aber, um der Gerechtigkeit willen, die Schuld auf seiten der Judenheit nicht einfach vergessen. Es ist klar, sie wurde von der Christenheit verfolgt, verleugnet, verraten. Aus den letzten Jahrzehnten gibt es darüber schon viele Bekenntnisse. Ich habe auch schon angedeutet, was die Römer als Edom angerichtet haben, und auf den Übergang des heidnischen Rom in ein christliches hingewiesen.

Aber auch in der Judenheit herrschte ein totales Mißverständnis über das Wort Gottes. Natürlich gab es bei Christen wie Juden heilige Menschen, besondere, einmalige. Was aber an Bösem herrschte, kam bei beiden hervor. Das Mißverständnis bei den Juden wurde im Anfang von ihnen selber eingesehen und auch bekannt. Es war der Streit der Besserwisser, wodurch man die Einheit des Wortes, also auch die Einheit Gottes, verdarb.

Wie sollte man dann den Sinn des Neuen Testamentes verstehen können? Man verlor sich in überheblichem Pharisäertum und in unendlichen Haarspaltereien der Schriftgelehrten. Es wurde ein Streit um der Rechthaberei willen. Obwohl es sogar im Talmud heißt, wenn mehrere verschiedene Meinungen herrschen, sie aber alle um des Himmels willen so geäußert werden, dann gelten alle diese verschiedenen Meinungen als Worte des lebendigen Gottes.

Gott nahm seine Wohnung aus Jerusalem weg, weil es diesen sinnlosen Haß – »Sinas chinam«, Haß umsonst – untereinander gab, heißt es wörtlich. Und dieser Haß von einem gegen den anderen, von allen gegen alle ist der tiefere Grund, daß die Wohnung Gottes aus der Mitte der Judenheit verschwand. Nicht weil Titus ein tüchtiger und harter Feldherr war, der schlußendlich siegte, sondern weil dieser sinnlose Haß herrschte.

Entscheidend sind oft ganz persönliche Motive, die der Gemeinschaft nicht als wichtig gelten. So nennt der Talmud zum Beispiel einen Fall einer Beschämung bei der Einladung zu einem Gastmahl. Durch die Verwechslung zweier Personen, die beinahe den gleichen Namen trugen, nämlich Kamza und Bar-Kamza, und die für einen von beiden beschämende Weise seiner Entfernung vom Festmahl, seien, heißt es, Jerusalem und der Tempel verwüstet worden.

Wir schauen nur auf die große Politik, auf die verschiedenen Richtungen, Gott aber schaut subtiler, er schaut auf das Verborgene im Menschen und weiß: ›Keine Sekunde länger kann meine Wohnung hier bleiben, es ist der letzte Moment. Sonst wäre die Schöpfung sinnlos, ginge die ganze Welt unter.‹

So entstand durch das Verhalten solcher Menschen in ihrer von Gott geschenkten Freiheit ein großes Unrecht, indem sie nichts mehr von der Bedeutung jener Worte im Neuen Testament spüren konnten. Die Ursachen können wir nicht ergründen; wir sehen aber am Verhalten dieser Leute, daß es wohl Geschehnisse wie mit Kamza und Bar-Kamza gewesen sein werden.

Und die viele Zeiten anhaltende Hartnäckigkeit, wo man nur emotional, aufgeregt auf das Äußere schaute und einfach nicht dazu kam, an das Innere der Worte zu denken, spricht bis heute für sich. Und diejenigen, die im Laufe der Zeit behaupteten, die Wahrheit des Christentums eingesehen zu haben, sind vielleicht nur vor der harten Macht weich geworden, haben aus Opportunismus gewählt oder sind auf die Weise der Schriftgelehrten überzeugt. Die Wahrhaftigen kennt Gott, und *er* weiß es.

Ich glaube, wir könnten jetzt eine Phase erwarten, wo die Sehnsucht nach Gnade, nach Erlösung in der Welt durchbricht. Der Dunst, »ed«, die 1–4, steigt jetzt vielleicht auf, der neue Adam, der neue 1–4–40 kann jetzt erscheinen. Dann werden Christen nicht erwarten, daß Juden ihnen recht geben, sich zum Beispiel taufen lassen zum Beweis, daß sie ihr Unrecht bis jetzt bekennen. Und genauso abwegig wäre es, wenn Christen auf einmal Juden würden, oder wenn man Bräuche, Folklore, Gebete vermischte.

Jeder in der Schöpfung bleibe seiner ihm von Gott

gegebenen Form treu. Pflanzen und Tiere haben die ihnen von Gott geschenkte Form. So auch alle Menschen, die in allen Richtungen und Sprachen als Zeichen von Gottes unermeßlicher Schöpfung hier leben. Dann kann der Wolf nicht darauf pochen, daß er doch stärker als das Lamm sei, das Lamm nicht beanspruchen, es sei jetzt so stark wie er. Alle Völker, alle Gemeinschaften strömen von allen Seiten in ihrer Eigenart zu Gott im Zentrum der Welt, in der Mitte des Lebens.

Die Bilder aus Jesaja sind in der Quelle, in den Worten Gottes anwesend. Und deshalb werden sie sich gewiß im Fluß der Zeitlichkeit auch manifestieren. Aber genauso die Worte aus dem Neuen Testament, wenn wir sie in ihrer Einheit erkennen, der Einheit des Wortes, der Einheit Gottes.

Es war mir wichtig, anläßlich der Pharisäer und Schriftgelehrten diesen Exkurs in die Praxis unseres Lebens zu machen. Denn schließlich wird der letzte Teil dieses Buches vom Tod Jesu handeln und von seiner Auferstehung. Dazu haben doch gewiß die Pharisäer und Schriftgelehrten ihren Teil beigetragen. Deshalb ist es sehr wichtig zu erkennen, was sie im Wort bedeuten.

Es werden sich natürlich jetzt viele von meinem Erzählen abwenden. Emotionen werden aufwallen, weiter wird Rechthaberei betrieben werden. Aber dennoch muß ich bekennen, daß ich das alles mit großer Freude aufschreibe. Denn ich spüre, es muß jetzt alles für die Erfüllung im Zeitlichen ganz nahe sein. Die Wahrheit muß sich erfüllen. Und die höchste Wahrheit ist die Liebe Gottes für die ganze Kreatur, für die Lebenden und für die Toten. So führt der Weg durch die Wahrheit und durch das Leben.

Bald einmal wird das Belehren, wird das Besserwissen aufhören. An ihre Stelle kann dann die Sehnsucht nach Liebe treten, das Gefühl, wie schön es ist, dem anderen *sein* Rechthaben zu schenken. Hat er nicht schon recht, wenn er

Gott sucht, wenn er sich des Lebens und der Welt freuen kann? Nur die Schriftgelehrten tüfteln, verlieren sich in Wortklauberei und zerstückeln damit die Freude der Liebe.

Die Liebe wird dann schon alles erfüllen, als Liebe Gottes wird sie auch den Tod aufheben, alles Leben in Freude, in Ewigkeiten hier sein lassen. Dann wird man auch einsehen, wozu und warum alles so war, wie es war. Und dann kommt erst die große Überraschung. Weil Gott doch um ihretwillen die Welt erschafft und in seinen Händen treu bewahrt.

III
Kreuzigung, Tod und Auferstehung

Ausgeliefert dem Unverständnis

Die Pharisäer und Schriftgelehrten verstehen die Sprache Jesu nicht. Es mangelt ihnen keineswegs an intellektuellen Fähigkeiten. Es zeigt sich vielmehr in tragischer Weise, daß derjenige, der nur die Sprache der Erscheinung kennt, die Sprache der Verborgenheit einfach nicht verstehen *kann.* Im Sprechen lauten die Worte gleich, aber die einen verstehen nur den äußeren Sinn, während die anderen die Sprache in der Quelle kennen und wissen, daß die Worte dann auch im fließenden Äußeren verlauten.

In der Bergpredigt wird der Sinn der Worte aus der Quelle im Äußeren klargemacht. Wenn es dort heißt: »Ihr habt gehört, daß gesagt wird«, und dann »Ich aber sage euch« folgt, dann meint es Jesus nicht im Sinn der Zeit-Reihenfolge, sondern etwa so: ›Wenn ihr nur das Erscheinende betrachtet, ohne euch zu fragen, woher es stammt, was der Schöpfer damit gemeint hat, dann versteht ihr den Sinn für das ganze Leben, auch das der Ewigkeit, nicht. Und deshalb sage ich euch jetzt, was es in der Quelle, für alle Zeiten und für die Ewigkeit bedeutet!‹

Wer aber keinen Zutritt zur Quelle hat, ist mit dem Menschen zu vergleichen, der von der Frucht vom Baum der Erkenntnis gegessen hat und dem dann der Weg zum Baum des Lebens versperrt ist. Dennoch will er seine Worte vom Baum der Erkenntnis in der Welt vom Baum des Lebens anwenden.

So können die Pharisäer und Schriftgelehrten im Fluß aller Zeiten die Sprache Jesu nicht verstehen. Jede Frage, die sie ihm stellen, handelt von einer Angelegenheit im Zeitstrom. Und seine Antwort lautet immer: ›Schaut, in der Quelle, im Sein ist das Wort *so.* Und ihr könntet mich nur verstehen, wenn bei euch eine Sehnsucht nach dem Lebenssinn, nach Ewigkeit erwächst. Wenn nicht, dann werdet ihr mich nie verstehen. Immer wieder wird es bei euch Argumente geben, die nur zeigen, daß ihr meine Sprache nicht versteht.‹

Jesus versteht – was seine Jünger vielleicht nur zum Teil verstehen können –, daß sein Leben in dieser Welt sein Ziel nicht erreichen wird, da die Anziehungskraft des Zeitlichen es verhindert. Wie die Schwerkraft nach Naturgesetz alles fallen läßt, so unterliegt der Mensch auch dem Versucher. Er *kann* den Weg zum Baum des Lebens nicht gehen, die Cherubim, die Engel mit den Kindergesichtern, stehen ihm im Wege. Er kann im Leben nicht werden wie die Kinder. Die Realität läßt ihn immer wählen nach seiner Erfahrung der Sequenz, also kausal.

Jesus sieht, daß die Geschlechter der Welt in allen Zeiten nach der äußeren Erscheinung des Geschehens urteilen werden, daß sie deshalb die Frage nach dem Inneren als paradox und lästig empfinden. Die Macht der Welt ist in den Händen jener Instanzen, die nur gescheit ihre Schlußfolgerungen aus den Erfahrungen im Erscheinenden ziehen. Es sind sogar die höchsten Instanzen in der Welt und im Menschen. Sie *kennen* eben nichts anderes. Auch die Hohepriester leben unter dem Urteil der Erfahrung der Welt, der Wissenschaft, des großen »man«. Sogar Engel, Boten Gottes, sind der Anziehung des Gesetzes erlegen.

»Wie sie«, »kohen« heißt doch dem Worte nach der Priester, wie diese Urkräfte der Gesetzmäßigkeiten. Und die Ältesten, »sekenim« im Hebräischen, deren Mund doch vom Zerbrechen des Wortes weiß, werden derart vom Versucher angezogen, daß sie nicht bestehen können.

Jene Ältesten nämlich erzählen im Menschen, sie wüßten vom Geschehen mit der Schlange. Denn nachdem der Mensch durch die Begegnung mit der Schlange gefallen, in seiner Erscheinung in der Welt, also in seiner Weiblichkeit angegriffen und vergewaltigt worden war, das heißt auch, die Frucht von jenem Baum, von jener Zeit-Entwicklung in sich aufgenommen hatte, bemerkte er, daß er nackt war, und schämte sich jetzt.

Vorher ist er auch nackt, aber sein Inneres ist im Erscheinen im Äußeren, es ist ihm gleich. Wie sein Inneres ewig ist, das Sein an sich, so ist sein Äußeres, wie ich schon beschrieben habe, eine Hülle von Licht, »or«, 1–6–200. Mit seinem Fall, wo er lernte, das äußere Wachstum zu studieren, zu wissen, trennt sich dieses Äußere vom ewigen Inneren. Es wurde das Werden im Gegensatz zum Inneren, das das Sein blieb.

Diese Unvollkommenheit im Äußeren wurde zum Grund seiner Scham. Dieses immer unvollkommene Äußere will er bedecken, um jedenfalls nicht fortwährend an diese Gespaltenheit von Zeit und Ewigkeit erinnert zu werden. Er bedeckt sie selber mit dem Feigenblatt. Das heißt, er zeigt die Ursache seines Falles. Die Feige ist die vierte der sieben Früchte der Welt. Sie zeigt das Geschehen in dieser vierten Welt, »tewel«, 400–2–30, der von der Vielheit bewohnten Welt. Das Wachsen des Feigenbaumes führt zur Frucht der Vielheit.

Gott gab ihm dann eine Hülle von Haut, ebenfalls »or«, 70–6–200. Das Licht, »or«, verschwand, sobald der Mensch die Frucht der Entwicklung, der Zeit nahm, die bei ihm den Eindruck erweckt, er könne im Äußeren der Entwicklung eingreifen, er könne sie selber lenken. Ewigkeit wird durch Zeitlichkeit ersetzt.

Und an den Stellen, wo das Licht entscheidend die Verbindung mit der Ewigkeit zeigte, wächst jetzt das Haar. Hebräisch »sa-ar«, Haar, 300–70–200, schreibt sich vollkommen gleich wie das Wort »scha-ar«, 300–70–200, Pforte, Tor; nur wird es eben anders ausgesprochen: statt »Sch« als »S«. Hier denkt man natürlich an den entscheidenden Unterschied im Worte *Sch*iboleth und *S*iboleth (Richter 12,6).

Das Tor, heißt es, läßt Gott ein, kann die Ewigkeit mit der Zeitlichkeit direkt verbinden (Ps. 24,7–9). Das Haar aber zeigt jetzt die Anzahl der Begegnungen in der Zeit. Viele Haare auf dem Kopf sind anstelle des einmaligen Ewigen. Das Auge des Menschen sah durch Zeit und Raum. Dieses Auge aber wurde von Haar bedeckt.

Die Handlungen des Menschen waren einmalig, alles entscheidend. Jetzt sind die Achselhöhlen mit Haar bewachsen. Viele Handlungen muß er nun verrichten und weiß nicht, ob und wie sie mit dem Erfolg zusammenhängen.

Und des Menschen Leben in Ewigkeit wurde jetzt in viele Generationen zersplittert. Er kann sich hier kaum mit den echten Ahnen verbunden fühlen. Und seine Nachkommen gehen ihm ebenfalls durch ihre Vielfalt im Gefühl der Verbundenheit verloren. Diese Stelle des Haarwuchses ist ihm die bedrückendste Scham. Seine Einheit durch Zeit und Raum ist ihm verlorengegangen, er erkennt sich hier im Äußeren als ein nichtswissendes, nichtskönnendes Wesen – ein abhängiges Leben. Wovon abhängig? Er weiß es nicht; nur, daß es so ist.

Der Mund hat beim Mann nun auch den Bartwuchs. Was aus dem Mund kommt, ist sehr zerstückelt, er kann das Wort in seiner Göttlichkeit nicht mehr aussprechen. Das hebräische Wort für Bart ist »saken«, 7–100–50. Und »der Älteste« bedeutet eben »der Bart«.

Wer spricht, als ob sein Wort wichtig sei und alles schon enthalte, als ob es gleich Gottes Wort sei, ist kein Weiser, kein »saken«, kein »Ältester«. Die Hülle, das Äußere, die »nekewa«, das Weibliche hat *keinen* Bart. Es ist klar, daß man damit nicht nur die Frauen meint. Es will sagen, das Äußere *kann* nichts Wesentliches erzählen. Selbst wenn die Beweise im Äußeren stimmen; dann gerade ist die Gefahr der Versuchung groß.

Es gibt im Hebräischen den Ausdruck »kol ischa erwa«,

»die Stimme der Frau ist Schande«. Das heißt also, das Äußere, das Weibliche soll nicht reden. Seine Stimme verführt. Das Wort »erwa«, 70–200–6–5, hat den gleichen Stamm wie »arum«, 70–200–6–40, nackt. Die Stimme des Weiblichen ist nackt, tut, als ob alles, was sie sagt, mit der Ewigkeit übereinstimmt.

Die Schlange im Paradies wird auch »arum« genannt (1. Mose 3,1). Man übersetzt das Wort dann mit »listig«; genauso hätte man es mit »nackt« übersetzen können. Die Schlange ist unverschämt, weil sie tut, als ob das Innere, das Ewige, dem Äußeren, dem Zeitlichen gleich ist.

Das Weibliche, das Äußere sollte also einen »Bart« haben. Damit zeigte es schon seine Relativität, seine Zeitlichkeit.

Daß die Ältesten im Leben jeder Generation jetzt zeigen, daß ihr Bart ein Betrug ist, nur ein Spiel nach außen, macht die hoffnungslose Verkommenheit der Welt in allen Aspekten deutlich, auch dort, wo man noch ein Wissen von der Herkunft des Menschen von Gott erwarten konnte.

Die Hohepriester, die im Leben spüren, daß der Mensch im Zeitlichen das Muster vom Leben der himmlischen Heerscharen hat, haben dies auch verloren. Alles ist der Mentalität der Pharisäer und Schriftgelehrten hörig geworden. Das Äußere, das Erscheinende ist das einzige Interesse des Menschen geworden.

Es wird für Jesus zur Gewißheit, daß der Mensch, der doch alles in sich hat, das Ewige jedenfalls als Sehnsucht zu erkennen, ihn nicht verstehen kann, ihn loswerden möchte. Es wird ihm klar, daß er einsam sterben würde. Denn auch die Jünger verstehen ihn nur teilweise. Er kennt ihre Ängste, ihr Zögern. Und er weiß, daß ihm das Nichtverstehen der Menschen, die ihn hätten verstehen können, großes Leid bedeuten wird. Er ist doch für die Welt da, dazu wurde er aus dem Samen des Heiligen Geistes geboren. Aber es sieht danach aus, daß alle diese

Leute ihn vernichten, indem sie seine Worte nicht verstehen können. Er fühlt sich schon ganz dem Urteil des Äußeren ausgeliefert.

Und dabei versteht er, daß er der ganzen Welt, allen Menschen nur im Verborgenen, im ewigen Sein begegnen könnte. Dort gibt es nicht den Sieg des Verführers. Nur wenn er dort zeigte, daß es hier unmöglich ist mit den Menschen, daß sie im Zeitlichen an der Sünde leiden, am Kranksein, und wenn er ihnen zeigte, daß nur von dort, vom ewigen Sein her, die Erlösung aus der Gefangenschaft hier möglich ist. Die Absicht des Verführers ist ihm klar. Die Liebe kann nur mit Haß, mit Neid bekämpft werden, das Ewige nur mit dem Zeitlichen. Und diesem Tier der Zeitlichkeit sind die Menschen in die Fänge geraten, diesem Tier im permanenten Jetzt, in der permanenten Gegenwart, diesem apokalyptischen Tier.

Aber von dort wird er in drei Tagen wiederkehren ins Hier. Die drei Tage nicht in der fließenden Zeit gemessen; das können nur Menschen, die allein die Maßstäbe des Zeitlichen kennen, denken. Bald aber werden sie bemerken, daß ihre Maßstäbe nur solche der Erscheinung, des Äußeren waren. Bald werden sie einsehen, daß es die Maßstäbe der Ewigkeit, des Wortes gibt, und daß es eine Anmaßung ist, das Ewige mit den fließenden, den davonlaufenden Maßstäben des Zeitlichen messen zu wollen.

Die drei Tage im Ewigen sind eben Vergangenheit, Gegenwart und Zukunft. Immer steht ein Heute zwischen einem Gestern und einem Morgen. Diese Dreiheit fließt aber; die ewige dagegen ist die Dreiheit von Vater, Sohn und Heiliger Geist. Der Vater als Ausdruck des Ewigen im Gefühl der Vergangenheit. Und der Sohn als die Zukunft, die Welt, die der Vater baut. Das Heute, die Gegenwart, ist der ständige Verbinder von Vater und Sohn, der Heilige Geist, der jedem Heute das Leben bringt.

Die drei Tage, nach denen Jesus von den Toten auferstehen, zurückkehren wird, enden mit der Rückkehr am dritten Tag, in der Zukunft also. Denn er weiß in voller Glaubensgewißheit, daß das Leben – der Vater im Himmel weiß, wann – wieder hier sein wird. Das Zeitliche ist dort nicht an das Gefühl einer Endlosigkeit gebunden, einer Unendlichkeit zum Verzweifeln. Dort ist das Zeitliche wie eine Braut, die dem Bräutigam zugeführt, dem Ewigen verbunden wird. Dort herrscht nicht die Verzweiflung der langen, ungewissen Dauer. So ist die Rückkehr an einem Punkt, den Gott als den richtigen, den erfreuendsten kennt. Zu Gottes Zeit, zu seiner Zeit.

Der Mensch würde das hier in der Zeit nie einsehen können. Er will immer das Fließende festhalten. Es zerrinnt ihm aber zwischen den Fingern. Wie das vierte Metall in der Reihe der sieben Metalle der Erde, das Quecksilber nicht festgehalten werden kann.

Jesus weiß, diese Welt kann nur einsehen, wenn sie die Quelle, das Sein selber erlebt. Und das kann sie, da sie hier vom Neider der Liebe gefangengenommen wurde, nur durch die Erlösung im Tod erleben. Deshalb ist der Tod gut, er befreit den Menschen aus seiner Befangenheit hier. Und das wird Jesus der Welt als erster zeigen und erzählen.

Der Tod mag bisher sinnlos ausgesehen haben, weil er dem ein Ende machte, was der Mensch als alles betrachtete. Von nun an werden sie durch mich einsehen, daß der Tod den Menschen zur ewigen Seite des Seins bringt. Dort erkennen sie sich, wie sie wirklich sind. Und dort werden sie sehen, daß die Zeitlichkeit, daß das Erscheinende als Braut dem Bräutigam, dem ewigen Inneren verbunden ist. Daß Zeitlichkeit nicht verlorenging, sondern gerade als Braut heimgeholt wird und mit dem Ewigen in einem Bund der Ehe vereint ist.

Es ist dies auch das Muster, dem jeder Mensch mit einer Sehnsucht nach Ewigkeit folgt. Er spürt dasselbe wie Jesus. Seine Worte sind im Sein geäußert, der Heilige

Geist hat sie in die Welt gebracht. Und weil sie dort in der Quelle anwesend sind, fließt aus ihr der Zeitfluß hervor und inspiriert jeden Menschen im Zeitlichen mit diesen Gedanken. Das alles sind Zeichen der Erlösung in der Quelle, in den Worten Gottes, die von uns dann in unserem Leben hie und da als solche erkannt werden könnten.

Ich dachte an die Worte Jesu, wie sie zum Beispiel in Matthäus 16,12–28, und bei Markus und Lukas vorkommen. Jesus sieht ein, daß die Welt ihn nicht verstehen kann, weil sie eben dem Äußeren, als wäre es alles, verfallen ist.

Jerusalem als Zentrum der Welt

Jesus sagt dann seinen Jüngern, er müsse nach Jerusalem. Und dort werde ihm das alles geschehen. Er werde dort viel erleiden müssen von den Ältesten, den Hohepriestern und den Schriftgelehrten. Und dann auch getötet und am dritten Tag auferweckt werden.

Ich frage mich: Warum muß er dazu gerade nach Jerusalem? Sie quälen ihn auch fortwährend in Galiläa. Und ich denke dann an die Bedeutung des Namens Jerusalem. Natürlich ist es im Äußeren eine geographisch bekannte Stadt. Was aber sagt die andere Seite dieses Wortes, im Hebräischen Jeruschalem oder gesprochen als Jeruschalajim? Dieses Wort enthält: »das Erscheinen (Gottes) ist (dort) vollkommen«; und ausgesprochen: »das Erscheinen (Gottes) ist vollkommen in seiner Dualität«.

»Erscheinen« im Sinne des Sehens, des Sichtbaren. Und »vollkommen«, daß dort zum Beispiel die Seite des Äußeren *und* die des Inneren als Einheit, als Vollkommenheit permanent da sind. Diese andere, für das Äußere verborgene Seite des Wortes, sollte man, das erwarten die Worte Gottes, doch auch kennen, jedenfalls suchen.

Sonst bliebe Jerusalem ein willkürlicher Ort auf Erden,

nur beladen mit Emotionen. Weil viele diesen geographischen Ort für sich fordern, und jeder überzeugt ist, er habe recht. Und damit das Recht auf Besitztum.

Also ein Name, der sagt, dort wohnt Gott, und Gott ist vollkommen. Das Wort Schalem ist identisch mit dem Wort Schalom, das man auch als »Frieden« kennt; beide 300–30–40 geschrieben. Gott erscheint dort mit seinen beiden Namen »Herr« und »Gott« als Einheit, ist also vollkommen eins.

Dort ist der Ort mit dem (gerade nicht geologischen) Grundstein der Welt. Auf diesem Stein wandelt sich das äußerliche Getötetwerden Isaaks in sein weiteres Leben. Tod und Leben in der Vollkommenheit. Es fehlt im Vollkommenen nichts; es wäre sonst unvollkommen. In Jerusalem ist das Erscheinende und das Wesen eins.

Man spricht dann vom »oberen« Jerusalem, von der Stadt im Himmel. Das hebräische Wort für »oben« ist »al« oder eine Konjugation mit diesem Wort als Stamm. Und »al« ist Stamm vom Wort »oleh«, das »aufsteigen« bedeutet. »Al« ist auch der Begriff des physischen Leichterwerdens.

Das Fallen, das Absteigen, der Rückfall ist ein physisches Schwererwerden; also auch das Schwierige, die Beschwerden. Es ist eine Verdichtung, wie wir sie bei der Wolke, dem Wasser und dem Eis gesehen haben. Demgegenüber ist das Aufsteigen eine Verdünnung, eine Erleichterung. Das echte Aufsteigen ist sogar ein Verschwinden aus der Sichtbarkeit, ein Sich-entziehen jeder materiellen Beweisbarkeit. Ich denke jetzt auch wieder an Christi Himmelfahrt, an das Aufgenommenwerden in die Wolke, und am Ende ein vollkommenes Verschwinden nach vierzig Tagen. Dem Worte nach ein Verschwinden *nach* der Zeit, nach jeder Zeiterfahrung, nach jedem Zeiterlebnis.

Gemäß dem Wort »al«, 70–30, ist »oben« per definitionem ein Unsichtbarsein. Und nicht ein räumliches Oben.

Wie der Himmel nicht räumlich oben ist, sondern nach der Bedeutung des Wortes Himmel im Hebräischen, »schamajim«, ein doppeltes »dort«, ein doppeltes »scham«, 300–40; »ajim« ist der Ausdruck der Dualität. Nicht nur, daß das Zeitliche und das Ewige dort zur Einheit verbunden sind, sondern auch jeder »Name«, jeder »schem«, 300–40, ist dort als äußerer und als innerer in einem da. Alles hat einen Namen in der Sprache, im Wort, alles, was benannt werden kann, ist dort von einem Extrem bis zum anderen anwesend.

Jerusalem ist auch der Ort, wo Gott wohnt, Gott in seiner Vollkommenheit. In der Welt der Leute, die infolge der Pharisäer und Schriftgelehrten nur das geographische, hier erscheinende Jerusalem meinen, ist Gott eben irgendwo anders. Sie verstehen nicht die Sprache in ihrem Wesen, in ihrem Sein.

Die Menschen, die das Wort noch als göttliches ahnten, haben natürlich die Geographie auf wissenschaftlich unmögliche Weise beschrieben. Sie sagen, unsere Welt sei der Mittelpunkt von Gottes Schöpfung. Ein Punkt ist räumlich ein Nichts, ist nulldimensional, ist verborgen, ist unsichtbar. Und doch bestimmt er den ganzen Raum, auch wenn dieser unendlich weit und groß wäre.

Und Mittelpunkt wiederum unserer Welt sei das Land Israel. Man stelle sich jetzt selber vor, was das bedeutet. Um dieses Land Israel kann es also kaum Kriege geben.

Jerusalem wiederum ist der Mittelpunkt vom Land Israel. Und in Jerusalem ist die Wohnung Gottes ebenfalls Mittelpunkt. Und in der Wohnung Gottes ist das Allerheiligste Mittelpunkt. Denn dort wohnt Gott im Zwischen der beiden Cherubim auf dem Deckel der Lade des Bundes. Deckel, hebräisch »kaporeth«, 20–80–200–400, ist auch vom Worte »versöhnen«. Gott deckt bei seiner Versöhnung die bereuten Sünden zu. So heißt doch der Versöhnungstag der Bibel Jom Kipur, »kipur«, geschrieben 20–80–

200, wie Deckel. Die Lade, »aron«, 1–200–50, ist eigentlich vom Wort Licht, »or«, 1–(6)–200, und in ihr ist das von Gott in Stein gravierte Wort. Verborgen in der Lade, von Gold, vom Licht umhüllt.

Vielleicht verstehen wir jetzt, warum Jesus nach Jerusalem will und dort den Tod erwartet und am dritten Tag die Auferstehung. Er will dorthin auch, weil *dort* die Ältesten, die Hohepriester, die Schriftgelehrten im Wesen vom Wesen vom Wesen sind. Sogar im Tempel, sogar in ihrem Hohen Rat. Dort handelt es sich nicht um irgendein zufälliges Ausrutschen. Die Bibel, Worte aus dem Sein, erzählt von Jerusalem, Zentrum vom Zentrum vom Zentrum. Was im Kern solchermaßen erzählt wird, will schon darauf aufmerksam machen, daß das daraus fließende Zeitgeschehen ein sehr wichtiges Muster enthält. Man sollte dann in der Zeit nicht schläfrig oder abgelenkt sein. Das Pharisäertum sollte man nicht so leicht auf andere abwälzen und sich hochmütig brüsten, »zum Glück anders und besser zu sein«, also sich von den anderen in der Welt absondern zu wollen; »poresch«, Stamm des Wortes Pharisäer, die sich als Besserwissende, Besserlebende, Auserwählte von den Gemeinen absondern und die sehr auf ihre selbst proklamierte Besonderheit achten und vor allem geachtet werden wollen.

Jesus weiß, dort im Zentrum wird man mich gewiß nicht ertragen. Gerade diese Leute müssen zu meinem Leben sagen, es sei *nicht* so. Das heißt, sie werden mich ver-nicht-en. Aber genauso weiß ich euch zu sagen: am dritten Tage werde ich wieder auferstehen, wieder erweckt werden.

Der treue Petrus, der doch von Jesus die Schlüssel des Himmelreiches zugesprochen erhielt, der einzige von den Jüngern, der ihn als den Christus erkannte, den Sohn des lebendigen Gottes, und deshalb von Jesus gelobt, der Felsen genannt wird, worauf er seine Herausgerufenen, seine Gemeinde bauen will, dieser gleiche Petrus sagt, nur wenige Verse weiter in jenem 16. Kapitel, auf Jesu Ankündigung seines bitteren Endes: »Herr, das verhüte Gott! Das widerfahre dir nur nicht!«

Mit anderen Worten: »So etwas sage doch bitte nicht. Wir alle brauchen dich doch. Was täten wir hier ohne dich?« Eine klare menschliche Reaktion. Wir sind alle zu fest an diese Zeitlichkeit gebunden, als daß wir anders auf solch eine Mitteilung reagieren könnten. Die Erwähnung vom Auferstehen am dritten Tag scheint Petrus überhört zu haben. Der Nachdruck ist bei uns so stark auf dem Leben im Zeitlichen, daß wir, im Muster des Ewigen im Zeitlichen, genauso reagieren wie hier Petrus.

Die Antwort Jesu an Petrus ist deshalb für uns alle von entscheidender Wichtigkeit. »Gehe hinter mich, Satan«, oder, wie Luther es übersetzt, »Hebe dich von mir, Satan«. Keine Kleinigkeit fürwahr. Der Satan ist doch der große Gegner, der Hinderer.

Jesus sagt dann weiter, er erklärt seinen Ausbruch gegen Petrus: »Ein Fallstrick bist du mir, da du nicht sinnest auf das, was Gottes ist, sondern auf das, was des Menschen ist.« Oder in Luthers Übersetzung: »Du bist mir ein Ärgernis; denn du meinst nicht was göttlich, sondern was menschlich ist.«

Es sollte uns, nachdem hier von den Pharisäern und Schriftgelehrten erzählt wurde, jetzt doch einigermaßen klar sein. Gott schenkt das *ganze* Leben. Das im Zeitlichen erscheinende *und* das im Zeitlichen verborgene. Wenn wir nun *nur* die Seite des Zeitlichen als Leben anerkennen und vor allem anderen zurückschrecken, dann sind wir eigentlich Menschen im Sinne des Falls, der Schlange, des Satan, des Hinderers.

Wenn wir gut hören könnten, würden wir uns doch freuen über die Mitteilung Jesu, am dritten Tag wieder da zu sein. Denn man weiß nur allzu gut, es ist die einzige Gewißheit in den Erfahrungen des Lebens, daß einmal der

Tod dem Leben hier ein Ende machen wird. Ob man nun noch hundert Jahre oder fünfzig zu leben hat, einmal muß die Grenze kommen. Wie ich immer sage, wenn man sich um den Weltuntergang oder sein eigenes bedrohtes Leben sorgt: »Und wo sind wir aber in hundert Jahren? Wir alle?«

Wenn wir wirklich an Gott glaubten, ihn vollkommen liebten, ihm vertrauten, kämen wir schon darauf, daß es eine reale Ewigkeit geben muß. Und daß Gott doch nicht weniger Gutes geben könne als das, was wir uns als Gutes, alle zusammen, vorstellen könnten. Dann wäre es auch gar nicht so schwer, uns das Äußere und das Innere unseres eigenen Lebens vorzustellen. Auch ohne weitere Kenntnisse des Wortes könnten wir an die Verborgenheiten im Wort denken. Schon durch die Literatur, schon durch Gedichte, schon durch die Harmonie einer Sprache.

Und wenn wir uns nach den Verborgenheiten des Wortes sehnen, und die Worte nicht nur für unser kausales zeitliches Denken benutzen, dann finden wir schon, jeder auf seine Weise, daß das Wort auch göttlich ist.

Was Jesus zu Petrus also sagt, ist sehr prinzipiell für den Menschen im Zeitstrom. Wir sind so im Strom gefangen, daß es wirklich der Fischer bedarf, um uns aus diesem Wasser zu befreien. Nach diesem Ausfall gegen Petrus, den ihn wieder enttäuschenden Petrus, trotz allem, was er von Petrus weiß und was er ihm gesagt und versprochen hatte, sagt Jesus zu seinen Jüngern: »Will mir jemand nachfolgen, der verleugne sich selbst, und nehme sein Kreuz auf sich und folge mir.«

Wie oft denkt man dann an äußeres Leid, nur an grausamen Tod. Wieder glaube ich, man ist dann von den Pharisäern und Schriftgelehrten infiziert. Sich selbst verleugnen, »kachesch«, 20–8–300, im Hebräischen, bedeutet, sich selbst in seiner Erscheinung hier widerlegen, sich hier als Lüge empfinden, auch sich hier erniedrigen. Das heißt, dieses Leben dem ewigen gegenüberstellend aufzeigen, was Vergänglichkeit ist und was Ewigkeit, was diese Welt dem Leben im Himmel gegenüber bedeutet.

Das Geheimnis des Kreuzes

Und dann begegnen wir hier zum ersten Mal dem Wort »Kreuz«. Was bedeutet dieses Kreuz eigentlich?

Ich habe schon einiges über das Zeichen »400« gesagt. Es war in der alten hebräischen Hieroglyphe doch ein liegendes Mal-Zeichen. Jetzt, glaube ich, sollte ich näher auf dieses Zeichen eingehen.

Die »400« ist doch die letzte Ausdrucksweise in den hebräischen Buchstaben, in den Zeichen also. Wenn die »40«, die Mem, schon das Zeitmaß ist, dann ist die »400« ihr zehnfaches; weiter als »zehn« geht es doch nicht. Aber die »400« ist auch das letzte Zeichen in den Hundertern. Die vier Zeichen dort ergeben zusammen gerade die »1000«, also die Einheit, die Aleph wieder. Weiter als »400« kann man gar nicht denken, kann man sich gar nichts mehr vorstellen. Es ist also Grenze alles Denkbaren, alles Vorstellbaren.

Die Knechtschaft in Ägypten, der Welt des Flusses, dauert deshalb 400 Jahre. Vom biblischen Moment, da dies dem Abraham mitgeteilt wird, sind es sogar 430 Jahre. Die Zeit auch der Gefangenschaft in der »nefesch«, in der Welt der Gesetze, der Instinkte, der von ihnen beherrschten Emotionen, Erregungen, Hysterien, Depressionen, Aggressionen. Dieses Wort, das man mit »Seele« übersetzt, als Gegenüber der von Gott uns eingeblasenen »neschamah«, dieses Wort »nefesch« schreibt man mit den hebräischen Zeichen 50–80–300, als Wort also 430.

Wir denken dann auch an die gleiche Struktur der 5–8–3 bei Schlange, »nachasch«, und Fall, »nofel«. Die »400« von Ägypten werden biblisch gesehen vom Moment der Geburt des Sohnes von Abraham, des Isaak also.

Und wir sahen, daß die »500« hier das Unvorstellbare, das Unmögliche wiedergibt, den Baum des Lebens, die Distanz zum Himmel. Das Kreuz ist also der irdische Weg bis in den Tod. Aber zugleich auch der Weg über den Tod in die Erlösung. Im Alten Testament der Weg bis zum Passah, der Erlösung aus dem Tod in Ägypten. Tod und Auferstehung im Bild im Alten Testament. Der Weg durch das Meer des Endes, das sich spaltet, und die Auferstehung jenseits dieses Meeres.

Der Weg der »400« ist also der Weg in den Tod. Denn dort hört all unser Vorstellungsvermögen auf. Verleugne dich also hier, bedenke, wenn du mir nachfolgst, kannst du es nur, indem du weißt, wie alles hier vergänglich ist. Jede Sekunde, jede Stunde, jedes Jahr, dein ganzes Leben hier und das aller deiner Ahnen. *Hier* ist nichts von ihnen übrig. Aber nimm dein Kreuz auf dich, denn nur so kommst du in das Leben der Ewigkeit. Es ist das Gegenüber. Du siehst dann, wie das Gegenüber des Äußeren, Vergänglichen das Innere, das Verborgene, das Ewige ist. Das Gegenüber der Vergangenheit ist doch die Zukunft.

Und das permanente Heute, das ewige Heute, diese ewige Gegenwart verbindet als Dritter im Bunde die beiden anderen.

Das Wort Kreuz ist im Hebräischen »zlaw«, 90–30–2. Es ist die Form der Vierheit zur Einheit. Aller Vierheit im Leben; der im Raum, in der Zeit, im Namen des Herrn, im Tetragramm also, der 4 Mütter, der 4 Erzengel, der 4 Wesen um Gottes Thron, der 4 Evangelien, der 4 Ecken der Welt, der 4 Ecken des menschlichen Kleides, der 4 Wenden im Leben. Die »4« enthält doch die »10« in sich, da sie eigentlich das Äußerste ist, der Schluß vom Vorhergehenden, von der 3, 2 und 1. Mit der 4 ist es also die »10«. So ist in der »4« im Prinzip»alles« anwesend, die ganze Basis der »10«.

Aber die Zeichen des Wortes »zlaw«, die Zade, die 90,

die Lamed, die 30, und die Beth, die 2, geben im alten Brauch der Überlieferung dem ganzen Wort noch eine weitere, eine tiefere Dimension. Es ist hier nicht der Ort, dies jetzt weiter zu erörtern. Ich habe es in einigen meiner Bücher beschrieben und erklärt. Hier sei nur vermerkt, daß dieses Wort total, also die Namen seiner Zeichen ebenfalls berücksichtigend, mehr aussagt, als nur die Zahlen, die diese Zeichen auch sind, also mehr als nur die 90–30–2.

Denn das Zeichen 90 ist doch die Zade, der Fischhaken. Wir sahen die »90«, die Zade als Geburtszeichen einer neuen Welt: Menschen aus dem Wasser, aus der Zeit gefischt. Deshalb der Fischerring des Papstes, die Bischofsmütze in ihrer Fischform, die Fischmahlzeit am Freitag. Das Zeichen Zade, als Wort 90–4–10 geschrieben, ist also »104«.

Lamed, das zweite Zeichen des Wortes »zlaw«, schreibt sich als Wort 30–40–4. Lamed ist im Prinzip ein »Ochsenstachel«, mit dem der Ochse, der Stier der erschaffenen Welt zur Bewegung angetrieben wird. Es ist auch das »Lehren« und »Lernen«, das zum Weg im Wort und mit dem Wort auffordert, natürlich im Menschen selber. Dieses Wort Lamed erzählt – zählt, wie wir auch sagen – »74«.

Das dritte und letzte Zeichen von »zlaw« ist die Beth, 2–10–400, die »Haus« bedeutet. Das Haus ist die Welt, in der wir leben. Gekennzeichnet ist ein Haus durch die Dualität von Innen und Außen. Die Beth zählt, erzählt also die jenseitige Zahl 412.

Zusammen erzählt das Wort Kreuz, »zlaw«, 104–74–412; das ist der Begriff »stark«, »mächtig«, »gewaltig«, eben die Bündelung der »4«. Damit ist die Grenze der einen Seite erreicht; jetzt kann und wird sich die andere Seite manifestieren. »Takif«, 400–100–10–80, heißt dieses Wort im Hebräischen. Die Grenze dieses Lebens ist erreicht, die Zeit der Taufe, des Eintauchens ins Wasser, in die Zeit, ist vollendet; nun kommt die Taufe mit Feuer, dem Entgegengesetzten, die Taufe mit dem Heiligen Geist. Das ist es, was wir das Geheimnis des Kreuzes nennen: der Eintritt in ein neues Leben.

Nicht das traurige, dunkle Zeichen des Todes, das Petrus entrüstet ablehnt, sondern das Zeichen, daß jetzt erst das Gewaltige kommt, das Mächtige, Starke. Deshalb enthält das Wort »zlaw« in der Geschichte seiner Zeichen diese Mitteilung.

Worte an der Grenze irdischen Lebens

Auch die weiteren Worte Jesu an seine Jünger deuten darauf hin. »Denn wer seine Seele (seine »nefesch« also) rettet, bringt sie um«, oder wie Luther freier übersetzt: »denn wer sein Leben erhalten will, der wird es verlieren.« (Matthäus 16,25). Die »nefesch« ist doch das Leben in der alten Gesetzmäßigkeit. Wer sich an dieses Leben klammert, weiß nichts vom Leben der Ewigkeit. Er kann sich deshalb gar nicht danach sehnen. Er sehnt sich höchstens nach einem längeren Leben im Sinne einer linearen Verlängerung, besseren Gesundheitsmöglichkeiten, nach Frieden hier. Er vergißt alle seine vergangenen Tage, alle vergangenen Tage der Menschheit, der ganzen Kreatur. Er kennt also eigentlich kein Mitleid, weiß nicht, was das Leiden der Kreatur schon immer bedeutet. Er sehnt sich eben nach einem immer besseren Beherrschen der Natur, der Welt der Gesetze. Er will das Geheimnis der Gesetze ergründen und weiß nichts von der neuen Dimension der Liebe, um derentwillen Gott doch diese Welt erschaffen hat, daß sie auf dem Boden, im Garten der Gesetze wie eine ewige Pflanze erblühe.

Der Mensch, der nur darauf aus ist, sein Leben hier zu erhalten, wird es deshalb auch verlieren. Er weiß nichts von der Sehnsucht nach Auferstehung, verliert so sein Leben. Was dann weiter mit ihm ist, weiß nur Gott.

Weiter sagt dann Jesus: »Wer aber seine Seele umbringen sollte meinetwegen, finden wird er sie« oder wie Luther übersetzt: »Wer aber sein Leben verliert um meinetwillen, der wird es finden.« Wer sich nach Ewigkeit sehnt, und das Leben hier nur vom Standpunkt jener Sehnsucht nach Ewigkeit aus sieht, der wird das Leben der Ewigkeit auch finden. Die Sorgen um eine mögliche radioaktive Verseuchung zum Beispiel, die viele Menschen fast ausschließlich beschäftigen, sind keine echten Sorgen. Es zeigt sich darin nur, daß man mit dem Leben hier unbefriedigt ist. So hat man das Leben schon verloren. Die Fragen, die sich uns unausgesetzt stellen sollten, lauten: Leben wir eigentlich im Sinne des Durchbruches durch das Gesetzmäßige? Fühlen wir, daß von Gott, vom Heiligen Geist her, *alles* möglich ist? Wird unser Leben gelenkt im Sinne des Gönnens des höchsten Glückes der ganzen Kreatur und der Freude darüber? Wer sich darum sorgt, findet das wahre Leben.

Wie aber leben wir? Unsere Sorgen kommen eigentlich aus dem sicheren Wissen von einem Ende mit dem Tode. Und man verdrängt dieses Wissen, weil es unerträglich ist. Dadurch entsteht eine Quelle, aus der fortwährend Angst fließt. Denn das Verdrängte, das Betäubte lebt nun in jener Quelle. So lebt man ständig im unbewußten Gefühl des Endes. Damit hat das Leben seinen Sinn verloren, hat man eigentlich seine Seele verloren.

Die Seele, die »nefesch« hat doch ihre Emotionen. Auch diese enthalten die Sehnsucht nach Ewigkeit. Tiere widersetzen sich dem Getötetwerden, fliehen, wenden List an, und sind erfreut und dankbar, wenn ihnen das Leben wiedergeschenkt wird. Das heißt, schon die Emotionen der »nefesch« zeigen den Ansatz zum Aufsteigen in eine leichte, nicht so schwerfällige Welt, zu dem, was die Bibel den »Dunst« nennt, »ed«. Die 1–4 als Anfang des Menschen, des Adam, 1–4–40, ist in diesem Lebenswillen der ganzen Natur schon da.

Der Mensch, der das alles betäubt, verdrängt, ist einer, dem seine »neschamah«, sein »Gott in ihm«, gleichgültig und nur lästig ist. Sonst würde er hören, was sie sagt. Sie kann doch nur das sagen, was Jesus hier den Jüngern sagt, wenn er vom Leiden und vom Tod spricht.

Mit seiner »neschamah«, seiner Herkunft aus Gott, mit dem Atem, dem »neschem« von Gott, *kann* er vom Leben der Ewigkeit wissen. Seine Freiheit in der Wahl benutzt er aber, um den Versuchungen des Satans zu folgen. Der Satan verhindert, seinem Namen im Wort gemäß, mit seinen Verlockungen, die Vorteile im Leben hier versprechen, daß der Mensch die Ewigkeit erkennen kann. Daß diese Verlockungen nur schillernde Seifenblasen sind, scheint dem Menschen in seiner Betäubung, in seinem Rausch zu entgehen. Während eine Seifenblase nach der anderen platzt, baut der Mensch Theorien, Götzen, starre, und schließt aus dem Zerplatzen, die Welt gehe nur dem Untergang entgegen und dann sei nichts, gar nichts mehr.

Jesus sagt dann weiter: »Was hülfe es doch dem Menschen, wenn er die ganze Welt gewönne, und nähme doch Schaden an seiner Seele? Oder was kann der Mensch geben, damit er seine Seele wieder löse?« Der Mensch weiß im Inneren eigentlich ganz gut, daß aller Gewinn in dieser Welt, dem er nachstrebt, begrenzt ist und daß er die Zeit verspielt, die Ruhe verliert, die doch da sind, um der Sehnsucht nach dem Ewigen den Weg frei zu machen.

Er arbeitet für seinen Status, für seine Wichtigkeit, um sein Bankkonto wachsen zu lassen, und meint, erst noch dies und das erreichen zu müssen. Dann, nachher, wolle er sich Zeit nehmen, Ruhe, denn dann habe er hier seine materielle Basis dafür. Unterwegs aber, im Aufbau dieser

Ausgangsbasis zur Ruhe, trifft ihn ein Herzinfarkt, entdeckt er, daß seine Angst vor störenden Krankheiten gerade eine von ihnen hervorgerufen hat. Er weiß nichts von der Kraft der Suggestion, der Ein-Bildung. In seiner Verborgenheit baut sich das Bild der möglichen Krankheit. Und aus diesem Reservoir fließt das Bild in die Zeitlichkeit hinein.

Oder er stirbt frühzeitig geistig, kann nur noch Reisen machen, Zuschauer sein, also selbst nicht leben, wird dement. Und der Teufel lacht höhnend: Jetzt ist es für dich zu spät. Jetzt habe ich gewonnen. Als Mensch bist du nun tot. Deine Sorgen um deinen Status haben dich abgelenkt. Die Verlockungen, die ich dazu in die Welt gebracht habe, haben sich ausgezeichnet bewährt. Du hättest besser auf Gott vertraut, daß er dir dein tägliches Brot gebe. Dein Schicksal ist doch in seiner Hand. Kennst du nicht die Worte: »Sehet die Vögel unter dem Himmel an: sie säen nicht, sie ernten nicht, sie sammeln nicht in die Scheuern; und euer himmlischer Vater nährt sie doch. Seid ihr denn nicht viel mehr als sie? Wer ist unter euch, der seines Lebens Länge eine Spanne zusetzen kann, ob er gleich darum sorget? Und warum sorget ihr für die Kleidung? Schauet die Lilien auf dem Felde, wie sie wachsen: sie arbeiten nicht, auch spinnen sie nicht.« (Matthäus 6,26–27).

Gibt Gott dem Menschen auf seinem Weg im Gespräch mit ihm nicht jeden Tag den ihm zukommenden Teil zum Leben? Der Mensch nennt diese Speise »man-hu«, »was ist das?« (2. Mose 16,15). Jeder erhält vom Himmel genau seinen Teil. Ob er nun emsig sammelt oder weniger. Das ist *seine* Sache, seine Freiheit.

Natürlich erfüllt der Mensch hier seine Arbeit. Der Sinn dieser Arbeit ist, den Weg zu Gott zu gehen. Dieses Gespräch bestimmt auch die Art und die Quantität der Arbeit. Das Gespräch aber ist, wie ich schon erzählt habe, der Weg aus der Knechtschaft ins gelobte Land, in die Welt der Ewigkeit.

Das ist der Sinn jener Worte Jesu. Wenn der Mensch sein Leben hier vertut, kann er es nicht tauschen. Das Leben in der Zeit ist sein Weg. Jedesmal ist es schade, wenn er das nicht sieht. Denn er hat, trotz allem, immer die Wahl. Er ist hier wie im Spiegel, in dem sein Sein sich widerspiegelt. Alles geschieht ihm nach seinem Leben in seiner Verborgenheit, die nur Gott kennt. Entsprechend verwaltet er sein Leben hier so oder so.

Es sind dies keine Drohungen, nur ein Sagen, das Leben sei ein besonderer Reichtum, ein Geschenk, eine Überraschung. Und die Zeit ist gegeben, damit man immer wieder, jeden Tag, jede Sekunde, zur Wahrheit umkehren kann; auch wenn sie zu groß ist, als daß man sie hier fassen könnte. Die Sehnsucht nach ihr ist entscheidend.

Wer diese Worte und ihre Konsequenzen versteht, weiß vom ewigen Leben. Er weiß, das Wort, das er verkündet, ist von dieser Ewigkeit. Das Wort ist Gott. Es kommt durch den Heiligen Geist, der Empfangende kann es jungfräulich in sich aufnehmen. Denn es ist neu, es ist noch nie dagewesen, keiner kann es je so verstanden haben, wie es jedem Menschen als neue, nie dagewesene Erfahrung kommen kann.

Wenn er es so hört, ist bei ihm das Gesetz der Kausalität durchbrochen, dann ist Gott in ihm geboren. Und dann kann das Gesetz des Todes ihm auch nichts anhaben, dann wird er den Tod als erschreckendes Ende von allem nie schmecken. Dann wird die irdische Grenze nur andeuten, daß er alles wiedersieht und wiedererlebt in einer nie geahnten freudigen Klarheit. Alles, was er als nicht gerecht, als nicht gut empfand, ist gerichtet, ist jetzt recht gemacht. Auch er selber, wo er krumme Momente oder Tage gelebt hatte.

Dies sind die Worte Jesu, wenn er vom kommenden

irdischen Ende erzählt. Es geht hier um Realitäten des Lebens. Warum soll der Mensch sich vor der Wahrheit verstecken, wenn diese Wahrheit eigentlich schon in ihm lebt, nur vom Hinderer verdeckt wird, indem er den Menschen taub und blind macht, ihn lähmt, ihn durch Krankheiten ablenkt und ihm vormacht, dieses Leben der Gesetze sei alles? Dadurch kam im Menschen der Pharisäer auf, der Schriftgelehrte. Alles Folge der List, den Menschen denken zu lassen, nur das Erscheinende zähle, alles gehe nach Gesetz weiter, linear.

Kann dieser Mensch, diese Welt noch gerettet werden? Sie läuft blind auf den Abgrund zu. Nur Gott kann helfen, indem er selber zeigt, ein Durchbruch durch die Gesetzmäßigkeit *ist* möglich. Dazu kommt eine neue Geburt in die Welt, im Menschen deshalb auch im Flusse der Zeit. Der Name Jeho-Schua, der Herr, das Sein *ist* diese Rettung. Es zeigt euch als Mensch, als Ben Adam, als Sohn vom Menschen, vom Adam, der ihr doch alle auch seid, die Gnade, wenn auch alles so aussieht, als stürze es in den Abgrund. Jeho-chanan, Johannes also kommt und erzählt durch sein Leben: Der Herr, das Sein, das immer gegenwärtige, ist Gnade. Er rechnet nicht kausal wie ihr. Auch der Sünder kann auf Gerechtigkeit bauen. Und dann, fast gleichzeitig, kommt durch die Gnade die Rettung, kommt Jehoschua, in der der Welt geläufigen Sprache Jesus.

Und das alles hat mit der dem Menschen eingeprägten Kausalität, mit den bekannten Gesetzmäßigkeiten, nichts zu tun. Als Mensch sollte man doch einsehen können, daß auch das Unmögliche kommen und alles Gewohnte mit einer neuen Geburt durchbrechen kann.

Jesus zeigt nun: Wie alle gehe auch ich in den Tod. Aber ihr werdet es selber sehen und erleben, ich werde vom Tod aufgeweckt und ich werde wieder in der Welt sein, dann aber, wie bei der Geburt, alle Gesetzmäßigkeit durchbrechend. Ich werde am dritten Tag wieder auferstehen, in

Zukunft also, und eine neue Welt, ein neues Leben mitbringen. Dann wird der große Trost kommen. Alle vor Leid und Ungerechtigkeit Weinenden werden einsehen, daß nur die Sicht der Schlange, des Nichtgönners, Maßstäbe gebracht hat, die allein die Welt des Äußeren, der Gesetzmäßigkeiten berücksichtigen.

Wenn ihr jetzt das *ganze* Leben seht, dann wird euch klar werden, daß alles, was ihr Leid und Tod nanntet, eigentlich von euch nicht verstandenes Glück war. Der große Tröster wird sich freuen, wenn er sieht, wie euch dann die Augen aufgehen. In seiner Freude wird er die Tränen wegwischen, wird er das Stöhnen und Klagen still werden lassen. Ich werde euch zeigen, daß der Tod nur so sehr von euch gefürchtet wurde, weil ihr durch eure Hinneigung zum Äußeren das Vertrauen in Gott verloren habt.

Ich werde euch zeigen, wie der Weg über Leid, Ungerechtigkeit, Schmerzen und Tod ins Leben führt, in ein Leben, von dessen Größe und Intensität an Glück und Liebe und Freude ihr keine Ahnung habt.

Der Übergang im Passah

So nähert sich der Tag des Passah, der »Ausnahme«, des Überspringens aller Gesetzmäßigkeit. Ihr habt ihn nie gut verstanden, immer habt ihr nur auf das Äußere geschaut, habt ihr euch stolz über den Untergang der Ägypter gefreut. Nur das habt ihr gesehen. Daß der Name Ägypten, daß das Wort viel mehr enthielt, köstliche Geheimnisse barg, interessierte euch kaum. Ganz abgelenkt ins Äußere wart ihr.

Jesus sagt jetzt, im Leben nähert sich der Moment, wo Endgültiges zu geschehen scheint. Man wird mich dem Ende überliefern, damit ich gekreuzigt werde. Dieses Ende steht parallel zum Passah. Auch dort ein Ende der Welt von Ägypten. Niemals mehr, sagt Gott, wird jemand dann den Weg zurück nach Ägypten gehen können. Es sei denn, etwas habe sich gewandelt. Man kann die Zeit nicht umkehren. Die Linie geht nicht linear weiter, sie erhebt sich zur Spirale. Der Name Passah, Pesach, sagt schon, daß das Gesetz übersprungen wird. Es hört auf zu funktionieren. Nicht für alle, nur für die, welche es betrifft. Nur einer von fünf erlebt es. Nur die »1« der 1–4. Die »4«, die Masse, wird davon nicht berührt. Sie scheint, linear alles weiter zu erleben. Am Passah ist der Moment des entscheidenden Überganges. Das Leben hier im Zeitlichen wird dem Tod übertragen.

Das Leid, das man dem Sterbenden antut, ist, daß man ihn dann kreuzigt.

Ich möchte wieder an das Zeichen des Kreuzes erinnern, an das Zeichen der »400«, der »4« in der Wirklichkeit der Hunderter, in der Wirklichkeit der Zukunft also. Man kann die Zukunft vom Heute her nicht weiter übersehen als bis zur »400«. Und das heißt dann, man liefert den Gekreuzigten, wer es auch sei, einem durch die menschliche Vorstellung bestimmten Los in der Zukunft aus. Und diese Vorstellung ist, daß es irgendwie weitergeht, nach den Maßstäben des erlebten Zeitlichen.

Und das ist das Leid des Gekreuzigten. Er weiß, daß die Zurückgebliebenen ihn nur nach ihren Vorstellungen vom Leben kennen. Sie nageln sein Leben fest an das Zeichen »400«, an das Zeichen vom liegenden Kreuz. Kein Mensch hat eine Vorstellung von der »500«. Sie kommen höchstens bis zur Vorstellung einer Unendlichkeit, also bis zu den irgendwie fließenden Grenzen der »400«.

Sie kommen nie darüber hinweg. Die Versuchung der Schlange und der Fall machen es unmöglich, das Verborgene als eine Realität zu erkennen. Man nennt doch nur das Konkrete real. Alles andere wird als Phantasie nicht ernst genommen, ist zu persönlich. Und man tut es mit einem Achselzucken ab. Der Mensch bleibt innerhalb der

Grenzen, die bis zur »400« gehen; eventuell bis zur 490. Aber die »500« kann er nur in seiner Verborgenheit erleben, sogar die Tausend.

Das Leid des Gekreuzigten, sein Schmerz ist vor allem, daß er jetzt noch weniger verstanden werden kann als bisher. Und er weiß, daß sogar die Treuen diesen Moment des Abschieds fürchten und ihn zu verdrängen suchen.

Man wird ihn an der Zeit der »400« festnageln. Weil man das Verborgene in sich nicht als Realität anerkennen kann. Man erkennt nur an, was die große Vielheit, was das »man« kennt. Dabei weiß man ganz gut, daß dieser breite Weg in den Abgrund führt. Wird einer von ihnen verstehen, daß er nun die andere Seite des Lebens lebt? Dort, wo beide Seiten zusammen als Einheit von »zwei« das Sein sind, das echte Sein.

Es versammeln sich an diesem Tag, zwei Tage vor dem Passah, die Priesterfürsten und die Ältesten beim Priesterfürst Kaiphas, dessen Name im Griechischen auch das Niederdrücken im Wort enthält. Sie beraten, wie man Jesus mit List fangen und ihn dann auch töten könne.

Sie wollen den, der in allem, was er tut, ihnen fremd ist, gerade im Moment des Passah los sein. Sie verstehen seine Sprache nicht, spüren nur, er scheint ihre Welt, in der sie sich wohl und heimisch fühlen, nicht zu kennen, nicht zu schätzen. Er wäre imstande, das Passah nach seiner Bedeutung im Wort gerade jetzt verkünden zu wollen: daß es ein Durchbrechen des Todes ist. Aber sie wollen das nicht hören. Sie haben den Sinn verschüttet, und kennen und predigen es als einen Sieg über Ägypten, ein Sieg, früher einmal in der Zeit. Der aber wird Worte sagen und Dinge tun, die auf ein Leben hinweisen, das ihnen längst entschwunden ist.

Und doch befürchten sie, daß eine Gefangennahme jetzt einen Tumult verursachen könnte, gerade wenn er dann ein Geschehen wie eine Ausnahme, dem Worte Passah gemäß, hervorrufen könnte. Man befürchtet nichts so sehr als eine Ablenkung vom Trott des Alltags. Man will in seiner Ruhe nicht gestört werden.

Da kommt eine Frau ins Haus von Simon, dem Aussätzigen in Bethanien, und gießt kostbares Öl auf sein Haupt und seinen Körper. Die Jünger sind entrüstet, daß dieses Öl wie sinnlos vergeudet wird. Wer hat nun etwas davon? Und auch Jesus, nehmen sie an, hat so etwas nicht erwartet. Man hätte dieses Öl doch besser verkaufen und den Erlös den Armen geben können.

Diese Geschichte, in diesem entscheidenden Moment, sollte nicht zu leicht übergangen werden. Es gibt noch Variationen zu diesem Geschehen. Daß Jesus die Füße gewaschen werden von einer Frau mit dem Namen Maria, daß die Tränen der Frau die Füße erreichen und ihre Haare sie trocknen. Und jedesmal sind es die Jünger, oder, im Evangelium nach Johannes, ist es Judas, die protestieren, dies alles übertrieben finden. Nur Jesus sagt, diese Geschichte werde in den Bericht für ewig eingehen. Er sieht es als eine letzte gute Tat im Leben. Denn er weiß, der Mensch steht immer vor dem Tod, auch wenn ihm das gar nicht bewußt ist.

Die Welt weiß davon nichts. Das Bewußtsein nimmt im Rausch oder in der Verdrängung an, man lebe »vorläufig« noch sehr, sehr lange. Man macht Pläne für Reisen, Hochzeiten, Promotionen. Die 12 Jünger – sind sie nicht die Welt der »12«? Und so auch unser Bewußtsein, in dieser Welt zu leben.

Die Verborgenheit im Menschen aber wohnt im ewigen Sein. Der Mensch ist sich dessen überhaupt nicht bewußt. Der Mensch in der Bibel ist der *ganze* Mensch: zugleich der in der Zeit und der in Verborgenheit lebende. Das Geschehen dort *ist* historisch, aber erzählt in Worten Gottes, der den ganzen Menschen sieht. Von dem, der in einer historischen Vergangenheit lebte, wird wie in einer Einheit mit seinem Sein erzählt, wo das Historische nur eine Seite ist.

Die Frau, nach dem Wort das das Wesen Umhüllende, die menschliche Körperlichkeit, erscheint beim Mann, dem Inneren namens Simon, vom hebräischen Worte »hören«. Der ist aussätzig, sein Kranksein zeigt sich am Körper. Der Ort heißt Bethanien. Dieser griechische Name könnte im Hebräischen »Haus der Feigen« bedeuten. Die Frucht, von der die jüdische Überlieferung sagt, sie sei vom Baum der Erkenntnis.

Der Körper des Menschen »weiß« schon von der Auferstehung. Das Öl, »schemen«, und der »achte Tag« sind im Wort, wie wir schon gesehen haben, verbunden. Die Worte dieser Ereignisse sind in der Seite der Verborgenheit mit vielem beladen, sie enthalten, wie auch die anderen Stellen in den Worten Gottes, das ganze Leben; von jedem persönlich und von der ganzen Welt.

Das Weibliche, das körperlich Erscheinende, das schon bei der Geburt entscheidend ist und für das Ganze unentbehrlich, weiß nicht nur vom Sterben, sondern mit der sonst etwas sinnlosen Vergeudung des kostbaren Öls auch von der Auferstehung, vom achten Tag in der Woche, also einer astronomischen Unmöglichkeit; es weiß aber vom Durchbrechen der Gesetzlichkeit, vom Passah, das doch die Ausnahme vom Gesetz ist.

Bewußt empfindet man jetzt Gerede von Auferstehung als Unsinn. Man sorgt sich eher um gute Ärzte, um eine gute Diät, um einen guten Schlaf. Jesus aber, der durch den Heiligen Geist Geborene, sieht von selber das Kommende von Tod und Auferstehung, er versteht, daß der Körper die Auferstehung sozusagen vorbereitet. Und dieses Tun des Körpers ist für immer. Es findet im Wort Gottes statt, im Kern, im Wesen, und deshalb fließt die Geschichte von der Frau in Bethanien in allen Zeitlichkeiten für immer mit. Auch das Nichtverstehen-können der zwölf Jünger. Dies als ein Beispiel, wie jedes Wort Weltgeschichte erzählt.

Auferstandene Leidensgeschichte

Ich komme jetzt auf das weitere Geschehen mit Jesus. Der Verrat des Judas, der Hohe Rat, Pontius Pilatus, der Weg mit dem Kreuz, die Kreuzigung, der Tod. Und dann die Auferstehung.

Vielleicht erwartet man von mir, daß ich ebenfalls in den Chor einstimme, der kopfschüttelnd, manchmal traurig, oft sentimental und aggressiv von diesem Skandal erzählt. Ich gehe aber nicht gern auf der breiten Straße. Es ist mir lieber, den eigenen, oft gewundenen Pfad zu suchen. Deshalb muß ich viele enttäuschen, die eine weitere sentimentale Geschichte und Deutung erwarten. Es ist mir übrigens zu bekannt, welche Folgen solche emotionalen Deutungen gebracht haben. Lüge, Heuchelei, Mord. Wie viele wurden da nicht besessen und wähnten, selber Jesus zu sein. Natürlich sind das immer auch einsam Gehende. Dann weiß im allgemeinen die Welt nichts davon. Und *muß* die Welt eigentlich alles wissen? Sie versteht fast immer doch nur die Außenseite, hat keine Ahnung von der Anwesenheit eines kostbaren Geheimnisses, zum Greifen nah.

Es ist mir auch unsympathisch, eine Art psychologische, eine philosophische oder sogar apologetische »Deutung« zu versuchen. Mir ist diese Geschichte viel zu zentral, viel zu ernst dazu.

Und vor allem möchte ich, auch mit diesem Buch, einmal Schluß machen mit der Gewohnheit, Jesus für alles und jedes als eine Art Haupt-Magier heranzuziehen. Denn ich glaube, das ist Blasphemie. Jesus ist dann nicht nur der Sündenbock, wie in der Bibel, sondern man projeziert dann überhaupt alles auf ihn. Er hat dann noch Dinge zu tragen, die ich hier gar nicht beschreiben möchte.

Es sei uns nochmals klar: Die Bibel ist wirklich Wort Gottes. Die Wunder des Wortes in der Bibel sind so überwältigend in ihrer Art und Quantität, daß selbst der Einwand, »es könnten doch Zufälle sein«, sogar wissenschaftlich nicht zu halten ist. Die ganze Geschichte in der Bibel ist etwas, das wir nur verstehen können, wenn wir an unsere eigene Verborgenheit denken. Sie ist das Reservoir, das Meer, woraus Gott die Zeit fließen läßt.

Das Bild vom Strom, der aus Eden geht und sich dann in vier mit Namen genannte Flüsse teilt. Sie bestimmen die Art und Grenzen von biblischen Ländern (1. Mose 2,10). Man erzählt von jeher, das seien die vier Zeiten der Welt, die vier Nachtwachen und die vier Teile, in die der biblische Tag geordnet ist.

Gott schenkt uns die Zeit. Er gibt sich als »Herr« auch der Zeit, er opfert sich der Zeit, er erlebt das Geschehen in der Zeit mit. Der Strom enthält alles, was Eden ist. Das Wort Eden ist im Hebräischen »Glück«, »Wonne«, »höchstes Wohlbefinden«. Dieses Paradies ist auch das »gelobte Land« der Bibel. Dort gibt es, wie es heißt, weder Tod, noch Krankheit, noch Aggression. Es ist das Zentrum vom Zentrum der Bibel. Es ist der Kern, das Wesen, woraus alles fließt.

Das Fließende ist auch im Historischen. Und auch wir, unsere Gegenwart, ist im Aus-dem-Sein-Fließenden. Es ist also grundlegend falsch, das Geschehen mit Jesus aus dem Ganzen der Bibel herauszuheben und es auf einmal historisch zu nennen. Beweise zu sammeln, die belegen, das sei alles in der Zeit der Römer genau so historisch geschehen. Gerade das ist dann ein Kreuzigen des Jesus, damit nagelt man ihn an eine Zeit an.

Nochmals, ich will und kann das Historische nicht leugnen. Aber ich muß immer daran denken, daß ich doch höchstens nur die äußere Hülle von jedem Geschehen wahrnehmen kann, auch von dem der Vergangenheit. Die

Bibel beschreibt das Historische zusammen mit dem Wesentlichen, beide Seiten in einer Einheit verbunden. Und dann ist das Historische oft unerkennbar, wie Jesus nach seiner Auferstehung anfänglich sogar nicht einmal von den Jüngern erkannt wird. Denn die Bibel beschreibt alles in seiner ewigen Art, vergleichbar mit dem, was sie von Jesus nach der Auferstehung erzählt.

Welche Beziehung haben wir nun zu Jesus? Jetzt nehme ich die Worte der Bibel an einer anderen Stelle auch ernst. Es heißt in der Bibel, Jesus sei in uns. Also Gott in uns. Dann kann Jesus im Zeitstrom nicht irgendwie nur herausgehoben und auf einmal eine Persönlichkeit in der Weltgeschichte sein, die alles andere als überholt und unwichtig erscheinen läßt.

Wer Jesus so eindeutig sieht, der spricht dann auch bald vom »rachsüchtigen, alttestamentarischen Gott«, vom »Betrüger« Jakob. Die Frage ist aber dann, was »Sohn Davids« heißt? Hat David nicht Uria umkommen lassen, um dessen Frau Bathscheba zu besitzen? Ist die Bibel nur im Falle von Jesus historisch? Dann wird auch verständlich, daß die armen Juden in allen Zeiten die angesammelten Aggressionen der Christen zu tragen hatten. Scheiterhaufen, Morde, Plünderungen, Holocaust, Lügen. Dann wurden die Juden begreiflicherweise die idealen Sündenböcke, denn sie hatten doch Gott umgebracht!

Die großen Sünder sind, wie ich glaube, diejenigen, welche keinen Unterschied zwischen dem Heiligen und dem Profanen kennen, die Gott einfach ins Zeitliche zerren, seinen Namen entweihen. Und in ihren Aggressionen zerfleischen sie auch fortwährend einander. Siehe Weltgeschichte.

Was bedeutet also: Jesus in uns? Daß er immer in der Welt ist, überall und in allen Zeiten. Aber unsichtbar.

Die Sektierer wollen ihn festnageln, das Immer-und-überall nicht gelten lassen. ›Nur in unserer Sekte ist er. Alle anderen kommen, verdammt noch mal, in die Hölle, wo sie ohne Ende mit feurigen Zangen gezwickt und ewig gebraten werden‹. Und sie haben in ihren Taschenbibeln alle Stellen, die das beweisen, rot angestrichen.

Jesus, der Messias, der Christus ist entscheidend für die *ganze* Bibel. Und wenn die Bibel unser Sein ist, das Sein der ganzen Welt, ist er von dorther für alles entscheidend. Auch die Juden glauben fest, als einzige Gewißheit, an den Messias. Nur ist die griechische Übersetzung dieses Wortes, Christus, für sie unheimlich, weil die Christen den Gesalbten auf einmal zu einer historischen Gestalt gemacht haben, wie der Mensch Vergangenheit wahrnimmt. Man sieht dann nur das äußere Geschehen dessen, was entscheidend darin verborgen passiert. Nur emotionale, aggressive Menschen heften sich so an das Äußere, nur Depressive handeln so. Nur Leute im Rausch, wodurch auch immer bewirkt, können Gottes Heiligtum dermaßen entweihen.

Wenn uns aber die Gnade geschenkt ist, Jesus in uns zu wissen, dann brauchen wir nicht ständig mit schwärmerischem Blick vom »lieben Jesus« zu sprechen. Wir sagen ja auch nicht ständig: »Mein Herz schlägt, ich atme gut, meine Nieren funktionieren.« Wer davon spricht, dem fehlt etwas. Der ist, wie ich oben beschrieben habe, »aussätzig«, ist ansteckend. Man denke nur an das allgemeine Interesse für Diät, für Krebsgefahren, Jogging, medizinische Ratgeber, Atemtechniken.

Jesus ist also im Leben gegenwärtig. Der Christus, der Messias ist Ziel, Hoffnung, Gewißheit für jedes Leben, ist Basis der Schöpfung.

Verrat und Verkauf

Dieser Jesus wird nun in der Bibel von Judas, einem der Zwölf, verraten. Ich habe schon erzählt, daß Judas Ischarioth, hebräisch Jehuda Isch Krioth, Juda, der Mann vom »Riß«, von der Spaltung bedeutet.

Jehuda, der Gott Lobende, scheint dem Versucher in die Hände gefallen zu sein. Er sieht das Glück gespalten, und er glaubt, alles sei nur hier im Irdischen; das Andere käme dann schon irgendwann einmal.

So etwas hat Jehuda im Alten Testament auch schon getan, indem er Joseph verkaufte, für 20 Silberstücke, hebräisch Schekel, 300–100–30. Und jetzt – der gleiche Name – verkauft er Jesus für 30 Schekel. 430, die Zahl von Schekel, ist doch die Zahl des Wortes »nefesch«, Seele; und auch die Zahl der Jahre der Knechtschaft in Ägypten, des In-der-Zeit-Gebundenseins.

Binden ist hebräisch »assar«, 1–60–200. Von diesem Stamm kommen auch die Worte verbieten, gefangennehmen, verraten, ausliefern, Zucht, Moral. Es sind oft sogar identische Worte. Man sieht, ein großes Spektrum an Nuancen.

Der Mann mit Namen Jehuda erhält im Alten Testament 20, im Neuen Testament 30 Schekel, zusammen also 20–30; das ist im Hebräischen das Wort »kol«, 20–30, »alles«.

Jehuda verkauft Joseph im Alten Testament, weil dieser sich beim Vater, bei Israel-Jakob beklagt, daß die Brüder unter Führung Jehudas auf die Söhne der Nebenfrauen, auf Dan, Naftali, Gad und Ascher herabschauen, sie als nebensächlich betrachten (Raschi zu 1. Mose 37,2). Ein Zeichen des Sich-absonderns, des Sich-auserwählt-fühlens. Ein immer wiederkehrendes Zeichen. Trotz allem – das Königshaus von David –, ist die Versuchung dort immer da, sich in der Welt schon als vollkommen zu betrachten, die Verborgenheit nicht oder kaum zu beachten.

Joseph im Alten Testament erhält dann auch die Träume als Mitteilungen aus jener anderen, verborgenen Wirklichkeit.

Jehuda alias Judas will es auch *hier* erreichen, *hier* erzwingen. Jetzt und hier – und wenn du nicht willst oder kannst, ist es deine Schuld. Er schaut nicht auf die ganze Welt, wie Jehuda im Alten Testament die Brüder von den Nebenfrauen Bilha und Silpa nicht einbeziehen will. Ein typisches Bild vom Pharisäer im Menschen.

Judas, einer der Zwölf, ist eine verborgene Möglichkeit im Menschen. Wie auch Paulus oder Zebedäus, Jeremias, Elias oder Johannes, wie Esau, Amalek, Israel, Kanaan oder Henoch und alle anderen biblischen Gestalten. Dem Menschen im Zeitlichen fließen alle diese Personen als Momente zu. Die große Bedeutung seines Lebens in seiner zeitlichen Erscheinung besteht darin, daß er von seinem Nichtbewußten her, das seinem Bewußtsein gegenübersteht, jedes Mal die Freiheit der Wahl hat.

Das hebräische Wort für Wahl ist das gleiche Wort wie für Auserwählung: »bachor«, 2–8–200. Seine Auserwählung ist, daß er wählen kann. Was im Menschen wählt? Seine Einheit, die das Bewußte und das Nichtbewußte enthält. Seine Vernunft, aber auch seine Emotionen und schließlich die »neschamah«, Gott in ihm, wählen. Was im Leben zieht ihn an? Wohin richtet sich seine Sehnsucht? Die Einheit jener drei Elemente, die für des Menschen Liebe zu Gott genannt werden: »mit ganzem Herzen, ganzer Seele und all dem, was du vermagst«. (5. Mose 6,5).

Was meint die Verborgenheit des Wortes beim Herzen? Sein lebhaftes Interesse an allem, was in der Welt, im Leben geschieht. Wie das Herz im Körper Zentrum der Blutzirkulation ist, die dem ganzen Körper Lebenskraft gibt, so ist das Herz in der verborgenen Seite Zentrum für das Interesse der Vernunft, des Intellektes.

Die ganze Seele, die »nefesch«, ist Zentrum seiner Emotionen. Wählt er die guten, die der Sanftmut, oder beherrschen ihn Rache- oder Vergnügungsgelüste? Reagiert er zum Beispiel beim gehängten Haman oder dem auseinandergebrochenen Judas mit Mitleid? Oder sagt er sich: Recht geschieht ihm, soll er nur ewig schmoren! Tun ihm die ertrunkenen Ägypter leid, die Amalekiter, Goliath? Oder freut er sich nur ihres Untergangs? Urteilt er nur über das Verhalten der Menschen, oder fragt er sich, wie es dazu kommen konnte? Das ist ein Komplex, der fortwährend im Menschen wogt, von tiefen verborgenen Emotionen bewegt.

Und schließlich das Wort, das man mit »Vermögen« übersetzt, das im Hebräischen aber nichts anderes ist als das Wort »sehr«. Beim Abschluß der Schöpfung, am Ende des sechsten Tages, sagt Gott, als er die ganze Schöpfung sah: »Es war sehr gut.« (1. Mose 1,31). Man kennt das Wort »meod« in der Übersetzung nur als »sehr«, niemals als »vermögen«. Wohl als Substantiv, also »das Vermögen« oder »die Kraft«. Und alles, was der Mensch als sein Vermögen einsetzen kann, ist dieses »sehr« der göttlichen »neschamah«, dieses »Gott in uns«. Das ist unsere Kraft als Mensch, das ist unser Vermögen, unsere Auserwählung. Das heißt mit dem Begriff des »sehr«, daß man immer wieder alles übersteigt. Liebe ist kein statischer Zustand. Da käme beim Menschen Langeweile, Überdruß. Sie muß dynamisch sein, muß jedesmal unerwartet Neues bringen, Überraschendes. So daß man nach einem Jahr die Liebe nicht mehr mit der vorjährigen vergleichen kann. Wenn man Worte Gottes hört oder liest, bringt die Liebe zu Gott es mit sich, daß man seine Einheit, jedes Wort immer neu sieht und erlebt. Sobald hier etwas statisch wird, fängt der Schlaf an, gähnt man vor Langeweile.

Was also wählt der Mensch? Die Wahl zeigt sich oft auch schon in seinem Verhalten. Das meiste aber weiß nur Gott, der den Menschen bis in seine verborgensten Tiefen kennt, der eben seine »neschamah« bei jedem Atemzug einatmet. Gott kennt ihn unermeßlich besser als er sich selber oder andere ihn kennen könnten. Diese Wahl im

Leben ist nicht so, daß er dann an Adam oder Noach denkt, oder an Abraham. Er denkt überhaupt nicht an Gestalten oder Namen in der Bibel. Er denkt vielleicht, den oder jenen möchte ich einmal wieder anrufen, oder er denkt an seine finanziellen Schulden, oder daß es jetzt Essenszeit wäre, oder daß er gern diesen Film sich ansehen würde, oder daß er gestern bei einer Diskussion eine dumme Frage gestellt habe. Alle diese Gefühle oder Gedanken sind bei Gott in der Welt der Ewigkeit auf die Worte der Bibel zurückzuführen. Wie es auch heißt: Bei Gott sind alle Zeichen anwesend, mit denen er durch den Heiligen Geist die Bibel erzählt.

Diese Zeichen sind bei ihm aber nicht in der kausalen Ordnung unserer Bibeltexte da, sondern so da, daß alles, was überhaupt mit jenen Zeichen je erzählt werden könnte, anwesend ist. Gott gibt in seiner Freiheit die Texte, die wir die Bibel nennen. Und jedes Zeichen enthält selber noch unvorstellbare Geheimnisse.

Interessen, Emotionen, Wünsche, Hoffnungen, wie sie in den Jahren des Menschen vorkommen, bestimmen dann, ob er so wie Judas Ischarioth handelt oder nicht. Wenn er vielleicht auch noch nie diesen Namen vernommen hat, geschweige denn die ganze Geschichte von ihm.

Und so ist auch der von ihm Verkaufte, Jesus als Christus, als Messias, als Gesalbter auch im Menschen da. Sogar in entscheidender Position. Und dennoch kann es sich ergeben, daß man an ihm Ärger hat, ihn lästig, übertrieben findet, auch ohne direkt an ihn zu denken, sogar ohne im Elternhaus oder in den Schulen je von ihm gehört zu haben.

Des Menschen Verhalten im Leben des Alltags bestimmt schon, ob er den Messias als Erlöser erwartet, oder ob er findet, nur seine politische Partei könne helfen, die Welt noch retten. Oder seine PSI-Magier, oder vielleicht doch die Sekte vom Dienstmädchen. Man kommt aus dem Staunen nicht heraus, wenn man bedenkt, wie beschränkt, wie total und hoffnungslos verrückt die Menschen sind.

Dennoch ist es die für uns verborgene Realität, welche die Wahl bestimmt. Von dorther möchte ich jetzt das Geschehen mit Jesus besprechen. Gerade weil man Jesus immer als bedauernswertes Objekt hinstellt, will ich von Jesus in uns etwas zu sagen versuchen.

Wer in uns ist dieser Hohe Rat der bei Kaiphas Versammelten, diese Schriftgelehrten und Ältesten? Es ist allzu leicht, dieses Geschehen aus *unserem* Leben zu verbannen. Dann wird es ein spannender Kriminalroman, ein harter Bestseller, und wir sind der Zuschauer, dem beim Lesen Schauer über den Rücken laufen.

Im Zeichen des Lammes

Es ist also der erste Tag der ungesäuerten Brote. (Matthäus 26,2). Das Zeichen des Passah für den Menschen ist, daß er ungesäuerte Brote ißt. Das Sich-aufblähende, der Sauerteig also, ist an den Passah-Tagen nicht im Hause. Das Leben sieht, daß das Ende kommt. Das sich hier im Leben wichtig Hervortuende ist weg. Wir spüren, es kommt eine entscheidende Phase.

Und dazu reinigst du dich ganz von dem, was dir bislang wichtig war. Du räumst es aus, damit das Neue gut und ungestört bei dir anfangen kann. Du bist mit deinem Leben, mit deiner Welt, mit den »12« des hier erscheinenden Lebenszyklus zusammen. Du nimmst also das Wort von »Jesus in dir« diesmal ernst.

Du bist in Jerusalem; von diesem Namen habe ich schon einiges erzählt. Du bist im Hause dessen, der dich, für die Welt »zufällig«, aufgenommen hat. Das Lamm für Passah ist bereit. Das Lamm läßt mit sich geschehen, was geschieht. Es kennt seinen Ursprung. Gott atmet, bläst durch das Horn des Lammes die Schöpfung mit dem Wort zum Erscheinen.

Das Lamm des Passah ist ein Zeichen des Wunders des Überspringens der Regel, des Wunders der Ausnahme von der Regel. Es gibt sich hier schweigend hin, weil es das Vertrauen in die Ewigkeit hat, weil es weiß, daß der Atem Gottes durch sein Horn geblasen wird, daß es als das neue Wesen der Welt von Gott erkannt wird. Ein Hinnehmen des Gesetzes, ohne Protest, ohne Widerstand, im Vertrauen, daß Gott es schon gut meint.

Denn damit kommt die Liebe in die Welt. Beim Gesetz wird der Widerstand zur Selbstbehauptung erwartet. Das Vertrauen, sich dem Gesetz hinzugeben, weil der Herr, der Vater es doch nur gut meinen kann, ist die Grundlage zum Erscheinen der Liebe. Liebe braucht dieses blinde Vertrauen in den Liebenden. Wie dieser seiner Liebe nur Sinn geben kann, wenn er weiß, der Geliebte vertraut ihm ohne Frage, bedingungslos.

Ich erinnere daran, daß Vertrauen im Hebräischen »emuna« ist, was auch »Glaube« und »Treue« bedeutet, und daß dasselbe der Fall ist beim lateinischen »fides«.

Dieses Mahl am Abend, wo das Passah nach biblischem Brauch schon für den Tag anfängt, ist das ganze Leben im Sinne dieses Überganges, dieser Wandlung von Knechtschaft in Freiheit. Denn dazu ist das Leben doch überhaupt da, daß es die Überraschung der Liebe als Auszug aus dem Gesetz erlebt.

Dieser Abend heißt im jüdischen Brauch der Seder, und das bedeutet nichts anderes als Reihenfolge, Ordnung. Denn die Ordnung der Schöpfung, des Lebens ist eben so, daß es zur Erlösung, daß es aus dem Tod ins Leben führt. Das Lamm im Menschen könnte das empfinden, dazu ist es doch da, daß es dies spürt als seinen Lebenssinn.

Das hebräische Wort für Lamm, das dort auch benutzt wird, lautet »seh«, 300–5, (2. Mose 12,3); sonst auch häufig »kewes, 20–2–300, oder »tleh«, 9–30. Das Lamm ist Teil des »zon«, 90–1–50, zu dem alles kleine Vieh gehört, also auch die Ziegen.

Nun ist »zon« wie das dem Laute nach verwandte Wort »ziun«, 90–10–6–50, das »Zeichen« bedeutet. »Zon« wird dann auch im gleichen Text gebraucht (2. Mose, 12,21). Macht euch ein Zeichen mit dem Lamm, so könnte man es dort verstehen.

Das Wort »tleh« ist im Stamm gleich mit dem Worte »tal«, 9–30, das »Tau« bedeutet. Der Tau ist eine Gabe vom Himmel, ein Zeichen vom Wasser von oben; die Zeit vom Himmel als besonderes Geschenk, das Wort vom Himmel. Und wenn das Manna, die Nahrung auf dem Weg des Menschen im Gespräch, in der »Wüste«, kommt, erscheint zuerst »tal«, der Tau (2. Mose 16,13). Man kennt die Zahl 39 auch als Er-zählung, daß der »Herr Einer« ist. Das Tetragramm, 10–5–6–5, ist doch 26. Und das Wort »Eins, Einer« ist hebräisch »echad«, 1–8–4, ist 13. Der Ausdruck »der Herr ist Einer« ist dann 39.

Und ich denke an die Zwölf beim Mahl mit Jesus als Dreizehntem. Diese Einheit in ihm, der die 6 und 6 der 12 verbindet, ist dann auch das Wort Lamm als »tleh«, als »der Herr ist Einer.«

Dann das Wort »kewes« für Lamm. Das gleiche Wort 20–2–300 ist auch das Wort für Erobern, Unterdrücken. Denn das Lamm erobert die Welt, beherrscht die Welt durch seine Hingabe, durch seine Sanftmut. Die neue Welt wird nicht mehr durch das Gesetz, das Quantitative beherrscht; nicht mehr gilt das Recht des Stärkeren, des Mächtigen, der alles »machen« kann. Welche Aspekte eröffnet nicht schon dieses Wort Lamm!

Schließlich das Wort »seh«, 300–5, für Lamm. Es erzählt in den Zahlen seiner beiden Zeichen Sin und He 360 und 15, zusammen also 375. Und es ist wie ein sich offenbarendes Geheimnis, daß Jesus im biblischen Jahr

3760 geboren wird. Dazu kommt noch, daß der Name Esau, in der Bibel Esow, 70–300–6, 376 ist. Mit diesem biblischen Jahr werden die Völker, also die Gemeinschaften, die unter dem »Gemachten«, dem »Fertigen« – das bedeutet Esow doch – als einzigem Gesetz stehen, in die Erlösung durch die Liebe, durch das Sanfte, einbezogen. Es ist hier nicht der Ort, weiter auf diese Zahl 376 einzugehen. Es gibt noch eine ganze Reihe solcher »Zufälligkeiten«, die erkennen lassen: Das ist schon mehr als nur Zufall, da ist ein ganz Gewaltiger im Hintergrund, der alles lenkt.

Das Lamm, das ganze, das vollkommene, wie es in der Bibel heißt (2. Mose 12,5), ist der Mittelpunkt dieses Abends.

Zu jeder Mahlzeit, hier aber in der Bibel besonders hervorgehoben, gehören das Brot und der Wein. Es ist auch merkwürdig, daß die hebräischen Worte für Brot, »lechem«, und Wein, »jajin«, zusammen genau das Wort Passah erzählen. »Lechem«, 30–8–40, also 78 geschrieben; »jajin«, 10–10–50, also 70. Und »pesach« ist 80–60–8, also 148, gerade die Summe von Brot und Wein.

Zurück zu der Geschichte. Judas verkauft Jesus doch für 30 Silberstücke, 30 Schekel, an die Hohepriester und die Ältesten, die ihn zu töten suchen. Das Silber ist in der Ordnung der Metalle das zweite, das von der Mondseite. Und der Mond steht auch am Ort des Weiblichen, der Hülle, des materiell Erscheinenden. Die Sonne ist das erste Metall in der Ordnung der Welt, wie sie die Überlieferung, hebräisch Kabbalah, kennt. Deshalb sind die Geräte in der Wohnung Gottes auch aus Gold. Denn das Erste ist das – später umhüllte – Innere, das Männliche im Sinne des Wortes »sachar«.

In der Bibel wird der Mensch in seiner Erscheinung mit dem halben Schekel gezählt; mit dem halben, weil die Erscheinung hier nur die Hälfte zeigt, das Fließende. Es gibt auch die Erscheinung als Leib, die bleibende, ewige. Sie wäre dann die andere Hälfte des Schekel.

Auch der »Preis« der Sklaven wird in Schekel gerechnet, das heißt, die Bewertung des Menschen im Sinne des Wortes, nicht nach den Maßstäben der diesseitigen Welt. So sind alle Maße der Bibel nicht für die Welt hier benutzbar. Es sind Maße im Sinne vom Wort Gottes, ob es sich nun um Jahre oder Ellen handelt, in der Bibel stammen sie aus der Welt der Ewigkeit, der Welt des Inneren, des Verborgenen. *Biblisch* besteht die Welt jetzt 5748 Jahre, nicht physisch oder geologisch. Man unterscheide doch das Heilige und das Profane.

Der Verkauf für *Silber* will also sagen, Judas betrachtet Jesus als etwas nur hier Erscheinendes. Es kann bei ihm nicht durchdringen, daß Jesus aus der Welt von Gott kommt, eine Verborgenheit ist, die hier erscheint. Judas scheint nicht verstehen zu können, wie Jesus hier in die Welt kam. Für ihn ist er einer in der Reihe der Generationen. Oder einer in der Reihe der Propheten. Nur Irdisches, Materielles, Zeitliches kann man verkaufen. Nur dies hat einen Preis. Und auch die Priester und Ältesten glauben, man könne Jesus einfach aus der Welt schaffen, er sei nur Hülle hier, vergänglich.

Es ist ein tragisches Mißverständnis; sie können einfach nicht wissen, was sie tun. Das Silber zeigt schon die Auffassung an beiden Seiten. So denkt auch Jehuda zuerst, Joseph sei nur hier erscheinend, und er verkauft ihn für 20 Silberstücke. Bis dann schließlich Jehuda zu Joseph tritt, und sie ihre Einheit erkennen (1. Mose 44,18). Jehuda denkt bis dahin, er und die anderen Söhne der Lea seien das Wesentliche und Joseph nur die Hülle. Joseph ist doch von Rachel, ein Name, der übersetzt nichts anderes bedeutet als Mutterschaf, Mutter des Lammes. Jehuda faßt das materiell Erscheinende eben nur als eine Hülle auf. Schon gut und wichtig, um den Kern zu schützen, zu umhüllen;

daß es einen Wert an sich haben könnte, daß die Mutter schon im Himmel entscheidend ist für die Gnade, für die Barmherzigkeit, versteht er erst später. Wie er auch Tamar, die Mutter des Perez, erst am Schluß als die erkennt, die sie ist (1. Mose 38).

Perez bedeutet doch »Durchbruch«. Und aus ihm kommt, als Jehuda einsieht, die Linie zu David.

Im Menschen im Zeitfluß ist das Muster von Judas wie das von Jehuda anwesend. Die Frage ist, inwiefern der Mensch das Äußere, die Welt, schnell als unwichtig abfertigt. Das gilt für jeden Menschen, der hier lebt. Er ist, ohne eine Sekunde an Judas zu denken, bereit, alles, auch das Heiligste, nur als Äußeres, als Zeiterscheinung zu erkennen. So, wenn er Jesus nur als geschichtliche Gestalt sieht. Dann veräußerlicht er ihn, ist bereit, ihn zu veräußern, zu verkaufen. Eben für Silber: ›Was ist er schon mehr als andere Propheten, als jeder andere Rabbi in jener Zeit?‹

Wer so denkt, spricht wohl auf die Person Judas an, hat im Muster des Flusses der Zeit eine Affinität zu ihm. Natürlich würde der, dem man das sagte, dies entrüstet von sich weisen. Und auch die, welche die Bibel an sich verwerfen und nur das zeitlich Erscheinende als alles, als das echte Konkrete anerkennen, haben eine starke Beziehung zu diesem Judas.

Wichtig in der Geschichte ist natürlich der berüchtigte Judas-Kuß. »Der Verräter hatte ein Zeichen gegeben und gesagt: Welchen ich küsse werde, der ist es; den ergreifet. Und alsbald trat er zu Jesus und sprach: Gegrüßet seist du, Rabbi! und küßte ihn.« (Matthäus 26,48).

Nun man kannte Jesus doch ohnehin, wird man sich bei dieser Stelle fragen. Viele Leute besuchten ihn. Und wie er selber später sagt: Ihr habt mich doch jeden Tag im Tempel gesehen. Ihr konntet mich doch schon immer gefangennehmen. Mit anderen Worten: Wozu eigentlich der Kuß?

Es sieht aus, wie wenn Kinder untereinander Soldaten und Krieg spielen. Ich möchte deshalb näher darauf eingehen.

Hebräisch ist »küssen« »naschak«, 50–300–100. Dieses Wort bedeutet aber auch ein »unmittelbares Berühren«. Nun wird manchmal, zum Beispiel im Fall der Begrüßung von Jakob durch seinen Bruder Esau (1. Mose 33,4) das dort genannte Küssen als ein Beißen verstanden. Deshalb ist dieses Wort im hebräischen Text der Bibel auch hervorgehoben, indem auf jedem seiner sechs Buchstaben ein dicker Punkt gezeichnet ist. Denn das hebräische Wort für beißen klingt wie das Wort für küssen. »Beißen« ist »naschach«, 50–300–20. Dieses Wort bedeutet aber auch »einander stoßen« sowie gegen Zins leihen, bedrängen.

Beim Küssen entscheidet das Gefühl im Inneren, im Verborgenen. Auch das Hohelied beginnt mit der Sehnsucht Sulamiths nach den Küssen des Königs.

Die Priester und Ältesten aber kannten Jesus im Tempel sehr wohl. Sie bedrängten ihn auch fortwährend mit ihren Fragen und Bemerkungen. Ihr Leben in der Welt hat aber keine Beziehung zu ihrem Leben im Wesen, in der Verborgenheit. Man bedenke die Position des Tempels als Mittelpunkt von Jerusalem, und von Jerusalem als Zentrum des Landes Israel, und dieses wiederum als Mitte der Welt, der Schöpfung.

Diese Leute sind also gespalten. Ihr Leben im Äußeren hat die Beziehung zum Leben im Wesen verloren. Und nur vom Reich der Himmel, aus dem Wesen, kann die Erlösung kommen. Alles Bemühen hier bleibt, wenn das Wesen nicht einbezogen ist, ein Unternehmen wie das vom Turmbau zu Babel, das doch auch die Eroberung des Himmels als Ziel hatte.

Auch Judas legt den Nachdruck auf diese Welt des Äußeren. So hat er die Beziehung zu seinem Wesen allmählich verloren. Und so ist dann auch sein Verrat eine Tat im Äußeren. Der Kuß ist ein »unmittelbares Berühren«;

das Beißen, der Biß ist ein »Einander-stoßen«, also ein Berühren mit aggressivem Charakter. Der Kuß ist somit ein Zeichen, daß man das Äußere meint. So zum Beispiel das Küssen mit einem gezielt erotischen Charakter. Küsse können aber auch ganz anders sein, eher liebend, zärtlich.

Judas will mit seinem Kuß in der Welt des Erscheinenden zeigen, daß er Jesus liebt. Das sagen auch seine Worte. Da Judas aber die Beziehung zur Welt des Wesentlichen verloren hat, ist sein Kuß ein Verrat, eine Lüge. Er bekam ja auch die 30 Silberstücke dafür. Die Sünde des Judas ist, daß er Jesus nur als äußeres Phänomen kennt, als, »nun ja, auch so einen Rabbi«. Er hat ihn veräußert, verkauft, weil er ihn eben veräußerlicht hatte. Die Sprache selbst deckt diesen Zusammenhang auf. Für die Pharisäer und Schriftgelehrten, geführt von ihren Priestern und Ältesten, ist er lästig, und man sucht, sich von ihm bald zu befreien.

Wollen wir nicht auch Jesus allzu gern veräußern? Tun wir das nicht auch mit der ganzen Bibel als Worte Gottes? Wenn man die Bibel als heilig kennt, als vom Heiligen Geist geschenkt, dann ist Jesus eben nicht nur eine äußere historische Erscheinung, sondern an erster Stelle und im Prinzip Sohn Gottes; der durch den Heiligen Geist dann auch erscheint. Wie die Zeichen der Worte Gottes durch den Heiligen Geist hier erscheinen. Dann ist das Wort »Sohn Gottes« kein Diskussionsobjekt der Beweisbarkeit im Äußeren.

Wer damit noch Probleme hat, zeigt nur, daß er zur Gemeinschaft jener gehört, die nur noch das Äußere kennen. Es ist zu bedenken, ob man Jesus nur so sieht, wie Judas ihn sieht, und ihm äußerlich zärtlich liebend entgegengeht. Denn die Scharen mit Schwertern und Stangen folgen dem Judas auf dem Fuße. Dann fängt gerade das grausame Geschehen vom Kreuzweg an. Äußerlich tatsächlich sehr grausam. Und dieser Weg führt in den Tod durch die Kreuzigung. Die Jesus veräußern, genießen wie masochistisch diese Kreuzigung, sehen alles in dunklen Farben. Und Jesus ist dann ein Objekt, auf das wir als Zuschauer mit Gruseln herabschauen können. Aus sicherer Distanz.

Daß uns dabei die Auferstehung und das ewige Leben entgehen, bemerken wir kaum. Judas hat sich doch auch erhängt. Das ist die biblische Todesart, die für das Zeitliche bedeutet, daß man den Kontakt mit dieser Welt verliert. Die Füße, die den Weg hier gehen können – auch im Sinne des Gehens in der Leiblichkeit –, haben keine Verbindung mehr zur Erde.

Es ist schon sehr schlimm, wenn man nur den Tod sieht und die Schuld »anderer« an diesem Tod und nicht die Apotheose der ganzen Bibel in der Auferstehung, in der neuen Welt, im neuen Jerusalem. Judas hat in seiner Reue nur noch den »Erfolg«, daß seinesgleichen sich erhängt, aus dem Menschen in der Bibel verschwindet. Als neuer kommt Matthias, »Geschenk vom Herrn«. Der Herr schenkt diesen neuen Zwölften.

Um die Geschichte des Judas hier abzurunden, sei festgehalten, daß es von den Worten der Bibel her eine Gefahr bedeutet, Jesus in der Sicht der Welt so nachdrücklich zu betonen. Die Schar der Bewaffneten, die Jesus dann zum Binden abführen will, wartet auf diesen Kuß. Jesus selber hatte mehrere Male seine Jünger davor gewarnt, seine Taten überall herumzuerzählen.

Der Grund dafür ist gewiß keine falsche Bescheidenheit oder etwa taktische Überlegung. Er befürchtet aber, daß man ihn als Magier, als »Macher« bewundere. Denn er weiß, daß dies gerade die Waffen des Versuchers sind. Er möchte, wie er es in der Bergpredigt auch ausspricht, daß der neue Mensch, der Mensch, der ihm begegnet und ihn versteht, »in seine Kammer geht, die Türe schließt«, und nicht, wie ein Heuchler, alles herumposaunt. Denn dieses Demonstrieren sieht man gerade bei Judas und seinem

Kuß für seinen Rabbi, den er damit zu erfreuen meint, den er, wie der griechische Text auch sagt, zärtlich küßt. Man folge besser Jesu Worten und nicht irgendwelchen Emotionen, die desto schneller und heftiger aufkommen, je mehr man ihn in die erscheinende Welt herabzieht.

Was mit Mission gemeint ist und dem In-die-Welt-verbreiten von Jesu Worten, müßte man ebenfalls von der Innenseite des Wortes her sehen. Mission als Eroberung der Welt für das Christentum ist eine Machtangelegenheit. Kraft der Waffen, Kraft der Wirtschaft, der Technik, Kraft der Überzeugung mit Worten, die nur das Äußere berücksichtigen können. Vielleicht wäre es aber im Sinne von Jesus, wenn man selbst immer intensiver die Welt der Verborgenheit in sich, im Wort, im Leben, in der Welt entdeckt und wachsen sieht. Dann ist man schon in Galiläa, in der Erscheinung in der Form, im Körper.

Und dann wird Gott auch hier, wie bei allem, die Kraft aus dem Wesen in die Zeit fließen lassen. Dann wird sich auch zeigen, zu jeder Zeit, was in und mit der Welt geschieht.

Es sitzen die Zwölf mit Jesus am Tisch zum Mahl des Passah. Der Tisch heißt hebräisch »schulchan«, 300–30–8–50; dieses Wort kommt von »schalach«, 300–30–8, schicken. Die Mahlzeit ist das, was Gott uns schickt. Im Verborgenen ist das ganze Leben eine Mahlzeit. Gott schickt uns unser Geschick, unser Schicksal. Am Passah heißt die Mahlzeit Seder; und dieses Wort meint dann die Reihenfolge des Geschickes im Sinne der Verborgenheit.

Das Lamm, das Passah, ist bereitet. Der Wein und das Brot sind bereit. Der Abend fängt bis heute noch damit an, daß die Hände in der Schüssel gewaschen werden. Im Sinne des Seder, der Reihenfolge des Lebens, spricht Jesus auch von seinem Schicksal und dem Ende seines irdischen Weges. »Einer unter euch wird mich verraten.« »Verraten«

ist, wie schon gesagt, identisch mit »überliefern«, »übergeben«. Hebräisch lautet das Wort »mossar«, 40–60–200; ein Verräter ist ein »massor«, 40–60–(6)–200. Man kennt die Überlieferung auch als den »massoretischen Text«, also den Text, der seit jeher überliefert ist. Das Übergeben ist dann: dieser Welt ausliefern, binden an diese Welt. Der Mensch aber weiß doch, daß er der Ewigkeit gehört, daß er seinen Vater im Himmel hat. Das Verbrechen besteht also darin, daß einer dieser Zwölf ihn an die Welt der Zeitlichkeit ausliefern will; weil für ihn das eben die ganze Welt ist.

Bestürzung tritt unter den Zwölf ein, jeder fragt, ob er es sei. Jesus sagt: »Der Sohn des Menschen geht zwar hin, wie von ihm geschrieben steht; doch weh dem Menschen, durch welchen der Sohn des Menschen verraten wird! Es wäre besser, daß derselbe Mensch nie geboren wäre.« Da sagt Judas: »Bin ich es?« Und Jesus antwortet: »Du sagst es.«

Es geht also nicht darum, daß Jesus jetzt dahin geht, wie es heißt. Vielmehr bewegt Jesus der, durch den er verraten wird. Dieser Verrat, wir haben schon darüber gesprochen, ist gleichbedeutend mit einem Veräußern, dem In-die-Welt-der-Erscheinung-bringen. Es heißt, Judas hat ihn nicht verstanden, hat ihn nicht in sich empfunden. Damit hat er ihn der Welt der Zeitlichkeit ausgeliefert, aus ihm eine historische Person gemacht. Er hat nicht verstanden, daß Jesus eine Gestalt der Ewigkeit ist, wo immer er jetzt auch hingeht, und deshalb hier erscheint und wiederkommt. Von dorther, von der Quelle.

Wer ihn aber nur der Welt ausliefert, der Welt der Gesetzlichkeit, obwohl er doch so gänzlich anders in die Welt kam, dessen Leben ist sinnlos. Er erfüllt nicht die Erwartung, die Gott in ihn setzt, wie er sie in jeden Menschen setzt. Schade, daß ein Leben so verdorben werden kann. Besser, er wäre nicht geboren.

Die Frage von Judas: »Bin ich es?«, läßt Jesus jetzt

antworten: »Du sagst es.« Diese ausdrückliche Frage zeigt seine Verfallenheit an diese Welt. Er hätte es sich still in seinem Wesen fragen können, oder die Frage stellen, wie die anderen, ohne sich besonders hervorzuheben. Doch dieses Benachdrucken seiner Person zeigt schon, daß er, wie es auch bei Lukas und Johannes gesagt wird, vom Satan besessen, also dieser Welt der Zeitlichkeit verfallen ist. Deshalb auch die Antwort von Jesus: ›Ich sehe jetzt, woher deine Gedanken kommen. Es bedarf keiner weiteren Worte mehr, du sagst es ja selber. Bei dir ist alles nur äußerlich und deshalb kannst nur du es sein, der mich an diese Welt ausliefert. Du meinst es auf deine Weise, nach deiner Weltanschauung und Lebensauffassung sogar nur gut. Aber du weißt gar nicht mehr, was die Welt ist, wer ich bin; du weißt nicht einmal, wer du selber bist.‹

Brot und Wein

Dann findet nach dem Händewaschen, dem Eintauchen des Handelns in die Zeit, der Segen über das Brot und den Wein statt. »Da sie aber aßen, nahm Jesus das Brot, segnete und brach es, und gab es den Jüngern und sagte: Nehmet. Esset. Dies ist mein Leib.« Und bei Lukas heißt es: »Dies ist mein Leib, der für euch gegeben wird. Tut das zu meinem Gedächtnis.«

»Und er nahm den Becher, segnete und gab ihn ihnen und sagte: Trinket alle. Denn dies ist mein Blut des Bundes, für viele vergossen zur Vergebung der Sünden.«

Wir sollten uns wiederum fragen, was das Wort von Brot und Wein aussagt.

Das Brot in seiner Erscheinung: Im Prinzip kommt es vom Weizen, enthält auch Hefe, Sauerteig also, es braucht Salz und kann in verschiedenen Formen gebacken werden. Im Hebräischen heißt es »lechem«, 30–8–40. Man kann aber auch die verborgene Seite vom Brot erzählen lassen. Die Geschichte vom Weizenkorn, das in die Erde gelegt wird, das Keimen, das Hervorkommen aus der Erde, die Ernte, das Dreschen, Mahlen, das Wasser, der Teig und, am Schluß durch das Feuer, das Brot. Und man denkt dann an Rachel, die »Mutter des Lammes«, und ihr Grab auf dem Weg nach Bethlehem, an Ruth und Boas, an David und sein Königshaus. Und kommt auch zur Geburt Jesu dort.

Man kennt den Weizen als Erstgeburt aller sieben Früchte der Erde (5. Mose 8,8). Der Segen über das Brot verlautet das Lob an Gott, den Herrn, den König des Weltalls, der »das *Brot* aus der Erde hervorkommen läßt.« Nicht also der Weizen allein, sondern schon gleich das fertige Brot. Ich vergleiche das mit dem Kommen Jesu. Nicht als Produkt von 42 Generationen, das wäre Joseph, sondern vom Heiligen Geist der Jungfrau Maria geschenkt.

So wird beim Segen über das Brot nicht all der tüchtigen, oft mühseligen Arbeit der verschiedenen Instanzen und Phasen gedacht. Vielmehr kommt das Brot als Erstgeborenes fertig aus der Erde, erscheint in der Welt. Die Erde kennt überhaupt noch kein Erscheinen vor dem Weizen, sie ist noch jungfräulich. Das Brot ist schon von vorher da.

Wenn wir dann an das Wort Gottes denken, durch das der Mensch an erster Stelle seine Nahrung erhält (5. Mose 8,3), dann heißt es auch, dieses Wort komme aus Gottes Mund hervor. Und es kann dann derart neu sein, daß der Mensch, der es hört, erschüttert ist wie eine Jungfrau, die auf einmal ein Kind in sich spürt.

Dieses Brot hat also wieder die beiden Seiten: das hier erscheinende Brot *und* zugleich alles, was dieses Wort aus seinem verborgenen Reich erzählt. Wie das Brot mit all diesem Geschehen im biblischen Wesen hier schlicht, bescheiden, fast unbemerkt erscheint, so auch Jesus. Er sagt vom Brot: »Dies ist mein Leib, der für euch gegeben ist.« Das heißt, wenn ihr die verborgene Seite vom Brot, seine ganze vielfältige Geschichte kennt, dann wißt ihr, welche Verborgenheit in diesem einfachen Stück Brot lebt.

Wenn ihr aber das Brot *nur* mit seiner Erscheinung identifiziert, dabei ein sichtbar frommes Gesicht macht, dann könnte euer Gehabe als Lüge, als Heuchelei bei Gott angemerkt werden. Dann seid ihr jenen Pharisäern gleich, dann sind eure Schriftgelehrten eigentlich nur Unwissende und aufgeblähte Wichtigtuer.

Beim Brot, dem Erstgeborenen seht ihr, was alles die oft so stille, bescheidene Hülle jeder Sache in sich birgt. Wir loben Gott, nachdem wir unser Handeln rein machen im Segen der Zeit, daß er all diese Verborgenheit in unermeßlicher Vielfalt für uns hier erscheinen läßt.

Das Brot wird dann gebrochen und jedem, der am Tisch Gottes, am Tisch in der Verborgenheit des Wortes sitzt, ausgeteilt. Auch die Worte Gottes, aus seinem Mund hervorkommend, teilen wir, teilen wir mit. Jedem persönlich, nach seiner Art, nach seinem Geschmack. Denn eines jeden Geschick ist eine nur für ihn, keinen anderen, bestimmte Einheit. So fängt die Mahlzeit an.

Wein, »jajin«, 10–10–50. Das Wort hat die lebende Struktur der beiden »10«, den beiden Jod, die im Prinzip den Herrn »oben« und »unten« artikulieren. Das Tetragramm besteht doch aus der »10« oben und der »10« unten, diese aber geteilt in »5« und »5«. Das Wort »und« ist im Hebräischen das Zeichen »Haken«, »Verbindungshaken«, die Waw, die »6«. Der Name wird dann geschrieben als »10« von oben und »5–6–5« unten. In seiner Einheit ist er 10–5–6–5. Das Zeichen Nun, die »50«, bedeutet, wie wir schon sahen, »Fisch«. Jehoschua im Alten Testament heißt »der Sohn von Nun«. Damit schließt das Wort für Wein. Am Ende eines Wortes steht die sogenannte Schluß-Nun. Und ihr Zeichen reicht am tiefsten von allen

Zeichen. Diese »50« gehen also hinab, von ganz oben her, bis in die tiefsten Tiefen.

Das Lob an Gott gilt aber nicht für den Wein, sondern für den Weinstock, »gephen«, 3–80–50. Dieses Wort hat die bekannte Struktur, die wir von den Worten für Schlange, fallen und Seele schon kennen, die 5–8–3, *aber* in umgekehrter Reihenfolge, also als 3–8–5.

Beim Wein, aus der Frucht des »gephen« gepreßt, besteht nämlich die Möglichkeit zu »fallen«, der Schlange, der »nefesch«, dem Gesetze hörig zu werden. Dann bringt der Wein hier Rausch bis zur Trunkenheit. Man kann aber den Wein auch »heiligen«, das heißt, ihn wie das ungesäuerte Brot bescheiden genießen. Dann erfreut der Wein das Herz des Menschen. Und vor allem, man erkennt dann die verborgene Seite dieses Wortes »gephen«. Und damit hat man den Wein geheiligt. Diese verborgene Seite zeigt die Freiheit des Menschen, seine Auserwählung. Nach Naturgesetz sollte er fortwährend im Rausch leben müssen.

Gemeint ist jede Art Rausch: Studium Wissenschaft, Geld, Erotik, Nikotin, Sport und noch vieles mehr. Der Mensch, heißt es, kann die Wohnung Gottes nicht betreten, wenn er im Rausch ist (3. Mose 10,9). Jede religiöse Handlung, es sei in Gedanken oder im Tun, soll also nicht im Rausch geschehen. Nicht die Erregung des Fanatismus also, der Rausch der Machtausbreitung, der Gegnerbekämpfung.

Deshalb beachtet man im Brauchtum der Juden große Vorsicht beim Umgang mit dem Wein. Es gibt den wichtigen, oft entscheidenden Ausdruck vom »vergossenen Wein«, »jajin nessech«, 10–10–50 und 50–60–20. Warum ist das beim Wein so wichtig? Vielleicht, weil nicht der Wein, weiß oder rot, gemeint ist, sondern gerade das Blut, das dann vergossen wird.

Dieses Vergießen ist eigentlich ein »Gießen auf die Erde«. Das heißt, man kennt den Wein nur irdisch. Ich denke hier auch an die in der Bibel böse Tat des Onan, wo es heißt »er verdarb seinen Samen zur Erde« (1. Mose 38,9). Er will nur die Lust; daß der Samen potentielles Leben enthält, ist ihm gleichgültig. Man schaut nur darauf, was einem paßt, was »man« tut, und verdirbt den Samen, indem man ihn nicht im Sinne der Ewigkeit integrieren will.

Den Wein auf die Erde vergießen heißt, dem Rausch gemäß leben. Das Wort für Götzenbild ist im Hebräischen »massecha«, 40–60–20–5, und hat als Stamm das Wort »nessech«, gießen. Denn es entsteht aus dem gegossenen Metall, das man nicht weiter fließen läßt, sondern zum Erstarren bringt.

Der Wein soll also nicht in diesem Sinn vergossen werden. Solchen Wein, entweiht, kann man nicht zur Heiligung nehmen. Man soll sich dieses Weines enthalten.

Wäre man imstande, dieses aus dem Talmud stammende Brauchtum auch in seiner verborgenen Seite kennenzulernen, käme einem viel Einsicht in die Welt und das Leben – als freudiges Erlebnis. Kennt man aber nur die Außenseite solcher Mitteilungen und hat kein Bedürfnis, in die Wohnung Gottes einzutreten, die Erzählungen in der verborgenen, der komplementären Seite anzuhören, und steht dieser Seite sogar oft aggressiv oder depressiv gegenüber, dann ist es nur sehr, sehr schade. Man sucht dann nur die Gelehrsamkeit für diese Welt, für seine eigene Autorität. Somit ist man fast naturgesetzlich ein Gegner Jesu. Den kennt man dann auch nur als unverständlichen, lästigen Unruhestifter. Oder eben als Rabbi nach Art der Pharisäer und Schriftgelehrten.

Das Brot, die Art seines Erscheinens, im Verborgenen das Erscheinen Jesu, ist der Leib, der Welt gegeben. Erkennt die verborgene Seite des Wortes Brot. Und das Brechen des Brotes bedeutet, die ganze Welt erhält ihren Anteil. Die »12« in unserer Geschichte sind die ganze

Welt, alle Menschen, die »3«, »4« und »5«, das Männliche, das Weibliche und die Frucht ihrer Einheit im Kind.

Der Wein, »mein Blut des Bundes, für viele vergossen zur Vergebung der Sünden«. Blut ist im Hebräischen »dam«, 4–40, und steht in Beziehung zum Wort »domeh«, 4–40–5, das »gleichen« bedeutet. Das Blut ist eben »das Gleichnis Gottes«, in dem der Mensch gemacht wird. Blut vergießen ist also, dem Menschen sein »Gleichnis Gottes« zur Erde verderben. Er wird zum Beispiel »nur« als anthropologisches Wesen gesehen, abstammend von pflanzlichen oder tierischen Zellen. Das Beschämen eines Menschen heißt im Hebräischen »sein Blut vergießen«. Denn man entreißt ihm damit seine Gottesähnlichkeit. Er heißt dann nur Lügner, Dieb, Mörder, Sadist usw.

Das Blut Jesu wird also für diese neue Welt vergossen. Er ist da und weiß, daß man ihn nicht verstehen wird, ihn ablehnt, es selber besser weiß, ihn verfolgt, verspottet, beschämt, lächerlich macht, am Ende kreuzigt und tötet. Er sieht zu, wie sein Blut vergossen wird, und er weiß, nur so kann die neue Welt kommen. Er lebt und zeigt, daß Liebe eben anders ist als die Welt der Gesetze, die einen vielleicht zurückschlagen läßt, wo man eine Partei gründet, um sich verteidigen zu können, und wo man im äußersten Fall dann flieht und sich versteckt.

Er tut dies alles nicht. Die Welt der Liebe kann nur sein, wenn sie gerade all dem Alten gegenübersteht. Es ist ein Durchbruch aus dem Gesetz hinaus. Diese Haltung ist neu. Denn in der neuen Welt wird die Vergebung verstanden werden. Nicht »weil« einer dann brav und fromm wird, sondern einfach aus Gnade, umsonst. Gott kennt nämlich die für alle verborgene Seite eines Lebens, er kennt die Totalität eines jeden Lebens. Der neue Bund kennt die Verborgenheiten des Menschen. All diese Bergbesteigungen von Jesus machen eben auf die Art jener Verborgenheiten aufmerksam. Für diese neue Welt durchbricht Jesus mit seinem Leben alle gescheite, studierte, beherrschte Gesetzmäßigkeit und zeigt den Weg der Liebe, der Gnade. Im Bild ist es der »jajin nessech«, der vergossene Wein, der damit für den Götzendienst verwendete Wein. Der Wein wurde vergossen, das Blut wurde vergossen, damit das Neue kommt. Alle Konsequenzen eines solchen Durchbruchs nimmt Jesus deshalb auf sich.

Der Mensch, in dem Jesus lebt, wird auf seine Art das Leben auf diese Weise bestehen. Weil er das im Strom der Zeit erlebt, wird ihm das Erkennen der Liebe wohl eine unermeßliche und ständige Freude bereiten. Denn er spürt im Fließen der Zeit das Strömen der Quelle, in der alles schon erfüllt ist. Er wartet mit einer tiefen Gewißheit auf das Kommen des Erlösers auch in der Zeit. Er weiß, daß die Wiederkunft von Christus ein Kommen einer neuen Welt auch hier im Zeitlichen bedeutet; daß dann Tod, Krankheit und Aggression aufgehört haben, daß dann alles klar und hell wird, daß Gott dann auch auf seine allesumfassende Weise die Gerechtigkeit zum Durchbruch gelangen läßt. Dann erfährt der Mensch, daß Liebe und Gerechtigkeit ein und dasselbe sind.

Gethsemane

Nach der Mahlzeit gehen alle hinaus zum Ölberg, hebräisch »Berg der Oliven«. Die sechste Frucht, die Frucht des sechsten Tages, des Freitag also. Und es ist der Abend, an dem der Freitag biblisch anfängt. Es ward Abend, es ward Morgen, der fünfte Tag. Am Abend ist also schon der nächste Tag.

An diesem Abend und in der anschließenden Nacht beginnt Jesus von einem Ende zu sprechen, von einer entscheidenden Zäsur. Die Welt, der Mensch werden sich ändern. Das Gesetz erhält die Liebe als neues Leben. Das Bittere der Olive kommt zur Geltung. Dennoch war es doch das Blatt der Olive, das dem Noach die neue Welt nach der Sintflut ankündigte. Die Taube brachte es heran, die »jonah«. Und Jesus spricht jetzt auch die Worte von Secharja, dem Propheten, dem Bringer von Gottes Worten: »Schwert, mache dich auf über meinen Hirten und über den Mann, der mir am nächsten ist, spricht der Herr der Heerscharen. Schlage den Hirten, so wird die Herde sich zerstreuen, so will ich meine Hand kehren zu den Kleinen.« Secharja 13,7. Nach der Läuterung, die weiter in Secharja erzählt wird, schließt dieses Stück dann mit den Worten: »Ich will sagen: Es ist mein Volk; und sie werden sagen: Herr, mein Gott.«

Jesus verkündet seinen Zwölfen: »In dieser Nacht werdet ihr alle durch mich in einen Fallstrick geraten« oder, wie Luther übersetzt: »an mir Ärgernis nehmen«, zitiert dann Secharja 13,7, und fügt hinzu: »Nach meiner Auferweckung aber werde ich euch vorangehen nach Galiläa.«

Petrus sagt dann, daß er jedenfalls nie Ärgernis an ihm nähme. Worauf Jesus ihn auf die Unmöglichkeit dieser Art Treue hinweist: »In dieser Nacht, ehe der Hahn kräht, wirst du mich dreimal verleugnen.« Man kennt die Geschichte und weiß, daß Petrus nicht hätte leben können, wenn er Jesus nicht verleugnet hätte. Er ist, wie Judas, »einer der Zwölf« im Menschen. Und der Mensch steht hier oft vor Situationen, die ihn einfach zwingen, so zu handeln. Der Fluß der Zeit bringt oft Umstände, die gerade infolge des Zeitflusses erkennen lassen, daß man hier absolute Urteile nicht fällen kann. Man *muß* hier relativieren. Im Verborgenen dagegen können Dinge mit absoluter Sicherheit von Gott gemessen werden. Und Gott sieht den Menschen auch in seiner Verborgenheit, in seinem Wesen, in seiner Absicht, seiner Hoffnung, seinem Glauben, seiner Liebe.

So fängt die Nacht in Gethsemane, in Gath Schemani an. Sobald sie dort ankommen, beginnt das Pressen, der

Druck, die Umwandlung der Frucht vom sechsten Tag. Wir erinnern uns doch, das hebräische Gath Schemani bedeutet »Ölpresse«. Aus der Frucht des sechsten Tages entsteht der für die Welt gesetzmäßig unmögliche achte Tag, entsteht das Öl, der Name Gesalbter, Messias, Christus.

Und der Prozeß, der an diesem sechsten Tag anfängt, ist ein peinlicher, macht traurig. Jeder Mensch, sogar die ganze Welt kennt im Leben solche schmerzvollen Episoden von Enttäuschungen, Kriegen, Katastrophen, Krankheiten,kurz: Leid und Druck. Geburtswehen einer neuen Lebensphase. Dreimal wendet sich Jesus in dieser Nacht an Gott mit den Worten: »Mein Vater, ist es nicht möglich, daß dieser Becher an mir vorübergehe?«

Das Leid einer Wandlung, wo etwas Kostbares, das man als Geschenk zärtlich verwaltete, auf einmal verlorenzugehen droht, ist doch in eines jeden Menschen Gewißheit, daß auf das Leben hier der Tod folgen muß, einbeschlossen. Er weiß, etwas, das er liebte, das ihm Freude bereitete, verschwindet hier für immer. *Diese* Umstände kommen niemals zurück. Er weiß von Gottes Güte, sie gehört doch zu seinem Wesen, aber dennoch, das mitansehen müssen, was bis dahin alles mit einem geschieht, ist ein großer Druck.

Alle Psychologie beruht doch eigentlich auf der Unerträglichkeit des Lebens, dem Gefühl, alles ist hier im Fluß, im Wandel, und der Unsicherheit, wohin das alles führt. Deshalb ist dem Menschen die Offenbarung des Wortes geschenkt. Zu erkennen, daß Gott das Wort ist, daß das Wort eine erscheinende Seite und eine verborgene hat, kann dem Menschen ein Reservoir an Trost schenken. Es sei denn, er weiß nicht von jener ewigen Quelle, in der alles schon bis zur endgültigen Erlösung erfüllt ist, bis in die ewige neue Welt, den neuen Himmel, die neue Erde, das neue Jerusalem. Und diese Quelle ist jedem Menschen nah, zum Greifen nah. Es braucht dazu keine Entwicklung, keine Übung, kein Studium. Sie ist im Menschen selber anwesend, sie lebt im Atem Gottes.

Die Jünger, die Jesus in jener Nacht mitnimmt, Petrus und die beiden Söhne des Zebedäus – der Name bedeutet »Geschenk Gottes« – und denen er sein Leid mitteilt, schlafen ein, sobald Jesus sich für kurze Zeit entfernt. Man kann das Leid eines anderen niemals mittragen; es ist zu viel. Denn selbst reagiert man im Zeitstrom so auch auf Leid. Man wird dumpf, wehrt sich, indem man es nur oberflächlich, von außen zur Kenntnis nimmt.

Im Menschen Jesus, Jehoschua, der die »Hilfe Gottes« in sich hat, bringt der Strom der Zeit dies alles auch heran. Er bemerkt, wie die Nacht verstreicht, daß der Moment der endgültigen Entscheidung näherrückt. Die klaren Reaktionen entziehen sich, Resignation tritt ein, Gleichgültigkeit. Die »nefesch«, die Lust zum Leben, will schlafen, endlich ausruhen.

Dies alles sind Vorzeichen einer Wandlung, auch wenn Lebensphasen zu Ende gehen und andere eintreten. Auch wenn man bewußt glaubt, es gehe schnell, zu schnell, vor sich; aber in der Verborgenheit des Menschen hat die irdische Zeit ganz andere Werte. Dort hat die Intensität eines Erlebnisses, das hier nur den Bruchteil einer Sekunde dauert, im Schlaf oder in der Bewußtlosigkeit sich abspielt, vielleicht eine lange und bedeutsame Dauer. Man kann das Innere nicht mit den Maßstäben des Äußeren messen.

Bei der tatsächlichen Gefangennahme und Bindung verlassen ihn alle Jünger und fliehen.

Nach diesem Muster im Ewigen läuft der Weg des Menschen ab. Gedanken, Ideale, Pläne, Aggressionen, Triebe, Besessenheiten verlassen einen. Neue Einfälle, neue Begegnungen finden statt. Die Hauptsache: Hat der Mensch eine, *seine* Beziehung zu Gott? Nicht zu einem

»Gott«, der nur einen Teil des Lebens beherrscht; das wäre ein Götze, ein Zerstückeln der Einheit. Aber zu Gott als dem Allesumfassenden, dem Ewigen, dem Einen, dem man näherkommen kann, indem man spürt: Wenn schon *ich* Gutes gönne, in welch unglaublich höherer Intensität dann erst Gott! Im Verborgenen der Menschen, die diese Beziehung zu Gott haben, leben auch die Gestalten der Bibel. So ist das Leben im Zeitlichen vom Strom aus dem Ewigen genährt. Und da im Kern alles schon erfüllt ist, trägt das Muster im Zeitstrom auch diese Erfüllung, trägt den Tod, aber mit der Antwort der Auferstehung, der endgültigen Erlösung.

Wichtig ist deshalb, ob man in sich die Unterscheidung kennt vom Heiligen, Ewigen, der Quelle und dem Zeitfluß aus jener Quelle. Wer das nicht kennt, hat in seinem Wesen die große Sünde wider den Heiligen Geist. Für ihn ist das Geschehen hier linear verbunden mit dem Geschehen in der Bibel. Wer die Bibel erlebt und die Maßstäbe aus dem Zeitlichen dort ohne weiteres anwendet, der mag vielleicht dumm heißen; er ist dann aber viel schlimmer dran, er ist ein Sünder. Er versteht sein eigenes Leben dadurch nicht, geschweige denn das Leben in der Welt. Ihm kann nur die »Vergebung der Sünden« helfen.

Vor dem Hohen Rat und vor Pilatus

Das Gespräch im Hohen Rat kann so verstanden werden. Was soll man einem antworten, der nur die Maßstäbe des Diesseits kennt? Meint Jesus mit dem Abbrechen des Tempels und dem Aufbau eines neuen in drei Tagen eine Leistung von Abbrucharbeitern und Bauleuten? Diese Schriftgelehrten zeichnen auch Karten von Palästina und nennen es das Heilige Land. Sie plädieren sogar für eine Revision des Prozesses gegen Jesus mit modernen Richtern. Ist der Wahnsinn eigentlich noch weiter zu treiben?

Man kann dann nur schweigen und sich fragen, wie es dazu im Menschen kommen kann, wie es möglich war, daß sie äußerlich Juden und Israel hießen, während sie im Wesen vom Satan besessen sind. Oder hat sich etwa ihr Äußeres so weit vom Inneren getrennt, daß es sich um zwei vollkommen verschiedene Welten handelt?

Dann die entscheidende Frage des Hohepriesters, ob es stimme, daß er der Sohn Gottes sei. Jesus antwortet hier endlich mit dem bekannten »Du sagst es«. Der Hohepriester und seine Schriftgelehrten ahnen nichts vom Heiligen, dem Wesen, und dem Profanen, dem Zeitlichen. Für sie ist nur heilig, was sie so nennen, und das Profane definieren sie ebenfalls nach *ihren* Maßstäben.

Ein Sohn Gottes ist für sie eine Unmöglichkeit, eine schlimme Lästerung. Sie können nicht wissen, was das Wort davon erzählt, die verborgene Seite des Wortes. Sie haben keinen Zutritt mehr zum Baum des Lebens, weil sie reden, tun und leben nach dem Gift der Schlange, das beim Nehmen der Frucht vom Baum der Erkenntnis im Biß, im Kuß der Schlange in ihr Leben eindrang. Sie müßten beim Jerusalemer Revisionsprozeß diese entscheidende Frage eigentlich wieder stellen!

Nur ist man heute natürlich dazuhin noch so gewitzt, daß man schon einen Modus finden würde; im Sinne von: Jesus sei ein gewaltiger Rabbi mit übersinnlichen Fähigkeiten gewesen, und ein Prophet und Hellseher usw.

Bittere Witze; weil eigentlich nur so das ganze jetzt beschrieben werden kann. Bitterer Ernst.

Im Fluß der Zeit, aus der Quelle her, kommen diese Szenen im Muster vor. Und wie viele haben, ohne es zu wissen, eine selbstverständliche Affinität zu diesen Schriftgelehrten, Ältesten und Hohepriestern? Natürlich nicht nur unter denen, die man Juden nennt. Ich glaube, die Schriftgelehrten treffen sich schon im Leben.

Das Urteil steht schon im vorhinein fest. Man will Jesus

töten, ihn kreuzigen. Der Hohepriester zerreißt seine Kleider, äußeres Zeichen einer Trauer.

Vor Pontius Pilatus gebracht, wird vom Römer die gehässige, neidische Emotion durchschaut, und er schlägt vor, da am Fest immer ein Gefangener freigegeben wird, Jesus zu befreien. Das Volk ruft aber nach der Befreiung eines anderen, nämlich dem Barabbas. Dieser Name bedeutet im Aramäischen »Sohn vom Vater«. Nur ist das Aramäische die profane Sprache, das Hebräische aber die Sprache des Jenseitigen, die heilige Sprache. Den profanen, den normalen Aufrührer verstehen die Leute, finden ihn sogar sympathisch. Jesus aber verstehen sie überhaupt nicht, denn sie wollen im Lebenstrott nicht durch Gedanken an Ewigkeit, an ein Aufheben von Gesetzen, gestört werden. Sie wollen ein Rezept für jeden Schritt, den sie machen. Sie wollen in Ruhe ihren Beruf weiter ausüben, gut essen und das Unangenehme schön verdrängen. Auch für das Totschlagen, das Vertreiben der Zeit haben die Schriftgelehrten ihre Vorschriften, ihre Rezepte.

Erleben wir nicht alle im Leben dieses Muster? Stellt das Leben uns nicht manchmal Fragen, worauf wir schweigen müssen, weil wir spüren, man versteht mich nun einmal nicht? Ob es nun die Gesellschaft betrifft, die Wissenschaft, die Politik, Literatur, oder auch die Bibel: Man schweigt dann lieber oder nickt, im Sinne von »du sagst es«. Und man spürt, daß man eigentlich allein ist. In diesen entscheidenden Momenten ist man allein. Man hört den treuen Petrus zappeln, sich winden, um trotz aller vorherigen Beteuerungen glauben zu lassen, er kenne ihn nicht, habe nie mit ihm je zu tun gehabt.

Der Weg, der jetzt anfängt, ist in der Bibel sehr kurz beschrieben. Jesus wird gegeißelt, bespuckt, verspottet, er bekommt Galle in den ihm aufgedrungenen Wein, es gibt den Schwamm mit Essig und das Geschehen des Kreuzigens, die beiden Verbrecher links und rechts von ihm. Aber wir bedenken, in der Weltgeschichte ist ein fortwährendes Morden, Rauben, Foltern, Verspotten. Und es gab und gibt viel raffiniertere Arten der Folterung. In den KZs, bei den verschiedenen revolutionären Gruppen und unmittelbar um uns herum. Mal sichtbar, mal hörbar, mit Menschen jeden Alters, mit Kindern und Greisen.

Es kann sein, daß uns ganz andere Motive bewegen, wenn wir unsere Emotionen, Triebe, Perversitäten, aber natürlich auch unser tiefes Mitleiden auf das Leid Jesu projezieren. Als ob wir nicht wissen, wer Jesus wirklich ist, daß es von seiner Sicht her vielleicht ganz anders aussieht. Denn er sagt doch mehrere Male, daß er in drei Tagen wieder auferweckt werden würde. Man vergißt dann geflissentlich den Sieg der Auferstehung, die neue Welt, daß also alles mehr als nur gut ausgeht.

Wenn man die Worte vom Leidensweg Jesu sich öffnen läßt, kommt man immer mehr zur Überzeugung, daß dieses Leid im Kern, im Verborgenen, tatsächlich um unseretwillen gelitten wird. Aber dann sollte man nicht so grob sein, das Leiden Jesu einfach in die Reihe unserer irdischen, historischen, alten oder neuen Leiden einzuordnen. Das ist die Mentalität der Pharisäer und Schriftgelehrten, die sich mit Jesus nur auf dem Niveau des Äußeren, des Erscheinenden auseinandersetzen wollen.

Die Bibel erzählt vom Kreuzweg im Kern. Und das bedeutet, daß der Mensch auf sehr verschiedene Art im Fluß der Zeit auch Schreckliches mitmacht. Was aber bedeutet es, daß Jesus die Krankheiten, die Sünden, den Tod *für uns* trägt? Und wie bemerken wir das? Hilft es uns je? Solche Fragen müssen wir stellen, denn das Leid der Welt ist unvorstellbar groß.

Jesus erlebt das dort, im Wort Gottes. Das äußere, das historische Erlebnis ist mit jenem der Bibel durch das Wort verbunden. Es hat sich also tatsächlich so etwas hier auf Erden für Augen und Ohren von Menschen abgespielt. Ob das aber irdisch so wahrgenommen werden konnte, wie die Bibel es beschreibt, hängt ganz vom echten Leben, dem Leben auch im Verborgenen ab. Und dieses Leben kann man, weil es verborgen ist – und das Verborgene für Gott den Herrn ist, und das Offenbare für uns und unsere Kinder –, nicht wissen und deshalb auch nie nach Wahrheit erzählen oder beschreiben.

Aber wir sollen die Bibel ganz lesen, Gott aussprechen lassen und ihm nicht in die Rede fallen. Denn die Bibel zeigt, daß Jesus tatsächlich aufersteht, daß er sogar dann mit den Jüngern zusammen ist. Vierzig biblische Tage lang; das heißt, die ganze Zeit, solange es Zeit gibt. Und daß er dann mit der Wolke in den Himmel fährt.

Fünfzig Tage nach Jesu Auferstehung am Passah ist Pfingsten. Und dann ist er auch wieder da, und zwar so, daß man durch ihn die Verborgenheiten des Wortes vollkommen erfährt, und jeder nun jeden anderen, in welchen Sprachen es auch sei, verstehen kann.

Jesus erlebt dieses Leid für uns, um zu zeigen, daß es nach all dem eine Auferstehung gibt. Im Wort Gottes gibt es sie, und wir können an sie glauben. Denn sie will im Wesen jedes Menschen leben. Und weil das biblische, heilige Geschehen in den Fluß der Zeit, in den vier Flüssen aus dem Hauptstrom von Eden sich abzweigend, von ihm genährt, hineinfließt, ist auch die Auferstehung dabei, und wir können es von unserem Wesen her glauben, wir können vertrauen, daß es so ist, wir können treu bleiben.

Untreue ist ein bitteres Ende, ein Ende wie der Tod. Aber Auferstehung kann uns nicht nur glauben und vertrauen, sondern auch treusein lassen. Das große Geschenk ist also, daß wir, die alle Leid, manchmal sogar sehr viel und unerträgliches Leid zu tragen haben, in unserer Verborgenheit, in unserer nicht artikulierbaren Persönlichkeit, in unserem verborgenen Ich von der Auferstehung wissen, von der Ewigkeit, von der neuen Welt und vom großen Gericht, wo alles richtig gemacht, gut gemacht, das Krumme dann gerade wird.

Das ist das Geschenk. Jesus nimmt denWeg in Jerusalem auf sich, damit auch dort endlich einmal die Liebe Gottes von der Auferstehung in Worten erzählen kann. Dieses Geschenk bekommt der Mensch, wo in der Welt er auch leben, welchem Kulturkreis er angehören mag. Die Geschichten in der Bibel kennen unsere Art Zeiterlebnis nicht. Es heißt deshalb im nicht so geräuschvoll auftretenden, sondern stillen, bescheidenen Judentum: »In der Bibel gibt es kein Vorher und kein Nachher.« Auch wenn die Auferstehung am Ende erzählt wird, sie gilt genauso für Adam, für Noach. Und dann ist auch das Räumliche nicht, wie irdisch manchmal, weit auseinander.

Das Heilige als ein Gegenüber zum Profanen zu sehen, ist entscheidend wichtig. Dann ist es unmöglich, die Bibel als ein Objekt zum Studium einer Rechthaberei zu nutzen. Man nennt nämlich alles, was seinem Zweck und Ziel entzogen ist, Unzucht; vom Wort »ziehen« also.

Mit einer Frau Unzucht treiben, bedeutet an erster Stelle: dazu ist die Frau nicht da, dazu bist du als Mann nicht da. Und man kann auf sehr vielen Gebieten Unzucht verüben. Sind zum Beispiel die Tiere dazu da, wofür wir sie benutzen? Und so treibt man also auch oft Unzucht mit der Bibel.

Golgatha und leeres Grab

Vom Kreuz und vom Kreuztod habe ich schon manches erzählt. Wir erleben es, indem unser Leben an die Vierheit der Zeit genagelt wird. So zum Beispiel, wenn wir sagen, er lebte von 1496 bis zu seinem Tod im Jahre 1587. Was heißt das? War er nicht zuvor schon da, als Kind Gottes immer schon in Gott? Und ist es mit ihm 1587 aus, definitiv aus? Ist Jesus also wirklich tot? Lebt er nicht immer und ewig und überall? Das hat man davon, wenn man alles kreuzigt, alles auf die »400« der Zeit ausspannt.

Ist es wohl richtig zu sagen, er wurde im Jahre 33 gekreuzigt und wir leben jetzt im Jahr 1988 nach der Geburt Christi? Besser wäre zu sagen, er erschien hier im *biblischen* Jahr 3760 nach der Schöpfung. Die Welt mag seit dem Urknall schon zwanzig Milliarden Jahre für unsere Art der Wahrnehmung da sein. Nagelt ihn deshalb bitte nicht an die Zeit fest. Selber sagt er doch auch, Gott sei kein Gott vom *toten* Abraham; der Ausdruck »Gott von Abraham, Isaak und Jakob« sei der Beweis, daß sie alle doch leben. – Das Kreuz macht mich, so wie es benutzt wird, traurig.

Die Kreuzigung findet in Golgatha statt. Man übersetzt es, vielleicht im Sinne der äußeren Bedeutung des Wortes »gulguleth«, das »Schädel« bedeutet, mit »Schädelstätte«. Das hebräische Wort Galgatha sagt aber anderes und mehr. Wir erinnern uns an »gal«, die fließende Form; deshalb auch Galiläa. Und an »gath«, Presse, das im Wort Gethsemane vorkommt. Während dort, das Öl gepreßt wird, wird hier also die Form gepreßt. Die ganze Form wird jetzt umgewandelt.

Die Wandlung also findet dort schon statt. Wer glaubt, er sei gestorben, unterliegt – nach der Bibel – einem Mißverständnis. Ihr scheint nur auf das Äußere zu schauen, Leben nur das zu nennen, was ihr seht, betasten könnt. Ich aber sage euch, er lebt weiter, unter euch, ihr habt es in eurer Beschränktheit, durch die Autosuggestion, die dann stattfindet, noch gar nicht bemerkt. Und vielleicht lebt er auf für euch unvorstellbare Weise in der Welt, in euch, in anderen. Jedenfalls aber lebt er. Die Bibel spricht von der »gal«, der 3–30. Und ihr wißt von der Galuth, der »Verbannung in die Form«, und der Ge-ula, 3–1–30, der Erlösung aus dieser Form, wenn sie zwingt.

Das Wort »gal« ist doch auch Welle, im Wasser, in der

Zeit also. Dann enthält der Name Galiläa schon den Gedanken dieser Wandlung in der Zeit. Dann ist auch verständlich, daß Jesus sagt, er werde die Jünger in Galiläa wiedersehen (Matthäus 26,32). Und auch der Name Galgatha enthält diese »gal«. Wunder des Wortes, wenn man anfängt, das Wort als göttlich zu empfinden.

Dann kommt Joseph aus Arimathia. Dieser Ort heißt hebräisch Ramathaim, »das doppelt Erhabene«. »Ram«, 200–40, erhaben, hocherhaben. Von Gottes Thron wird gesagt, er sei »ram«. Und der Prophet, der die beiden Könige Saul und David salbt, stammt durch seinen Vater Elkana aus Ramathaim Zofim (1. Sam. 1,1). Die Dualität des Erhabenen: Gott im Himmel, Gott auf Erden. Und der Name Zofim bedeutet »die Schauenden«. Der Skopusberg heißt hebräisch Har ha-Zofim, Berg der Schauenden. Elkana bedeutet »Gott hat erworben«. Die Bibel zeigt in ihren Worten eine Aufforderung zum Eintreten in den Palast. Der Mann, der zu Pontius Pilatus geht, um den Körper Jesu zu begraben, heißt Joseph, also »der Herr gebe mehr, füge hinzu«, wie Jeho-seph (Ps. 81,6). Er gibt sein neues Grab dazu. Die Namen Joseph und Ramathaim enthalten schon die Tatsache der Auferstehung. Das Doppelte, das Hinzufügen. Das Leben hier und das Leben dort.

Der Streit dann darüber, ob die Jünger Jesu Körper nicht stehlen könnten, um dann zu sagen, er sei auferstanden. Ein Gedankengang, auf den nur Pharisäer und Schriftgelehrte kommen können oder wissenschaftliche Bibelforscher.

Am Ende ist das Grab leer. »Was suchet ihr den Lebendigen bei den Toten? Er ist nicht hier, er ist auferstanden« (Lukas 24,5–6).

Das Leben endet nicht im Grab. Gewiß, nach Naturgesetz muß es Gräber und Friedhöfe geben. Suchen wir aber dort die Lebenden? Die Toten begraben ihre Toten! Wer den Weg geht, weiß, wohin er führt: in das gelobte Land, ins Paradies, in die Ewigkeit.

Die Jünger und andere erkennen Jesus zuerst nicht. Und die Emmaus-Jünger erkennen ihn erst, als er mit ihnen »das Brot brach« (Lukas 24,30–31). Das Brotbrechen und Austeilen ist doch die Mit-teilung der Worte Gottes, aus seinem Mund kommend. Brot nicht nur als Nahrungsmittel, sondern im Verborgenen wissen vom Brot überhaupt, was es an Mittelungen im Wort enthält.

Der Fischfang nach der Auferstehung

In Johannes 21 wird vom Fischfang nach der Auferstehung erzählt. Die Jünger erkennen ihn nach der Auferstehung nicht. Als er um etwas Essen bittet, sagen sie, sie hätten nichts. Er rät ihnen, das Netz zur rechten Seite des Schiffes auszuwerfen. Sie hatten während der ganzen Nacht nichts gefangen. Nun aber ist das Netz so schwer von Fischen, daß sie es kaum ziehen können.

Dieses Mal werden die Fische wieder gezählt, und es sind genau 153 große Fische. Diese Mitteilung einer Zahl nach der Auferstehung sollten wir nicht so einfach überlesen, ohne uns zu fragen, was sie zu bedeuten hat. Vielleicht kann sie uns etwas mehr erzählen über das, was Auferstehung eigentlich für uns im Zeitfluß bedeuten könnte.

Nun, diese Zahl kann vom Hebräischen her vielleicht etwas besser betrachtet werden. Das Wort »gut« im Hebräischen ist »tow«, 9–6–2. Es kommt in der Schöpfungsgeschichte im 1. Kapitel der Genesis mehrere Male vor. Jeden Tag, wenn Gott sein Werk betrachtet, heißt es doch »und Gott sah, daß es gut war«. Am Ende des sechsten Tages aber heißt es »sehr gut«.

Und wenn vom Baum der Erkenntnis von gut und böse gesprochen wird, heißt »gut« auch jedesmal »tow«. Das Wort zählt in seiner Verborgenheit den Begriff 17, wie aus den Zeichen 9–6–2 zu sehen ist. Eine Zahl wird erst als vollkommen erfüllt betrachtet, wenn die Phasen des Weges zur Erreichung dieser Zahl, dieser Erzählung, alle mitberücksichtigt werden.

Denn was wäre, wenn man ein Ziel erreicht hat und die ganze Geschichte des Weges vergessen oder nur in wehmütiger oder freudiger Erinnerung geblieben ist? Dann bleiben nur nostalgische Gedanken an die schöne, alte, vergangene Zeit, die einen traurig stimmen.

Dieser Begriff 17 kommt mehrere Male in der Bibel vor, immer am Ende einer Phase. Wie am Ende eines Schöpfungstages. Wenn die Sintflut ein Ende setzt einer ganzen Welt, ist es das biblische Jahr 1656, wie sich leicht aus den Altern jener ersten zehn Geschlechter berechnen läßt. Und wenn Joseph von seinen Brüdern verkauft wird, und eine neue Phase für alle eintritt, ist er im 17. Jahr (1. Mose 37,2). »Gut« also, auch wenn wir im Moment des Geschehens diese Tat als sehr ungut abweisen würden. Wie natürlich auch die Sintflut. Und die Sünde mit dem »goldenen Kalb« (2. Mose 32) geschieht am 17. Tag des 4. Monats, wie man aus der Geschichte bis dahin berechnet hat. Die Eroberung von Jerusalem, sowohl durch den Babylonier Nebukadnezar, als auch viel später durch den Römer Titus ist am gleichen 17. Tag des 4. Monats. Und noch eine ganze Reihe anderer Ereignisse fallen auf einen 17. Tag oder ein 17. Jahr. So erzählt eine Überlieferung auch, Mose habe in seinem 17. Jahr vor dem Pharao aus Ägypten fliehen müssen; Schluß also mit dem Prinzenleben im Palast.

Wenn man ein Leben hinter sich hat, und es ist »gut«, also »17«, dann fragt man sich zu recht: ›Wozu bin ich dann damals durchgefallen? Es gab doch viel Trauer und Aufregung damals!‹ Oder man denkt an den Sterbetag eines geliebten Verwandten. Oder an verflossene schöne Tage. Aber sie sind verflossen, vergangen.

Wirklich gut kann es nur sein, wenn all das Verschwundene gerichtet und gut wieder da wäre. Das bedeutet, daß in der »17« auch die Phase 16, die vorüber ist, auch wenn es erst gestern war, dabei wäre. Und natürlich müßten auch die Phasen 15 und 14 dabei sein, bis einschließlich des allerersten Anfangs, der Phasen 2 und 1.

Wenn nun das *ganze* Leben gegenwärtig sein soll, dann ergibt sich zusammen mit der »17« vom Ende, vom Übergang, gerade die Zahl 153, wie man selbst leicht ausrechnen kann.

Daß der Fischfang 153 Fische erbringt, will also sagen, Jesus holt nach seiner Auferstehung jede seiner Lebensphasen, Lebensmomente aus dem Wasser, fischt sie aus der Zeit. Dann kommt das Mahl. Alles ist schon vorbereitet, die Kohle, das Brot. Und Jesus läßt die Fische zur Mahlzeit bringen. Sein ganzes Leben ist konkret, gegenwärtig dabei. Nichts ist vergessen, nichts ist übergangen worden. Wirklich gut ist es erst, wenn nicht nur das Ende gut ist, sondern wenn man staunend einsieht, daß alles immer schon gut war. Und nur wir es, aufs äußere Geschehen fixiert, voreilig beurteilten, kritisierten, dramatisierten, mißverstanden. Nun aber sehen wir, daß alles gut ist. Alles ist wieder dabei, gerichtet, erklärt. Die Sintflut, der Verkauf Josephs, die Flucht des Mose, das goldene Kalb, Nebukadnezar, Titus, usw. Jesus erzählt dort mit den aus dem Wasser geholten Fischen, was Judas eigentlich bedeutet hatte, was Kaiphas, was die Samariterin. Alle Phasen des Lebens sind bei der Auferstehung dabei.

Wer ihn im Grab sucht, denkt, es gehe irgendwo weiter. So im Sinn der Totenbücher jener Gemeinschaften, die das Geschenk der Bibel nicht kennen. Das sind auch die Spiritisten, die das Gruselige mögen. Wir können in Galiläa sein, das Wort in der Form entdecken, es von der Hülle, vom Äußeren befreien. Die Hülle ist gut zum Schutz. Wie die Schale einer Frucht, wie die Spreu beim Weizen. Sonst käme nie das Brot, »lechem«, käme auch nie Bethlehem.

Das ist auch das Gute der Institutionen. Sie beschützen das Innere, das Heilige. Und durch diesen Schutz wächst das kostbare Getreide zum Bereiten des Brotes. In diesem Schutz können Menschen leben, ihr Glück kennenlernen, im Stillen große und heilige Menschen sein. Ohne diese Hülle wäre das zarte Innere vielleicht schon längst gestorben, hätte es sich nicht entwickeln können.

Dazu gibt Gott dem Menschen auch seine Haut, seine Hülle. Am Ende braucht er die Hülle nicht mehr. Jesus wird in seiner neuen Hülle nicht erkannt. Auch nicht von denen, die ihn erst vor drei Tagen gesehen und mit ihm gesprochen hatten. Natürlich ist Ähnlichkeit da, aber doch auch der Ausdruck von jedem Moment des Lebens, auch vom Innern, vom bisher Verborgenen.

Die Hülle der Institutionen wird sich deshalb auch geändert haben. Und doch bleibt die Ähnlichkeit. Erst mit dem Brechen des Brotes, mit dem Austeilen des Wortes von Gott erkennt man, erkennt man das Ewige. Weil das Wort Gottes ist, ewig ist, im Äußeren dasselbe ist wie im Inneren.

Man sollte heute auch keinen Anstoß nehmen, wenn einem eine Institution nicht gefällt. Gott ließ sie sich so entwickeln. Die Hautfarbe oder Augenfarbe eines Menschen hat Gott so kommen lassen. Die Haut, die Hülle der Institutionen heute schätze man als von Gott so gewollt. Man werfe sich nicht immer gleich mit kausal-bedingter Kritik auf sie. Wie Wölfe.

In der Welt des Messias wohnen Wolf und Lamm zusammen. Könnte man nicht jetzt schon auf dieses Ziel hin zu leben versuchen? Nicht nur einander ertragen, vielleicht auch schon ein wenig einander lieben. Dann hat die Auferstehung uns doch etwas berührt. Dann blicken wir nicht nur düster drein, sondern es strahlt von uns das verborgene Licht, das Licht der Ewigkeit aus.

Konsequenzen aus dem Neuen Testament

Ob ich mit diesen Gedanken, die ich als Konsequenzen aus dem Neuen Testament für unser Leben in der Welt betrachte, ganz allein stehe? Und wenn schon. Muß man immer eine Schule, eine Richtung, eine Religion vertreten? Als Jude mit orthodoxer Prägung nehme ich an, ohne es kontrollieren zu wollen, daß wohl nur sehr wenige aus dieser Richtung mich verstehen können. Aber warum sollte man nicht ein Einzelner sein dürfen? Muß immer ein »man« dahinterstehen?

In meiner Verborgenheit lebt schon immer, und das spüre ich sehr stark, ein Gefühl der Verbundenheit mit allen Menschen. Ich schämte und schäme mich immer, wenn gewisse Leute laut und stolz, oft auch überheblich, verkünden, daß sie Juden sind. Die Zeit, da Juden sich im christlichen Europa verstecken, sich als Europäer tarnen mußten, ist vorbei und hat eine Überkompensation an lautem Verkünden gebracht. Thema für Psychologen. Ich habe mich, außer etwa 15 Monate unter den Nazis, nie verstecken oder tarnen müssen. Aber doch war ich in Kleidung, Sprache, Studien, mit meinem Judentum in der Gesellschaft nie laut. Und jedem war und ist es durch meine Haltung in wichtigen Angelegenheiten klar, daß ich Jude bin, und zwar ein orthodoxer.

Als Jude bin ich vollkommen frei, so zu denken, wie ich es tue. Keine Instanz könnte mir das verbieten, und sie tun es auch nicht. Aber es gibt natürlich auch das Emotionale, die »nefesch«, den Instinkt, und dort herrschen Gefühle von Patriotismus für das jüdische Volk, für das Land Israel, Begeisterung für gewisse Gruppen. Es gibt Zionisten, Liberale, Konservative, Orthodoxe, Chassidim aller Schattierungen, Assimilierte und solche, die kaum wissen, ob sie überhaupt Juden sind.

Da wir als Menschen frei sind zu denken, was wir

wollen, und das dann manchmal auch tun, könnte es diejenigen, die eine Richtung emotional in ihr Leben integriert haben, ärgern, wenn Gedanken wie die hier niedergeschriebenen, auch öffentlich, in Buchform, verbreitet werden. Nun tue ich das schon seit über zwanzig Jahren bei Tagungen, Seminaren und Vorträgen. Viele wissen das; ich glaube nicht, daß sie es begrüßen, aber sie haben mich nun mal so sein lassen, wie ich bin. Sie kamen aber nicht zu dieser Art von Vorträgen.

Nun habe ich dieses Buch nicht speziell für Juden geschrieben, sondern für Menschen dieser Welt, und dann natürlich auch für Juden. Denn diese sind für mich an erster Stelle Menschen. Das Neue Testament nun ist ein Teil der Bibel von Juden für Juden. Die Frage ist aber: Versteht man unter Juden ein streng definierbares biologisches Volk, oder denkt man auch an die andere Seite des Wortes? Oder bestimmt die Religion, wer Jude ist?

Ich würde sagen, eigentlich bestimmt das Wort, was einer ist. Sonst gäbe es heute noch den »alten« pharaonischen Ägypter, Amalek, Edom, Kanaan. Und wenn die Religion dem Juden seine Bestimmung gibt, dann sollte diese Religion dann wirklich die der Bibel sein. Und keine Institution, die zu recht sich entwickelt hat, um in der Welt, im Zeitlichen, während der Phase der Verbannung ein Judentum als Erscheinung zu erhalten.

Man nennt den Komplex, der zu dieser Erhaltung geformt wurde, richtig die »mündliche Thora« als Partner der »schriftlichen Thora«, von der man weiß, daß sie vom Heiligen Geist dem Mose am Sinai gegeben wurde. Ein historisch also nicht nachvollziehbares Geschehen. Aber, und das ist wichtig, man sagt, der ganze Komplex der mündlichen Thora sei dem Mose ebenfalls von Gott gegeben. Und zwar in den vierzig Tagen und Nächten, während Mose am Sinai ist; und das bedeutet natürlich, während überhaupt die Welt in der Zeit ist. Die beiden Tafeln kann Gott auch in einer Minute geben. Aber mit Mose spricht er vom ganzen Leben in der Zeit, vollkommen, komplett.

Dieser Komplex nun hat in seiner äußerlichen Erscheinung tatsächlich das Judentum in der Zeit des Exils erhalten. Das steht außerhalb jeder Diskussion. Der innere Wert dieser mündlichen Thora aber wurde nur selten, manchmal nur kaum, meistens überhaupt nicht beachtet. Viele wissen gar nicht, daß es eine solche Verborgenheit in den Geschichten, den Bräuchen und Gedanken dort geben könnte. Und doch gab es und gibt es diese sich gern in Liebe hingebende verborgene Seite auch dort. Und sie bildet oft mit der inneren Seite der »schriftlichen Thora« eine zu unermeßlichem Staunen führende Freude und Gewißheit. Ich habe in meinen Büchern und Vorträgen sehr oft von dieser »inneren Seite« der mündlichen Thora geschrieben und gesprochen. Oft benutze ich dann das Wort Überlieferung, weil sie sich selber auch so nennt. Dort, in der Mischna, heißt es: »Mosche kibbel Thora me-Sinai.« Das bedeutet übersetzt: Mose erhielt die Thora vom Sinai. Von diesem Worte »kibbel«, 100–2–30, stammt auch das Wort Kabbala, 100–2–30–5. Dieses Wort bedeutet sowohl ein Bekommen, ein Erhalten, als auch ein Überliefern, das dem Worte gemäß sagt, daß man sie weitergeben kann.

Und ich glaube, daß gerade das Fehlen einer Sehnsucht nach dieser anderen Seite, nach dieser verborgenen Seite im gewaltigen Komplex der mündlichen Thora eine Art Erstarrung und Gleichgültigkeit mit sich brachte. So daß die Interessen, die im Menschen dennoch leben, sich anderswohin wandten. Und daß viele heute dadurch in einen extremen Fundamentalismus verfielen.

Die Welt scheint dann zu sagen: Wenn ihr, Hirten, uns nichts vom Sinn des Lebens in Ewigkeit nach Wahrheit erzählen könnt, dann fangen wir an zu toben, dann wollen wir das Äußere so bis ins Letzte übertreiben, daß alle einsehen müssen, daß man so nicht leben kann!

Eine Phase sehr ähnlich jener der hadernden Priester, Ältesten, Pharisäer und Schriftgelehrten, wie ich sie vom Neuen Testament erzählt habe. Gerade jene Leute *konnten* Jesus nicht verstehen. Man spürt an ihren Fragen und Einwänden, daß sie durch ihr Leben, durch ihr totales Sein, gar nicht mehr wissen, was sie tun.

Also, Judentum kann nur gelebt werden, wenn man im Leben, auch im Alltag, von beiden Seiten des Lebens, der Geschichten und Gleichnisse des Wortes weiß. Und dann, glaube ich, hat dieses Buch auch für Juden Sinn.

Emotional sind die Juden sehr ängstlich, böse aggressiv gegen die ganze Institution der Kirche. Gewisse Extreme spukken sogar aus, wenn sie den Namen Jesus auch nur hören; ein Neues Testament ist für solche ein gefährliches, ein unreines Buch. Sie werden, behüte, darin auch nicht lesen wollen. Ihnen graut schon allein vor dem Gedanken daran.

Aber ich weiß, es sind Emotionen, ausgebrochene Instinkte einem Feind gegenüber, Flucht- oder Drohgebärden. Wenn sie einmal ruhig das Neue Testament lesen würden, ohne an die Kirche als aggressive Institution denken zu müssen, würde ihnen ohne weiteres klar werden, daß dort nicht nur ihnen bekannte Worte und Geschehnisse aus dem Alten Testament erzählt werden, sondern daß dort eine überraschende neue Dimension hervortritt. Sie wird schon von den Propheten angedeutet, hier aber von Jesus gelebt, und vor allem erfüllt, bis und mit der Auferstehung und dem Kommen vom neuen Himmel und der neuen Erde und dem neuen Jerusalem.

Und man könnte sich dann auch klar werden, daß die Mentalität, die Jesus in der Bibel verwirft, die der Pharisäer und Schriftgelehrten, immer noch herrscht. Sehr zum Nachteil der Juden, die von der anderen Seite im Leben noch immer nicht wissen.

Natürlich gibt es heute doch schon Gespräche zwischen Christen und Juden. Aber es sind Gespräche unter der Führung von Theologen beider Seiten. Und diese sind leider höchstens nur Kenner der Außenseite der Worte, und sie haben keine Ahnung von der anderen Seite, eher nur Ärger oder ein überhebliches Besserwissen im Sinne ihrer Wissenschaftlichkeit. Zur anderen Seite braucht man Gnade und ein Sich-für-sie-öffnen. Leider nennt man es heute oft eine psychische Verirrung, wenn Leute mit der Gnade leben und sie erhoffen.

Diese Theologen-Gespräche lassen eben die Sehnsucht nach der anderen Seite des Wortes vermissen, auch nach Gnade, »chen«. Diese andere Seite hat mit Mystik, wie man sie heute versteht, nichts zu tun. Auch der Mystiker muß, wenn er ein wahrhaftiger Mensch sein will, zumindest beide Seiten des Lebens, Erde und Himmel, den Kaiser und Gott umfassen. Heutige Mystiker sind leider oft Pharisäer, überheblich, geheimnisvoll dreinschauend, schwärmerisch.

Ich meine also, es könnte alle Arten Juden angehen. Vielleicht versteht man mich doch ein bißchen. Und das heißt, daß für mich Treue, Emuna ein Grundsatz des Lebens ist. Vor allem Treue gegenüber Gott. Wenn Gott dein Leben so lenkt, daß du bei jüdischen Eltern aufwächst und mit ihnen jüdisches Leben lebst, dann empfinde ich es als Treuebruch, wenn du anderswohin wechselst.

Wenn aber die Eltern von ihrer Herkunft selber nichts mehr wissen, dir auch sonst nichts vom Judentum erzählt wurde, oder nur im Sinne der Politik oder der Gesellschaft, dann kann es ganz gut vorkommen, daß dein Weg anderswohin gelenkt wird und du dort Gott und sein Wort findest, dann wird dein Schicksal dich dort zu Gott und seinem Wort führen. Darüber können wir nicht urteilen; wir können uns nur freuen, daß du dennoch Gott gefunden hast.

Es soll jetzt doch deutlich werden, daß ich von keiner

Seite einen Wechsel schätze, wenn man im Christentum oder in der Judenheit verwurzelt ist. Ein Wechsel käme dann nur aus intellektuellen, aus kausalen Gründen zustande. Und das wäre ein Treuebruch, eine im Wesen auch unehrliche Haltung.

Ich spreche von diesen beiden Wegen, die Bibel zu erleben; in der christlichen Art und in der jüdischen Art. Und beide sind für mich doch im Grunde eins. So soll man auch nicht zu leichtfertig von der einen Kirche, zum Beispiel der evangelischen in die katholische wechseln. Obwohl man hier dafür eher Verständnis haben kann, wenn die eine Institution an deinem Wohnort dir nichts gibt, die andere aber sehr viel. Das sind dann mehr Nuancen. Im Prinzip aber bedenke man, es geht um Gott, um das ewige Leben, und unser Schicksal wird von dort gelenkt.

Wie aber wird man im Christentum, im evangelischen oder im katholischen, dieses Buch lesen?

Es wird dort wohl ungefähr gleiche Reaktionen auslösen. Denn man ist heute, und wohl in allen Zeiten, nicht gewohnt, von der anderen Seite des Wortes, vom Leben, von sich selber, zu hören. Immer wird es natürlich Leute geben, die sich gleich angesprochen fühlen; es ist aber auch immer eine kleine Minorität. Die Masse scheint nun einmal immer und überall eine Art Befremden zu empfinden, wittert die Gefahr, in ihrer Ruhe gestört zu werden, und reagiert dann oft aggressiv.

Vergessen wir nicht, daß der Mensch, nachdem er die Frucht vom Baum der Erkenntnis genommen hat, sich vor Gott versteckt. Er hat ein ungutes Gefühl, er weiß sich jetzt nackt und er spürt, daß etwas ganz Prinzipielles nicht mehr stimmt. Verstimmt versucht er, seine Blöße zu bedecken, und weiß, daß dies nur sehr dürftig gelingen kann. Das Feigenblatt ist doch ein Hinweis auf den Feigenbaum, der als »Vierter« die Verbindung mit dem von Gott sehr abgeratenen Baum der Erkenntnis hat.

Und der Zeitfluß führt auch immer im Muster die Pharisäer und Schriftgelehrten mit sich mit. In jedem Heute ist die Zeit in gewissem Sinne zu Ende, ist das Gefühl des letzten Tages da, vom Ende der Welt. Es gibt noch nicht die Erfahrung vom Morgen. Und am Ende der Bibel sind für die Welt die Katastrophen des Lebens beschrieben. Im Alten Testament die Verwüstung der Wohnung Gottes, im Neuen Testament Kreuzigung und Tod von Jesus, dem neuen Bild dessen, was der Tempel, die Wohnung Gottes ist.

Wenn auch die Propheten im Alten Testament die Schau der endgültigen Erlösung bringen, das Neue Testament die Auferstehung und das Sich-treffen in Galiläa, in der Welt der Form, der Erscheinung als Erlösung zeigt –, man kommt doch nicht durch. Man bleibt beim Tod, beim Untergang hängen.

Das Neue ist doch der Glaube, die Liebe, die Hoffnung; und alle diese drei basieren gerade auf dem Fehlen jeglicher Beweise aus der Gesetzlichkeit, der Erfahrung im Zeitlichen also. Tod und Untergang werden ohne weiteres als Tatsache akzeptiert, weil sie ein unausweichliches Gesetz sind, weil die Erfahrung sie immer wieder bestätigt.

Braucht es noch weitere Hinweise für die Tatsache, daß der Mensch nicht über den Tod, über das Ende einer jeden Erscheinung hinwegkommt? Und so baut er sich weiter Schutzwälle aus Stein, aus materiellem Material. So baut und verschanzt er sich in wehrfähigen Institutionen.

Die Worte von Jesus, daß seine Jünger, wie er, von einem Ort zum anderen werden ziehen müssen, daß sie, wie er, Verfolgung, Tod und Verleumdung zu erleben, zu erwarten haben, werden von allen als schöne, zu Tränen rührende Phrasen benutzt. Um gerade Sentimentalität im Sinne der Heuchelei aufzurufen, um Emotionen im Sinne der Aggressivität zu erwecken.

Die Institutionen sind also schon geformt, um sich nach

Naturgesetz behaupten zu können, sich sogar auszubreiten; aber sie sind auch die Hülle, die erscheinende Weiblichkeit, die das Wesen in Wärme und Intimität keimen und wachsen läßt.

Böser und guter Trieb

Deshalb ist es gut, jetzt noch etwas mehr von jener »nefesch«, der Seele des Menschen zu sagen. Sonst könnten Mißverständnisse entstehen. Ich nannte mit Nachdruck die Emotionen, die zur Aggressivität führen können. Man sehe nur in der Natur das Überleben des Stärkeren, des am besten Geeigneten, um Person und Rasse stark zu erhalten. Das gleiche erkennen wir in der Menschen-Gesellschaft, in der Politik, deshalb auch in den Institutionen.

Gott aber möchte »mit ganzem Herzen, ganzer Seele und ganzem Vermögen« geliebt werden. Wie aber soll der Mensch Gott lieben mit seinen Emotionen, wenn diese so aggressiv sind, so oft zu List und Lüge ermuntern, so oft um eines Zweckes willen die Mittel heiligen?

Im Judentum kennt man aus der Überlieferung eine Deutung des Ausdrucks »mit der ganzen nefesch«. Es heißt dann, daß der Mensch zwei »jezer« hat. »Jezer«, 10–90–200, wird mit Neigung, Sinnen, Trieb, Gebilde übersetzt. So kennt man den »jezer tow«, den guten Trieb, und den »jezer ha-ra«, den bösen Trieb.

In der Natur kann man das wohl nicht unterscheiden. Im Menschen ist aber doch als Krone seine »neschama«, Gottes Atem, anwesend. Und diese kann den Geist Gottes, den Heiligen Geist herbeisehnen. So kann der Mensch durch die »neschama« den »jezer tow«, die gute Neigung, den guten Trieb herbeisehnen. Und dadurch seinen »bösen Trieb« lenken und beherrschen.

Der Mensch kann für Gutes ebenfalls emotioniert sein.

Dann wird sich das alles in Bescheidenheit, Verborgenheit, in Sanftmut äußern. Er *kann* dann nicht anders. Er weiß, daß er dann auch mit Vernunft handeln wird; Vernunft aber im Sinne Gottes, nicht im Sinn der bewußten Überlegung. Wenn wir glauben, jetzt endlich einmal gescheit gehandelt zu haben, haben wir fast immer ein schlechtes Gewissen. Die »neschama« läßt uns das spüren, wenn wir sie durch den »bösen Trieb« nicht schon zum Schweigen verurteilt haben.

Die gute Seite der »nefesch«, der Emotionen, eröffnet dem Menschen den ganzen Lebenssinn, einen frohen, freudigen, aufgeweckten. Und das Gefühl, den »bösen Trieb« gezügelt zu haben, ihn in gewissen Fällen nicht mehr zu Worte kommen zu lassen, stimuliert noch mehr unser Leben in der Gewißheit der Ewigkeit. Unsere Maßstäbe werden dann immer mehr den himmlischen gleich. Sie wohnen am Ende in uns; wir sind sie gewohnt. Und dann wissen wir auch mit unserer gewohnten Bescheidenheit, daß Gott in uns wohnt, daß Jesus in uns wohnt.

Dieses Wissen ist natürlich eine verborgene Gewißheit und niemals ein schriftgelehrtes Wissen, ein analysierbares bewußtes Wissen.

Zurück zu den Institutionen. Sie sind bei allen Menschen in der Welt da. Wie die verschiedenen Schutzhüllen bei den verschiedenen Vögeln, Fischen und Landtieren. Da sie aber von Natur her da sind, können sie im Menschen manchmal auch böse sein. Jeder Mensch hat bei der Schöpfung die »neschama« von Gott eingeatmet erhalten. Und daher könnte jeder Mensch, wenn der »böse Trieb« ihn beherrscht, ein schlechtes Gewissen haben. Es sei denn, er habe alles Göttliche bei sich geleugnet, verfolge es sogar und töte es am Ende.

Auch über diese Menschen und ihr Schicksal spricht die Bibel. Der Mensch ist frei; und das kann entsetzlich sein. Er ist frei, sich dem Teufel, dem Satan zu verschreiben;

frei, jede Perversität auszuleben, frei, das Grausame zu verherrlichen. Gott weiß es, und er mag lächeln in seiner Güte oder enttäuscht sein, daß es solche Menschen geben kann. Dann bereut er, daß er dem Menschen seinen Atem durch die Nase eingehaucht hat.

Nase, »af« im Hebräischen, ist deshalb auch das Wort für Zorn. Der Zorn Gottes ist die Enttäuschung, daß der Mensch in seiner Freiheit das Böse wählt; daß der »böse Trieb« ihn beherrscht, daß er die Liebe nicht einmal gewahr wird, und das Wort Liebe nur benutzt, wo der böse Trieb ihn treibt. Dann brennt der Zorn Gottes, dann donnert er. Wir könnten dann bedenken, daß er dabei entsetzlich leidet, daß er zutiefst enttäuscht ist. Sein Geschenk, die Welt, das Leben, wird *so* verwaltet, daß es vielleicht besser wäre, er hätte den Menschen gar nicht erst gemacht.

Dann flüstert aber die Mutter, wie im Anfang, wie im Kern, im Prinzip: ›Gerade jetzt kannst du Gnade schenken. Wann denn, wenn nicht jetzt, und wo, wenn nicht hier?‹ Gott, der Vater im Himmel, hört diese Worte und sagt: ›Dein Name sei Gnade, Channa, Anna. Ich danke dir für diese Worte. Jetzt werde ich die Welt dennoch erschaffen. Du wirst als Mutter jetzt das Maß der Welt oben und unten sein.‹ Es ist doch das biblische Maß für das Erscheinende und für das Verborgene die Elle, »ama«; und dieses Wort schreibt sich genau gleich wie das Wort für Mutter: »ima«, Mutter, und »ama«, Elle, beide 1–40–5.

Gespräche im Himmel, Gespräche im Verborgenen. Entscheidend für alles im Leben. Und auch für unsere Institutionen, die jüdischen wie die christlichen.

Es fragt sich, ob der böse oder der gute Trieb in ihnen zum Ausdruck kommt. Und wir könnten für sie im Sinne der göttlichen Anwesenheit in uns geduldig auch einmal die Freude, die Genugtuung einer Gnade erhoffen. Von Gott, und dadurch auch von uns, wenn Gott aus unserem Leben nicht vertrieben ist.

Und deshalb ist die Auferstehung im Neuen Testament so entscheidend. Sie ist, wie die Geburt von Jesus, ein von Gott, vom Heiligen Geist gebrachter Durchbruch. So kann auch nur von dorther das Zurückfinden der beiden Teile zu ihrer Einheit stattfinden. Die beiden Reiche in der Bibel, Juda und Israel, werden, wie der Prophet Ezechiel in den Kapiteln 37–40 erzählt, wieder zusammengebracht. Wie bei der Auferstehung Körper und Geist wieder zueinander kommen. Dann regiert die neue Welt alles. Dann ist der Thron von David, dem Geliebten, für ewig besetzt.

Waren und sind dann alle Bemühungen also nutzlos? Da muß ich wiederum darauf hinweisen, daß jede Phase aus unserem und aus dem Leben der Welt in der Auferstehung integriert ist. Von Gott im Jüngsten Gericht gerichtet, in Ordnung gemacht, aber *alles* ist dann wieder da, neu erweckt.

Das ist das Geheimnis jenes Fischfanges, wie er Johannes vom Heiligen Geist erzählt wurde. Die 153 Fische enthalten alle Schichten vom Wort »gut«. Die äußeren und die inneren, alle irdischen Versuche und alles aus dem Verborgenen der Menschen Entstandene. Wir haben dem Kaiser gegeben, was des Kaisers war, und Gott, was von Gott war.

Wenn wir die Auferstehung so jetzt schon in uns erleben können, dann leben wir in der Hoffnung, daß alles gewiß auch so kommt. Hoffnung ist hebräisch »tikwa«, und das bedeutet auch »Meßschnur«. Es ist die Meßschnur, das Maß, mit dem wir auf dem Weg weiterschreiten, immer näher zu Gott. In der inneren Gewißheit, daß es im Wort schon stimmt; daß es bei Gott also schon stimmt.

Ist das nicht ein schöner und guter Abschluß dieses Erzählens von den Überraschungen, die Gott im Neuen Testament für alle Menschen in der Welt vorbereitet hat? Ganz nah zum Greifen, ganz nah, um es aufzunehmen, um es mit unserem Leben eins werden zu lassen.

Friedrich Weinreb

Das jüdische Passahmahl

und was dabei von der Erlösung erzählt wird

Die traditionelle Mahlzeit der Juden am ersten Abend ihres zentralen Festes, wenn die überlieferte Erzählung vom Auszug aus Ägypten, die »Hagadah«, gelesen wird, nimmt Friedrich Weinreb als Ausgangspunkt einer Entfaltung des Wesens der Erlösung. Indem er die Handlungen, Bräuche und Texte, die diesen Abend und diese Nacht seit jeher bestimmen, in ihrem Sinn, den sie über Jahrtausende bewahrten, für unsere heutige Zeit und unser heutiges Lebensgefühl erschließt, wird zugleich erlebbar, was die Erlösung für den Menschen überhaupt bedeutet. Vielleicht ist ein Autor noch nie so weit gegangen wie Friedrich Weinreb in diesem Buch und noch nie dem Menschen und seiner tiefsten Sehnsucht dabei so nahe gekommen.

375 Seiten. Format 135 × 215 mm. Pappband
ISBN 978-3-905783-19-3

Verlag der Friedrich Weinreb Stiftung
Zürich

Friedrich Weinreb

Zahl, Zeichen, Wort

Das symbolische Universum der Bibelsprache

Friedrich Weinreb stellt in diesem Buch eine von theologischen und philosophischen Auffassungen gänzlich abweichende Denk-, Lese- und Erlebnisweise des biblischen Textes vor. Gerade die jüdische Überlieferung und die Struktur der hebräischen Sprache sind geeignet, zu jenem Ursprung des Wortes zu führen, der in früheren Zeiten noch eingesehen, heute aber ganz vergessen worden ist.

Aus dem Inhalt:

Altes Wissen und Überlieferung. Das Wort und die Zahl. Der Urgrund der Sprachen. Das Schöpfungsschema im ersten Kapitel der Genesis. Buchstaben und Schriftzeichen des Hebräischen. Das Universum des Wortes.

107 Seiten. Format 130 × 210 mm. Broschur
ISBN 978-3-905783-49-0

Verlag der Friedrich Weinreb Stiftung
Zürich

Friedrich Weinreb

Was ist beten?

Lebenspraxis als Gebet

Beten ist heute ein weites Experimentierfeld – sofern überhaupt noch gebetet wird. Die Unsicherheit, ja Ratlosigkeit ist groß. Aber wo es bis zur Unkenntlichkeit verfremdet wird, blitzt sein Ursprung und Sinn vielleicht um so heller auf.

»Mein Gebet, das bin ich«, sagt Friedrich Weinreb. Damit ist vielleicht *der* wesentliche Grundzug allen Betens eröffnet.

»Eben dieses Gebet, das du selbst bist, bestimmt dein Verhalten.« Ist das nicht eigentlich der Ausgangspunkt für eine echte Psychologie? Dann sind also die vielberedeten Verhaltensstörungen des modernen Menschen Gebetsstörungen? Dann allerdings handeln Gedanken zum Gebet und zum Beten vom Verhalten des Menschen im Leben, umkreisen seine wahren Lebensverhältnisse.

99 Seiten. Format 130 × 210 mm. Broschur
ISBN 978-3-905783-42-1

Verlag der Friedrich Weinreb Stiftung
Zürich